Kommunikation in Parallelrechnern

Dissertation

Schriftliche Arbeit zur Erlangung
des akademischen Grades eines
Doktors der Naturwissenschaften am
Fachbereich Mathematik-Informatik
der Universität Paderborn

vorgelegt von

Rogor Butenuth

Fachbereich Mathematik-Informatik
Fürstenallee 11, 33102 Paderborn
Paderborn, September 1999

Butenuth, Roger:
Kommunikation in Parallelrechnern
Libri, BoD
ISBN 3-89811-633-6

Inhaltsverzeichnis

1 Einleitung 5

   1.1 Parallelrechner versus verteilte Systeme 7

   1.2 Überblick 8

2 Anwendungsschnittstelle 13

   2.1 Adressen 13

   2.2 Klassifikation 17

   2.3 Eigenschaften von Nachrichten 19

   2.4 Reihenfolge von Nachrichten 23

   2.5 Einzel-Kommunikation 28

   2.6 Gruppenkommunikation 33

3 Technische Grundlagen 37

   3.1 Netzwerkschicht 37

   3.2 Ausgewählte Architekturen 46

   3.3 Netzwerkschicht in Cosy 57

4 Kommunikation und Verklemmungen 69

   4.1 Verklemmungen durch Prozeßinteraktion 70

   4.2 Strategien zur Entdeckung 71

   4.3 Vorbeugung und Vermeidung 79

5 Protokolle 83

   5.1 Übersicht verschiedener Protokolle 84

   5.2 Verbindungslose Protokolle 84

   5.3 Verbindungsorientierte Protokolle 92

   5.4 Quantitativer Vergleich 94

   5.5 Protokolle und Sende-/Empfangssemantik 102

   5.6 Probleme und Grenzen 106

6 Gruppenkommunikation 117

   6.1 Optimierungsziele 118

   6.2 Implementierung 126

7 Der Cosy-Kern 131

   7.1 Struktur des Kerns 131

   7.2 Datenstrukturen 137

   7.3 Kommunikation 138

   7.4 Entfernte Kernaufrufe 148

   7.5 Pufferverwaltung und Verklemmungen 150

   7.6 Bewertung 153

8 Zusammenfassung und Ausblick 157

9 Literatur 161

1 Einleitung

Parallelität ist in heutigen Computern allgegenwärtig, angefangen von der parallelen Bearbeitung der Bits innerhalb eines Maschinenwortes oder dem Pipelining von Befehlen – das schon die ersten Maschinen von Zuse unterstützten [RRZ98] – bis hin zu den als Parallelrechnern bezeichneten Computern, in denen mehr als ein Prozessor arbeitet. Während die zuerst genannten Formen der Parallelität selbstverständlich sind und praktisch in jedem Computer Anwendung finden, sind sie nicht Gegenstand dieser Arbeit, ihre effiziente Ausnutzung kann man heutzutage optimierenden Übersetzern überlassen. In dieser Arbeit geht es um die Kommunikation in Parallelrechnern mit grobkörnigerer Parallelität, die allerdings in so vielen verschiedenen Ausprägungen existieren, daß zuerst anhand gängiger Klassifizierungsschemata eine Einteilung in verschiedene Klassen erfolgt. Einige der Ergebnisse dieser Arbeit lassen sich trotzdem auf die hier nicht näher besprochenen Rechner mit gemeinsamem Speicher übertragen.

Parallelrechner lassen sich in verschiedene Klassen einteilen. Die wohl bekannteste Klassifizierung stammt von Flynn [MJF72]. Sie unterscheidet nach der Anzahl der Daten- und Befehlsströme, so daß sich durch Kombination vier verschiedene Klassen ergeben. Eine der Klassen umfaßt sequentielle Rechner (ein Befehls- und ein Datenstrom), eine weitere Klasse ist als mehr oder weniger leer anzusehen (mehrere Befehlsströme, ein Datenstrom). In den beiden restlichen Klassen mit mehreren Datenströmen existiert jeweils eine Vielzahl von Parallelrechnern. Rechner mit nur einem Befehlsstrom (*SIMD, single instruction, multiple data*) waren vor einigen Jahren relativ weit verbreitet. Ihr Hauptvorteil liegt in der Beschränkung auf nur einen Befehlsstrom, der sowohl die Programmierung vereinfacht als auch Hardware spart, da nur ein Befehlsdecoder notwendig ist. Damit verbunden sind allerdings auch zwei Nachteile, die den Niedergang dieser Klasse verursacht haben. Algorithmen auf irregulären Datenstrukturen lassen sich nur schwer umsetzen. In [PSS93] ist zwar ein Verfahren vorgestellt worden, das dieses Problem löst, es führt jedoch zu einer vollständigen Umstrukturierung der Algorithmen und unter Umständen zu großen Effizienzverlusten. Der zweite Nachteil ist im erhöhten Entwurfsaufwand für Rechner dieser Art begründet. Dies mag paradox klingen, ist doch die Struktur mit einem Befehlsdecoder einfacher als mit mehreren Befehlsdecodern. Es können aber weniger Standardbauteile verwendet werden: Prozessoren mit eingebautem Befehlsdecoder sind Standardbauteile, Strukturen mit einem Befehlsdecoder für mehrere Rechenwerke jedoch nicht; sie müssen daher getrennt entworfen werden. In Verbindung mit geringen Stückzahlen läßt sich dieser Entwicklungsaufwand nicht rechtfertigen, so daß diese Maschinenklasse inzwischen als weitgehend ausgestorben betrachtet werden kann. In Produktion befinden sich noch die sogenannten Vektorrechner, die mit einem oder mehreren Rechenwerken Befehle auf Vektoren (Arrays) ausführen können.

Die letzte zu betrachtende Klasse enthält Parallelrechner mit mehreren Befehls- und Datenströmen (*MIMD, multiple instruction, multiple data*). In sie fallen praktisch alle heutigen Parallelrechner. Im Laufe der Zeit sind in dieser Klasse verschiedene Konzepte verwirklicht worden, die eine weitere Einteilung sinnvoll erscheinen lassen. Die unabhängige Abarbeitung mehrerer Instruktions- und Datenströme erfordert eigenständige Prozessoren, die zur Zusammenarbeit verschiedenartig gekoppelt sein können. Die Unterschiede in der Kopplung machen eine weitere Klassifizierung notwendig.

Prozessor, Speicher und Peripherie arbeiten bei Rechnern nach der üblichen von Neumann-Architektur auf einem gemeinsamen Bus. Die Idee, diesen Bus für mehrere Prozessoren zu nutzen, ist schon sehr früh realisiert worden. Der Name für dieses Bauprinzip ist SMP (*symmetrical multi processor*), da alle Prozessoren gleichberechtigt arbeiten. Es hat den Vorteil, relativ einfach realisierbar zu sein, leidet aber an stark begrenzter Skalierbarkeit. Die Lücke zwischen Hauptspeicher- und Prozessorgeschwindigkeit ist in den letzten Jahren immer größer geworden, so daß selbst bei nur einem Prozessor Bus und Hauptspeicher zum Engpaß werden. Dies läßt sich durch Caches zwar etwas abfedern, dennoch bleibt das Grundproblem erhalten und wird durch mehrere Prozessoren, die sich die knappen Ressourcen teilen müssen, eher noch verschärft.

Es existieren inzwischen mehrere Lösungen, mit denen sich die Skalierbarkeit von SMP-Rechnern verbessert. An einem Bus können statt eines Speichermoduls auch mehrere Module angebracht sein, auf die sich die Zugriffe verteilen. Durch Einführung eines effizienten Busprotokolls (zum Beispiel *split transaction protocol*, [PH94]) läßt sich der Flaschenhals Bus besser nutzen. Statt des Busses lassen sich auch andere Verbindungsnetze einsetzen, wie zum Beispiel Kreuzschienenverteiler (*crossbar*). Die Kombination aus Kreuzschienenverteiler und mehreren Speichermodule erlaubt im Idealfall parallele Hauptspeicherzugriffe aller Prozessoren. Trotzdem ist die Skalierbarkeit begrenzt, da der Aufwand für einen Kreuzschienenverteiler quadratisch mit der Anzahl der Anschlüsse steigt.

Verzichtet man auf die Eigenschaft, daß jeder Prozessor auf jede Speicherstelle gleich schnell zugreifen kann, kommt man zu sogenannten NUMA-Maschinen (*non-uniform memory access*), bei denen üblicherweise jedem Prozessor ein Speichermodul zugeordnet ist. Auf sein eigenes Speichermodul kann der Prozessor schnell zugreifen, Zugriffe auf die anderen Module werden durch ein Netz geleitet und benötigen daher mehr Zeit. Die Unterschiede sind meistens recht deutlich ausgeprägt. Man kann diese weder im Betriebssystem noch in Anwendungen ignorieren, ohne drastische Leistungseinbußen hinnehmen zu müssen. Eine weitere Unterteilung innerhalb dieser Klasse kann man danach vornehmen, ob entfernte Zugriffe vom Cache abgedeckt werden oder nicht.

Diese Arbeit befaßt sich mit Kommunikation in Rechnern ohne gemeinsamen Speicher, so daß zur Interaktion zwischen verschiedenen Prozessoren der Austausch von Nachrichten verwendet wird. Jeder Prozessor verfügt also über seinen eigenen Speicher und Zugriff auf ein Verbindungsnetzwerk, mit dem er jedoch nicht direkt auf den anderen Prozessoren zugeordneten Speicher zugreifen kann. Die einzelnen Rechenknoten sind damit weitgehend autark. Lokale Berechnungen auf den Prozessoren behindern sich nicht gegenseitig durch Zugriffe auf gemeinsamen Speicher. Dieser Klasse wird daher oft bessere Skalierbarkeit zugesprochen, da es auf den ersten Blick keine sichtbaren, die Skalierbarkeit einschränkende Engpässe mehr gibt[1]. Es verwundert daher nicht, daß die derzeit leistungsstärksten Parallelrechner nach diesem Prinzip arbeiten [DMS99]. Doch auch für diese Rechner gilt es, neben Amdahls Gesetz [MJF95], das generelle Grenzen setzt, auch noch den Aufwand für die Kommunikation zu beachten.

1.1 Parallelrechner versus verteilte Systeme

Vergleicht man nachrichtengekoppelte Parallelrechner mit verteilten System, die nur über das Internet gekoppelt sind, kann leicht die Frage aufkommen, worin sie sich grundsätzlich noch unterscheiden. Von den Konzepten her sind beide gleich: Die Knoten verfügen über einen hohen Grad an Autonomie und können per Nachrichtenaustausch zusammenarbeiten, um gemeinsam Probleme zu lösen. Die Unterschiede liegen in konzeptionellen Details, die sich in der Praxis jedoch deutlich bemerkbar machen. Rein quantitativer Natur ist die Leistungsfähigkeit der Netze. Für kurze Übertragungswege ausgelegte Parallelrechnernetze sind oft deutlich schneller als Weitverkehrsnetze. In letzter Zeit sind diese Unterschiede allerdings immer geringer geworden.

Parallelrechner sind gewöhnlich homogen aufgebaut, das heißt, die Knoten unterscheiden sich nicht in der grundlegenden Architektur, sondern höchstens in der Ausstattung wie Hauptspeichergröße oder angeschlossener Peripherie (z. B. Platten). In verteilten System hingegen haben die Knoten oft wenige Gemeinsamkeiten, da sie unter Umständen auch zuerst einzeln gearbeitet haben und erst später zu einem Gesamtsystem zusammengefügt worden sind. Es ist damit praktisch ausgeschlossen, auf allen das gleiche Betriebssystem zu benutzen. Zusammenarbeit kann daher nur mit ausgewählten, standardisierten Diensten betrieben werden.

Ein anderer Punkt, mit dem in beiden Welten meistens unterschiedlich umgegangen wird, ist die Fehlertoleranz. Von verteilten Systemen wird erwartet, daß bei Ausfall einzelner Komponenten das restliche System noch funktioniert[2]. Oft ist es sogar notwendig, die Aufgabe der ausgefallenen Komponente von anderen übernehmen zu lassen. Damit ist der Ausfall für die Benutzer transparent, es fällt höchstens eine etwas geringere Leistung

---

[1] Das gleiche Argument läßt sich auch auf NUMA-Maschinen anwenden, dort begrenzen aber eher die Kosten die Skalierbarkeit, da das Speichernetzwerk meistens sehr aufwendig ist.

[2] Eine – nicht ganz ernst zu nehmende – Definition wird Leslie Lamport zugeschrieben: »*A distributed system is one on which I cannot get any work done because some machine I have never heard of has crashed.*« [AST95]

auf. Diese Ausfallsicherheit ist notwendig, da Ausfälle in einem geographisch verteilten System mit langen Verbindungen wahrscheinlich sind. Verzichtet man auf Maßnahmen zur Fehlertoleranz, führt der Ausfall einer Komponente zum Ausfall des gesamten Parallelrechners. Was bleibt, ist eine Rekonfiguration und Inbetriebnahme mit den restlichen, noch funktionierenden Komponenten. Als Rechtfertigung für diese Vorgehensweise bei Parallelrechnern dient nicht nur die geringere Fehlerwahrscheinlichkeit in einem kompakt aufgebauten System, sondern auch der zur Realisierung von Fehlertoleranz notwendige Aufwand. Dieser erhöht nicht nur die Komplexität des Gesamtsystems, sondern reduziert oft auch die Leistung im Normalbetrieb. Es rechnet sich daher meistens, im Normalbetrieb mehr Leistung zur Verfügung zu haben und im Falle eines Fehlers einen Auftrag vollständig neu rechnen zu lassen.

Die Grenzen zwischen verteilten Systemen und Parallelrechnern verschwimmen jedoch zusehends. In der Grauzone dazwischen haben sich die sogenannten *Workstation-Cluster* etabliert, die als Rechenknoten gewöhnliche Arbeitsplatzrechner einsetzen. Das Verbindungsnetz findet man in dieser Klasse sowohl die üblichen lokalen Netzwerke (Ethernet, FDDI, etc.) als auch Spezialnetze wie Myrinet [SUA95] oder SCI [IEEE92]. Ein großer Vorteil von Clustern ist ihr im Vergleich zu anderen Parallelrechnern geringer Preis. Von einigen Softwaremodulen und dem Verbindungsnetz abgesehen handelt es sich bei den Komponenten nur um Standardbauteile, die in großen Stückzahlen hergestellt werden und daher sehr preisgünstig sind. Cluster werden sowohl als kommerziell verfügbare Parallelrechner angeboten (IBM SP/2 [SHFG95, CBS95], Siemens HPC-Line), als auch von vielen Institutionen, insbesondere Universitäten, selbst zusammengestellt. Vorreiter in diesem Bereich war die NASA mit ihrem Beowulf Projekt [DJB95], in dem als Knotenrechner gewöhnliche PCs mit Linux [LTO97] als Betriebssystem verwendet werden.

Gegenstand dieser Arbeit sind Rechner aus der Klasse MIMD ohne gemeinsamen Speicher. In ihnen findet jegliche Zusammenarbeit zwischen den Knoten über Nachrichtenaustausch statt. Aus der Sicht der Software sind sie schwieriger als die restlichen Klassen zu handhaben, da jeder Knoten für sich weitgehend autark arbeitet und keine zentrale Instanz vorhanden ist. Dieser Aufbau, ohne eine beschränkende Zentrale, bietet auch die größtmögliche Skalierbarkeit, da er nicht durch den Flaschenhals einer Zentrale begrenzt ist. Auf der anderen Seite erfordert das Fehlen eines ausgezeichneten Knotens vermehrt den Einsatz verteilter Algorithmen, was im Vergleich zu einer zentralen Lösung an vielen Stellen komplexere Software notwendig macht.

1.2 Überblick

Unabhängig vom verwendeten Netz und der Art der Knoten – gewöhnliche Arbeitsplatzrechner oder Spezialkomponenten – bleibt das Problem, der Kommunikation innerhalb des Gesamtsystems. Die auf Arbeitsplatzrechnern vorhandenen Betriebssysteme (üblicherweise Unix oder Windows NT) bieten zwar eine TCP/IP-Implementierung, diese ist für die

Parallelprogrammierung in den meisten Fällen aus Leistungsgründen nicht geeignet.

Erstes Ziel dieser Arbeit ist es, ausgehend von einem Überblick existierender Kommunikationstechniken, eine Systematisierung der Kommunikationsschnittstellen zu schaffen. Diese basiert auf der in [HWA87] vorgenommenen Klassifikation, geht jedoch darüber hinaus. Sie wird in Kapitel 2 vorgenommen. Neben den *Eigenschaften* der Nachrichten erfolgt auch eine systematische Klassifikation der *Adressierung* von Nachrichten. Zentraler Punkt der Betrachtungen ist immer der Einfluß der Schnittstelle auf die Effizienz von Anwendungen und der darunter liegenden Kommunikationsschicht.

Der räumlich dichte Aufbau eines Parallelrechners läßt leicht vergessen, daß der Rechner sich bezüglich der zeitlichen Anordnung von Ereignissen wie ein verteiltes System verhält. Als Folge davon lassen sich viele Ereignisse nur per Willkür in eine Ordnung bringen, die eigentlich als gleichzeitig angesehen werden müssen. Es wird gezeigt, daß diese Grenzen fundamentaler Natur sind und sich aus der Relativitätstheorie ergeben [SSR85]. Selbst mit einer globalen, auf allen Knoten einheitlichen Zeit, die von den bekannteren Parallelrechnern nur die IBM SP/2 bietet [SHH95, CD895], kann man zwar leichter eine Ordnung festlegen, die aber trotzdem eine willkürliche unter vielen möglichen ist.

In Kapitel 3 wird auf die für die Kommunikation notwendigen technischen Grundlagen eingegangen: Von der physikalischen Schicht bis zur Netzwerkschicht des ISO/OSI Modells. Der Schwerpunkt liegt jedoch auf der Netzwerkschicht, den verwendeten Netztopologien und den daraus resultierenden Eigenschaften.

Nach der Vorstellung einiger existierender Parallelrechner folgt eine detaillierte Beschreibung der Netzwerkschicht in *Cosy* (Concurrent Operating System) [BGW97]. Die Entwicklung von Cosy begann 1992 an der Universität Karlsruhe, ab 1995 wurde sie zusammen mit der Universität Paderborn weitergeführt. Ziel war die Schaffung eines vollständigen Parallelrechnerbetriebssystems als Testplattform für neue Konzepte und Algorithmen. Die für diese Arbeit relevanten Teile sind der Kern sowie alle für die Kommunikation notwendigen Teile. Weitere – hier nicht näher beschriebene – Arbeiten haben sich mit der Namens- und Programmverwaltung beschäftigt [WBE94]. Insbesondere für letztere war das Vorhandensein einer effizienten Gruppenkommunikation sehr vorteilhaft.

Die Eigenschaft, daß auf der Zielhardware (Transputer) keine Netzwerkschicht auf Hardwareebene vorhanden ist, wurde hier ausgenutzt, um verschiedene Varianten der Netzwerkschicht in Software zu realisieren und zu vergleichen. Während eine davon konventionell aufgebaut ist und nur Gittertopologien unterstützt, kann die zweite beliebige Topologien nutzen. Dazu wurde ein für Gitter ausgelegtes Verfahren zur Wegewahl [LSC92] erweitert und seine Verklemmungsfreiheit bewiesen [SGE93].

Zusätzlich ließen sich mit *Cosy* zwei Varianten zur Etablierung einer globalen Sicht auf das System testen, der Verbund auf der Ebene der Prozesse und auf der Ebene des Kerns. Es existieren zwar Systeme nach beiden Paradigmen, es gab bisher aber noch nicht die Gelegenheit, beide bei ansonsten identischen Rahmenbedingungen zu vergleichen.

Das Thema der Verklemmung betrifft nicht nur die Netzwerkschicht, sondern auch höhere Schichten bis zur Anwendungsschicht. Ihm ist daher ein eigenes Kapitel gewidmet. Es finden sich in der Literatur zwar etliche Arbeiten über die Untersuchung verteilter Verklemmungen, sie beziehen sich jedoch praktisch immer auf »gewöhnliche« Betriebsmittel[3]. Nur wenige Arbeiten beziehen auch Nachrichten in die Betrachtung mit ein. Die in Kapitel 4 durchgeführte Untersuchung zeigt, daß sich durch Kommunikation verursachte Verklemmungen mit vernünftigen Aufwand erkennen lassen, wenn gewisse Informationen vorliegen. Leider ist das in den letzten Jahren immer beliebter gewordene MPI (*Message Passing Interface*, [MPI94]) so aufgebaut, daß diese Informationen nur sehr spärlich vorliegen und deswegen dort keine vernünftige Verklemmungserkennung durchgeführt werden kann. Für die Spezifikation neuer Kommunikationsschnittstellen sollten diese Erkenntnisse jedoch berücksichtigt werden, damit eine der in parallelen Anwendungen weit verbreitete Fehlerklasse systematischer behandelt werden kann.

Besser als die Erkennung einer Verklemmung wäre es natürlich, wenn man sie durch vorbeugende Steuerung der Prozesse verhindern könnte oder wenn alle Programme so aufgebaut wären, daß sie grundsätzlich vermieden würden. Am Ende des Kapitels 4 wird gezeigt, daß diese Ansätze im Zusammenhang mit der Kommunikation ebensowenig praktikabel umzusetzen sind wie es auch mit »gewöhnlichen« Betriebsmitteln der Fall ist. Die unerwünschte Folge der sicheren Ausführung ist eine weitgehende Serialisierung ansonsten parallel ablaufender Vorgänge, was der Idee eines Parallelrechners widerspricht.

Der zentrale Teil der Arbeit beschäftigt sich mit den Kommunikationsprotokollen zwischen der Anwendung und der Parallelrechnerhardware. Da die Hardware meistens bis zur Netzwerkschicht heraufreicht und einige der ISO/OSI-Schichten in Parallelrechnern selten vorkommen (Sitzungsschicht, Darstellungsschicht), finden sich die interessanten Protokolle praktisch nur in der Transportschicht. Es gilt nun, für diese Schicht Protokolle zu finden, mit denen die in Parallelrechnern gegebenen Anforderungen erfüllt werden können.

Messungen und Simulationen haben gezeigt, daß viele der heute eingesetzten Protokolle entweder ineffizient oder schlecht skalierbar sind. Im Rahmen dieser Arbeit sind jedoch Protokolle entworfen und implementiert worden, die eine geringe Ressourcenauslastung, gute Skalierbarkeit und hohe Effizienz verbinden. Sie wurden nicht nur simuliert, sondern auch in einer unter Cosy laufenden Implementierung des MPI-Standards getestet. Es ergab sich so die Gelegenheit, die alte und neue Version direkt

---

[3] In [BSB90] werden Nachrichten als »verbrauchbare Betriebsmittel« bezeichnet, im Gegensatz zu den »wiederverwendbaren Betriebsmitteln«.

miteinander zu vergleichen und die Verbesserungen quantitativ nachzu-weisen. Es ist dabei bewußt MPI gewählt worden, weil es weit verbreitet ist. Es konnte jedoch gezeigt werden, daß diese Schnittstelle in einigen Punkten eine effiziente Protokollimplementierung behindert.

Während die in Kapitel 5 besprochenen Protokolle sich alle auf Einzelkom-munikation beziehen, wird in Kapitel 6 auf die Gruppenkommunikation eingegangen. Gruppen können sowohl auf der Senderseite auftreten (*Com-bine*), als auch auf der Empfängerseite (*Multicast, Broadcast*), natürlich auch in Kombination. Der Einsatzbereich dieser Operationen ist breit. Diese sind sowohl in parallelen Anwendungen als auch für Aufgaben innerhalb des Betriebssystems nützlich. So setzt die in [BHS97, WBE94] beschriebene Pro-grammverwaltung die Gruppenkommunikation zum Verteilen des Pro-grammcodes ein und erreicht damit einen schnellen Programmstart.

Die Gestaltungsmöglichkeiten für Gruppenkommunikation sind deutlich zahlreicher als für die Einzelkommunikation, so daß bei weitem nicht alle möglichen Varianten in Cosy realisiert worden sind. Dafür wurde ein Algo-rithmus entworfen, der sowohl für einen Multicast als auch für eine Combine-Operation in beliebigen Netzwerken, also auch unregelmäßigen, einen Baum mit minimaler Pfadlänge zwischen Quelle und Ziel berechnet. Die Nebenbedingung, den Baum mit der geringsten Gesamtlänge zu fin-den, kann nicht mit vernünftigem Aufwand erfüllt werden, da dafür ein NP-vollständiges Problem zu lösen ist (Steiner-Baum, [GJC79]). Die von dem Algorithmus berechnete Lösung ist daher in diesem Punkt nur nähe-rungsweise optimal. Sie ist dann optimal, wenn bestimmte zusätzliche Be-dingungen erfüllt sind.

Es ist schon erwähnt worden, daß als Testplattform für die meisten Kon-zepte Cosy gedient hat, das als experimentelles Betriebssystem für Parallel-rechner konzipiert worden ist. Als Hardwareplattform für die erste Imple-mentierung sind Transputer gewählt worden, inzwischen existiert jedoch auch eine Version für den PowerPC [RWP96]. Eine weitere Portierung auf die 80x86-Architektur findet momentan statt.

Cosy enthält nicht nur die absolut notwendigen Komponenten, um die hier besprochenen Testergebnisse zu produzieren, sondern eine breite Palette von Dienstgebern, die einen komfortablen Betrieb ermöglichen. So dient die Programmverwaltung zur Verwaltung der Ressourcen des gesamten Paral-lelrechners [MWI95]. Die Schichten oberhalb des Kerns sind, von der Grup-penkommunikation abgesehen, nicht Teil dieser Arbeit, sie werden daher auch nicht weiter beschrieben.

Dem Kern als zentrale Komponente ist das Kapitel 7 gewidmet, dort wird nicht nur auf die allgemeine Struktur eingegangen, sondern auch auf einige Details, die für die Skalierbarkeit von Bedeutung sind. Der Kern setzt eine neuartige Variante der Prozeßverwaltung ein, die sich von der ansonsten üblichen Implementierung von Prozessen unterscheidet. Sie hat den Vor-teil, mit weniger Ressourcen, insbesondere Speicher, pro Prozeß auszukom-men.

In Kapitel 8 wird eine Zusammenfassung der Ergebnisse vorgenommen und ein Ausblick auf weitere Entwicklungen vorgestellt. Es hat sich herausgestellt, daß die entwickelten Konzepte auch in anderen Bereichen verwendet werden können, so enthält der in [TBH98] vorgestellte Treiber bereits eine einfache Version der vorgestellten Protokolle. Eine verbesserte Version ist in Arbeit, die dann einen schnellen Transport von IP-Paketen über SCI (*Scalable Coherent Interface*, [IEEE92]) erlaubt. Diese Arbeit ist ein Gemeinschaftsprojekt mit den Firmen Dolphin und Scali in Oslo. Ein Transfer der hier gefundenen Ergebnisse in die Praxis hat also bereits stattgefunden.

2 Anwendungsschnittstelle

Kommunikation innerhalb eines Parallelrechners dient verschiedenen Zwecken, sowohl der Zusammenarbeit verschiedener Betriebssystemprozesse (Dienstgeber) als auch der Zusammenarbeit der Prozesse einer parallelen Anwendung unter sich, beziehungsweise der Interaktion von Anwendungsprozessen mit den genannten Dienstgebern. Die Anforderungen sind teilweise ähnlich, jedoch bestehen genügend Unterschiede, die eine – zumindest teilweise – Trennung der Schnittstellen rechtfertigen. Für einen der erwähnten Fälle, der Kommunikation der Anwendungsprozesse untereinander, hat sich in den letzten Jahren ein Standard etabliert, den praktisch alle modernen Parallelrechner unterstützen und den man nicht ignorieren kann: MPI (*message passing interface*, [MPI94]) In MPI sind die Erfahrungen etlicher anderer, schon vorher existierender Schnittstellen eingegangen. Leider ist der daraus in einem Kommittee gebildete Standard sehr umfangreich, da nahezu die Vereinigungsmenge aller bereits vorliegenden Konzepte gebildet worden ist. Inzwischen existiert eine zweite Version [MPI98], die um einige der in der ersten Version fehlenden Aspekte ergänzt worden ist. In ihr sind alle Funktionen aus der ersten Version enthalten. Alle Änderungen sind durch Hinzufügen neuer Funktionen realisiert worden. Als Folge davon ist der neue Standard noch umfangreicher, so daß bis jetzt praktisch keine vollständigen Implementierungen davon existieren.

Neben MPI existieren in der Parallelrechnerwelt noch viele andere Schnittstellen. Deswegen erfolgt auch eine Vorstellung anderer Schnittstellen, die sich konzeptionell teilweise stark von MPI unterscheiden. Zusätzlich werden auch verteilte Systeme betrachtet. Sie basieren heutzutage meistens auf TCP/IP als Transportschicht-/Netzwerkschichtprotokoll, den durch das Internet vorgegebenen Standards. Ausgehend von den Beispielen erfolgt eine Systematisierung der Anwendungsschnittstelle. Untersucht werden dabei Aspekte wie Adressierung, Eigenschaften von Nachrichten, Synchronisation und Übergabemechanismen.

2.1 Adressen

Vor einer systematischen Untersuchung der Adressierungsmöglichkeiten von Nachrichten soll hier zuerst beschrieben werden, welche Adressierungsmöglichkeiten in (einer Auswahl von) existierenden Systemen bisher ausgenutzt worden sind. Dabei werden nicht nur Parallelrechner sondern auch verteilte Systeme betrachtet. Adressen sind nicht nur für den Sender einer Nachricht relevant, der damit das Ziel der Nachricht festlegt, sondern auch für den Empfänger. Dieser ermöglicht dem Sendern durch Bekanntgabe seiner Adresse ihn zu erreichen. Viele Empfangsoperationen lassen sich durch die Angabe von *Absenderadressen* steuern. Der Empfänger kann angeben, in einer Empfangsoperation nur Nachrichten von einer spezifizierbaren Absenderadresse auszuliefern. Somit kann sich die Reihenfolge von

Nachrichten ändern, da vorher abgesandte Nachrichten erst in einer späteren Operation empfangen werden. Im Extremfall lassen sich Nachrichten von ausgewählten Sendern komplett ausfiltern und erreichen somit nie ihr Ziel. Im realen Leben existiert dazu eine Entsprechung im Ablehnen einer Postsendung, die dann zum Absender zurückgeht oder dem Aussortieren von Werbung, die am Absender zu erkennen ist.

2.1.1 Internet TCP/IP

Mittlerweile ist das Internet zu dem klassischen Weitverkehrsnetz geworden, über das jedoch auch (z. B. mit Hilfe von PVM oder MPI) parallele Anwendungen kommunizieren. Die Auslegung als Weitverkehrsnetz mit einer großen Anzahl von Rechnern hat das Adressierungschema beeinflußt. Jeder Rechner besitzt eine aus 32 Bit bestehende sogenannte IP-Nummer, sowie einen gegliederten, hierarchischen Namen. Ein Netz von Namensdiensten bildet diese Namen auf IP-Nummern ab, die dann für alle weiteren Aufgaben im Netz (z. B. Wegewahl) benutzt werden. Da die meisten Rechner im Internet Mehrbenutzer- oder zumindest Mehrprogrammbetrieb erlauben, ist es notwendig, mehrere Dienste auf einem Rechner adressieren zu können, was mit 16 Bit großen Portnummern geschieht.

Anwendungen können auf verschiedene Protokolle zurückgreifen: Das verbindungsorientierte TCP und das verbindungslose UDP. Letzteres entspricht dem Protokoll der Netzwerkschicht und ist damit genaugenommen kein neues Protokoll. Die gängigste Schnittstelle ist das sogenannte *socket interface*, das in der Version BSD 4.2 des Berkeley Unix eingeführt wurde. Eine übersichtliche Beschreibung findet sich in [CBU94]. Die Schnittstelle baut auf dem in Unix vorhandenen Konzept der *Deskriptoren* auf. Diese stellen im Kontext eines Prozesses gültige Bezeichner für Systemressourcen (Dateien, Geräte, etc.) dar. Ein Deskriptor besteht für den Prozeß nur aus einer (kleinen) ganzen Zahl, während im Systemkern damit direkt eine prozeßeigene Tabelle indiziert wird. Auch ein Kommunikationsendpunkt (*sokket*) kann durch einen Deskriptor bezeichnet werden. Die Adressierung wird damit zweistufig: Vor der ersten Benutzung muß eine vollständige IP-Adresse an den Socket gebunden werden, anschließend reicht für die Benutzung der Deskriptor als Adresse aus. Für die verbindungslose Kommunikation kann allerdings auch für jede Nachricht die gesamte Adresse angegeben werden, was bei oft wechselnden Kommunikationspartner vorteilhaft ist.

2.1.2 Caltech Hypercube CrOS

Im Jahre 1984 wurde am California Institute of Technology (*Caltech*) der Caltech Hypercube gebaut, einer der ersten Parallelrechner mit verteiltem Speicher. Auf ihm wurde die Programmierumgebung CrOS (*Crystalline Operating System* [CLS85, KZC86, JST88]) eingesetzt, die wenige, einfache Aufrufe zur Kommunikation enthält. Jeder Knoten kann Nachrichten fester Länge mit physikalischen Nachbarn im Hyperwürfel oder mit einem speziellen Knoten, IH (*Intermediate Host*) genannt, austauschen. Es ist leicht

14

einzusehen, daß für diese eingeschränkte Form der Kommunikation auch nur sehr einfache Adressen notwendig sind, sogenannte Kanalnummern, die einen direkten Nachbarn oder den IH ansprechen. Es handelt sich hier also um eine sehr einfache Adressierungsart. Prozesse – die hier mit den Prozessoren in einer 1:1-Beziehung stehen – werden über Kanalnummern angesprochen. Die Kanalnummern sind dabei abhängig von dem jeweiligem Prozessor, auf dem sie verwendet werden.

2.1.3 Intel iPSC/860 NX

Die Hardwarearchitektur des Intel iPSC1/860 NX ist stark von der des Caltech Hypercubes beeinflußt worden. Es handelt sich ebenfalls um einen Hyperwürfel. In der Softwarearchitektur gibt es jedoch große Unterschiede. Statt der einfachen Bibliothek wird hier ein Betriebssystem (NX/860, [ITL91a, ITL91b]) eingesetzt, das Mehrprozeßbetrieb auf den einzelnen Knoten erlaubt. Dadurch ist es nicht mehr möglich, mit der einfachen Adressierung, wie sie in CrOS verwendet wurde, zu arbeiten. Vor dem Programmierer wird die physikalische Topologie des Hyperwürfels weitgehend verborgen, die Prozessoren sind fortlaufend von Null an durchnumeriert, desgleichen die Prozesse auf den einzelnen Prozessoren. Eine zu versendende Nachricht ist nun mit einer Prozessornummer und Prozeßnummer zu adressieren. Zusätzlich wird sie mit einem Etikett (*tag*) versehen, einer frei wählbaren Zahl, die eine Filterung von Nachrichten beim Empfangsaufruf erlaubt. Gibt der Empfänger den Wert -1 an, so findet keine Filterung statt, sondern die erste verfügbare Nachricht für den Zielprozeß wird ausgeliefert. Das Konzept der Etiketten und der damit verbundenen Nachrichtenfilterung ist mit NX erstmals realisiert worden und taucht auch in späteren Kommunikationssystemen (PVM, MPI) in ähnlicher Form wieder auf.

Durch die Angabe von negativen Prozessornummern ist auch eine Gruppenkommunikation möglich. Je nach Wert werden alle Prozessoren eines Unterwürfels in die Zielmenge aufgenommen. An dieser Stelle wird die physikalische Topologie für die Programme wieder sichtbar.

2.1.4 Parix

Von der Firma Parsytec aus Aachen stammt die Programmierumgebung Parix [LAP93, JST88]. Die ersten Versionen von Parix sind als Standardsystem der Parallelrechner von Parsytec, die auf Transputern basierten, ausgeliefert worden. Es handelt sich weniger um ein echtes Betriebssystem, als mehr um eine Bibliothek, die zur Anwendung dazugebunden wird. Über einen Zugangsrechner, der auch für sämtliche Ein- und Ausgabe verantwortlich ist, gelangt die Kombination aus Anwendung und Bibliothek auf den Parallelrechner. Mit der Umstellung auf PowerPC als Prozessoren ist auch Parix an die neue Architektur angepaßt worden. An dem grundsätzlichem Prinzip hat sich dabei jedoch nichts geändert.

Das von Parix verwendete Kommunikationsparadigma unterscheidet sich deutlich von den bisher vorgestellten Systemen und verwende eine andere Adressierung: Prozesse werden in einer sogenannten »virtuellen Topologie[4]« angeordnet, einem (üblicherweise) regelmäßigen Graphen. Dies hat zur Folge, daß man über die üblichen Kommunikationsfunktionen nur Prozesse erreichen kann, die in einer der virtuellen Topologien (mehrere sind möglich) benachbart sind. Die Adressen sind dafür kurz. Es muß nur der Identifikator für eine Verbindung angegeben werden. Das Verfahren hat Gemeinsamkeiten mit der Adressierung im Internet unter Verwendung von TCP. Unterschiede bestehen beim Aufbau der Verbindung: Parix baut immer eine komplette Topologie auf, TCP jeweils nur eine Punkt-zu-Punkt-Verbindung.

Für alle Probleme, die sich auf eine virtuelle Topologie abbilden lassen, ist damit eine intuitive und elegante Adressierung möglich. Die Kommunikation innerhalb einer solchen Topologie läßt sich effizient realisieren, da sämtliche Kommunikationspuffer vorher angefordert werden können. Probleme entstehen immer dann, wenn »chaotische« Kommunikationsmuster vorkommen, bei denen mit oft wechselnden oder möglicherweise allen anderen Prozessen kommuniziert wird. In diesen Fällen können verschiedene Strategien angewendet werden, die jedoch alle mit großen Nachteilen verbunden sind: Am einfachsten ist die Erstellung einer Topologie mit vollständiger Vermaschung. Diese benötigt eine zur Prozeßzahl quadratische Anzahl von Verbindungen. Dies führt schnell zu Speichermangel, da die Verbindungen nicht nur auf den Endknoten Kommunikationspuffer benötigen, sondern auch auf allen Zwischenknoten. Es bleibt daher oft nur ein anderer Ansatz, die Wahl einer geringer vermaschten Topologie (Gitter, Hypercube) und eine Weiterleitung von Nachrichten auf Anwendungsebene. Diese Lösung benötigt zwar weniger Ressourcen, bürdet der Anwendung jedoch Aufgaben auf, die vom Betriebssystem oder der Hardware erledigt werden sollten.

2.1.5 Message Passing Interface

Das Message Passing Interface (MPI, [MPI94, MPI98]) existiert inzwischen schon in seiner zweiten Version. Mit ihm wurde versucht, einen einheitlichen Standard für die Kommunikation in allen Parallelrechnern zu schaffen. Inzwischen bietet auch praktisch jeder Parallelrechnerhersteller eine MPI-Implementierung für sein System an. Frei verfügbare Bibliotheken wie MPICH [GLM95] ermöglichen den Einsatz auf beliebigen Clustern, sofern sie durch TCP/IP verbunden sind. Die Adressierung in MPI ist eine Erweiterung des schon in NX verwendeten Schemas: Zu der Prozeßnummer und dem Tag ist noch der sogenannte Kommunikator (*communicator*)

---

[4] Der Begriff »logische Topologie« wäre besser gewählt gewesen, hier soll jedoch die von Parsytec verwendete Terminologie verwendet werden, um nicht unnötig zu verwirren.

dazugekommen. Mit ihm ist eine weitere Strukturierung möglich, die insbesondere für die Implementierung von Bibliotheken notwendig ist.

Ein Kommunikator repräsentiert immer eine Gruppe von Prozessen. Die gleiche Gruppe kann jedoch durchaus durch mehrere Kommunikatoren repräsentiert sein. Alle Operationen sind immer an einen Kommunikator gebunden, so daß vollständig getrennte Kommunikationsbereiche innerhalb eines Programms geschaffen werden können. Eine parallele Bibliothek kann einen eigenen Kommunikator erzeugen, der nur innerhalb der Bibliothek benutzt wird. So ist sichergestellt, daß Nachrichten in der Anwendung nicht mit Nachrichten innerhalb der Bibliothek verwechselt werden können.

Der zweite Verwendungszweck der Kommunikatoren ist die Gruppenkommunikation. Diese betreffen immer alle Prozesse eines Kommunikators. Eine Auswahl einer Teilmenge wird vorher beim Erstellen des Kommunikators getroffen. Ein MPI-Programm startet immer mit einem Kommunikator, in dem alle Prozesse enthalten sind. Auf Basis eines existierenden Kommunikators lassen sich neue erzeugen, die dann beispielsweise nur eine Teilmenge der Prozesse enthalten.

Als weitere Adressierungsvariante bietet MPI noch virtuelle Topologien an. Sie funktionieren ähnlich wie in Parix. Die Idee dahinter ist, die Prozesse so auf dem Prozessornetz anzuordnen, daß möglichst kurze Kommunikationswege entstehen. Trotz der Einrichtung virtueller Topologien und Kommunikatoren kann ein Prozeß immer noch über den globalen Kommunikator mit allen anderen Prozessen kommunizieren.

2.2 Klassifikation

Nachdem nun in historischer Reihenfolge einige verwendete Adressierungsvarianten vorgestellt worden sind, soll in diesem Abschnitt eine systematische Klassifikation erfolgen. Darin lassen sich dann sowohl die bereits erwähnten Systeme einordnen, als auch neue Kombinationsmöglichkeiten erkennen.

Eine erste Einteilung läßt sich nach der Umgebung vornehmen, in der die Adressen stehen. Adressen können von der Umgebung unabhängig sein oder von einem Kontext abhängen. Der Kontext kann beispielsweise durch den Prozeß festgelegt sein, in dem die Adresse verwendet wird. Der erste Fall liegt zum Beispiel vor, wenn man direkt an Prozessoren adressiert und als Adresse eine Prozessornummer angibt. Anders sähe es aus, wenn stattdessen eine Angabe wie »rechter Nachbar« stünde, die offensichtlich vom aktuellen Kontext (eigener Prozessor) abhängig ist. Wenn eine Kontextabhängigkeit vorliegt, so kann der zugrundeliegende Kontext entweder fest oder aber variabel sein. Als Beispiel für einen variablen Kontext kann man eine aufgebaute Verbindung im Internet oder eine virtuelle Topologie in Parix sehen. Adressiert wird in beiden Fällen nur noch an die Verbindung, nicht an den Kommunikationspartner. Es sei noch darauf hingewiesen, daß ein variabler Kontext nicht zwangsweise mit dem Aufbau einer

Verbindung einhergehen muß, er kann auch nur dazu dienen, die Adreßinformationen abzukürzen oder eine Abstraktionsebene zu schaffen, um Programme oder Programmteile von absoluten Adressen abzuschirmen. So läßt sich auch bei der verbindungslosen Kommunikation mit UDP die Adresse eines Kommunikationspartners an einen Socket binden.

Logische oder physikalische Einheiten, an die adressiert wird, können kontextunabhängig sein. Im einfachsten Fall wird nur eine physikalische Einheit wie der Prozessor adressiert. Viele Parallelrechner unterstützen dies inzwischen mit ihrer Kommunikationshardware. Es reicht jedoch für die meisten praktischen Anwendungen nicht aus, da ohne eine detailliertere Zielangabe kein vernünftiger Mehrprozeß- oder Mehrprogrammbetrieb auf den Knoten möglich ist. Mit Hilfe von Systemsoftware wird daher üblicherweise die Möglichkeit geschaffen, Nachrichten an Prozesse oder Kommunikationsobjekte zu adressieren. Die erste Variante – Adressierung an Prozesse – ist in vielen Umgebungen verbreitet (MPI, PVM, NX). Die zweite Variante – Adressierung an Kommunikationsobjekte – findet man eher in verteilten Systemen wie Mach [RFR86a, RFR86b] und Chorus [MRO91]. Durch die Adressierung an Kommunikationsobjekte statt an Prozesse gewinnt man Freiheiten, da zum Beispiel Dienste nur durch eine Auftragsadresse spezifiziert werden können, ohne daß man sich bezüglich der zugrundeliegenden Prozeßstruktur (wie replizierter Dienstgeber oder Fließband) festlegen muß. Unabhängig davon, ob man Prozesse oder Kommunikationsobjekte als Ziel wählt, existiert ein weiterer Freiheitsgrad: In den Adressen kann implizit eine Ortsinformation (Prozessornummer) des Objektes enthalten sein oder nicht. Ist sie vorhanden, so muß sie für die Wegewahl nicht erst ermittelt werden, was erheblichen Einfluß auf die Effizienz haben kann. Migration von Objekten wird aber dadurch gleichzeitig so gut wie unmöglich gemacht. Die Entscheidung für eine der beiden Varianten sollte daher wohlüberlegt sein. In den meisten Parallelrechnerbetriebssystemen ist sie für die Effizienz und gegen die Migration gefallen.

Kommunikation zwischen genau zwei Partnern ist nur ein einfacher Spezialfall. Der allgemeinere Fall liegt dann vor, wenn auf der Sende- und/oder Empfangsseite Gruppen vorliegen. Um eine Zielgruppe zu erreichen, muß sie auch adressiert werden können, wozu sich verschiedene Varianten anbieten. Eine einfache und eingeschränkte ist bei der Beschreibung von NX schon genannt worden, der Rundruf (*Broadcast*), der an alle Prozessoren gerichtet ist, sowie eine eingeschränkte Form des Gruppenrufes (*Multicast*), bei dem Unterwürfel des gesamten Hypercubes das Ziel sind. Die dort angewandte Art der Gruppenbestimmung könnte man regelbasiert nennen, da negative Zieladressen für eine Regel stehen, nach der eine Teilmenge aller möglichen Zieladressen gebildet wird. Denkbar wären auch andere Regeln, wie die Angabe einer oberen und unteren Knotennummer. Im Gegensatz dazu stände eine aufzählende Darstellung der Zielmenge, die mehr Freiheiten als ein eingeschränkter Regelsatz bietet. Es ist jedoch zu bedenken, daß die Aufzählung großer Zielmengen ein nicht unerhebliches Datenaufkommen erzeugt, was unter Skalierbarkeitsaspekten nachteilig ist.

Als letzter Punkt, der nur marginal zur Adressierung zählt, sind die im Rahmen von NX, PVM und MPI schon erwähnten Nachrichtenetiketten zu

nennen, die zur Filterung von Nachrichten auf der Empfängerseite eingesetzt werden. Sie entsprechen – um ein Beispiel aus dem täglichen Leben zu
geben – praktisch der Beschriftung eines Briefumschlages, der ja neben po-
stalischer Adresse und Absender auch noch Bemerkungen wie »zu
Händen« enthalten kann. Auf der Empfängerseite kann nun die Information des Etiketts – oder ein Teil davon – ausgewertet werden, um eine Nachricht auszuwählen. Wenn eine solche Filterung stattfindet, kann man zwischen verschiedenen Varianten auswählen. Die einfachste ist es, nur genau
ein passendes Etikett durchzulassen, etwas allgemeiner wäre eine Menge
von Etiketten. Die flexibelste Möglichkeit besteht jedoch darin, das Etikett
durch ein Prädikat zu testen. Wertet das Prädikat zu »wahr« aus, gilt die
Nachricht als akzeptiert, sonst nicht. Die Mengendefinition mit Hilfe eines
Prädikates ist bei zu filternden Nachrichten praktikabel, im Gegensatz zur
Definition der Empfängermenge bei einem Gruppenruf, wo das Prädikat
für alle potentiellen Empfänger ausgewertet werden müßte.

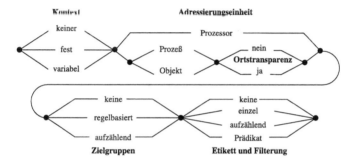

Abb. 2.1: Mögliche Adressierungsvarianten.

Die Kombinationsmöglichkeiten der verschiedenen Adressierungsarten
sind in Abb. 2.1 als Graph dargestellt. Jeder Weg durch den Graph entspricht einer möglichen Adressierungsart. Wie man leicht sieht, existieren
180 verschiedene Wege durch den Graph. Die hohe Zahl verbietet, in einem
System alle Varianten anzubieten. Andererseits stellt sich auch die Frage,
ob eine Variante ausreicht, alle gestellten Anforderungen zu erfüllen. Unter
Umständen wird es daher angebracht sein, eine Auswahl der Varianten anzubieten.

2.3 Eigenschaften von Nachrichten

Nachrichten sind die elementaren Objekte, die mit Hilfe von Kommunikation ausgetauscht werden. Im einfachsten Fall ist eine Nachricht nur eine un-
strukturierte, zusammenhängende Folge von Bytes. Sie läßt sich dann
durch eine Adresse und ihre Länge vollständig beschreiben. Es sind aber
auch deutlich komplexere Nachrichten denkbar. In den folgenden Abschnitten werden die Eigenschaften von Nachrichten genauer untersucht.
Welche Nachrichtenformate sinnvoll sind hängt auch von der Umgebung
ab, in der Kommunikation stattfindet: Ein verteiltes, heterogones System

stellt andere Anforderungen als ein eng gekoppelter Parallelrechner mit baugleichen Knoten. Während im ersten Fall beispielsweise eine Konvertierung zwischen verschiedenen Zahlenformaten notwendig ist, kann darauf im zweiten vollständig verzichtet werden.

Die der systematischen Aufbereitung vorangestellten Beispiele sollen zeigen, daß der Raum der möglichen Nachrichtentypen nicht künstlich »aufgeblasen« ist, sondern daß die einzelnen Dimensionen sehr wohl ausgeschöpft werden, wenn auch (bisher) nicht alle Kombinationen realisiert worden sind.

2.3.1 Nachrichtengrenzen

Einzelne Nachrichten können klar voneinander abgegrenzt sein oder fließende Übergänge besitzen. Im ersten Fall ist eine Nachricht an der Schnittstelle ein unteilbares Objekt, das entweder vollständig oder überhaupt nicht gesendet oder empfangen wird. Diese Semantik ist üblicherweise bei den Schnittstellen in Parallelrechnern anzutreffen. Ein Beispiel aus den verteilten Systemen zeigt jedoch, daß es auch anders sein kann: Eine TCP-Verbindung stellt nur einen bidirektionalen Byte-Strom zwischen Sender und Empfänger dar. Grenzen zwischen Nachrichten gehen bei der Übertragung verloren. Wenn ein Empfänger eine 1000 Byte lange Nachricht empfängt, so kann dies die Verknüpfung einer 300 Byte langen mit einer 700 Byte langen Nachricht vom Sender sein. Eine andere Sichtweise wäre es, wenn man jedes Byte als einzelne Nachricht auffaßt. Man könnte dann mit einem Sende- beziehungsweise Empfangsaufruf mehrere Nachrichten verschicken.

2.3.2 Darstellungsschicht

Nachrichten werden nicht nur zwischen Rechnern gleicher Architektur übertragen, so daß die gleichen Informationen auf Bit- oder Byteebene unterschiedlich dargestellt sein können. Für einen reibungslosen Datenaustausch muß man sich daher auf ein Format einigen. Dazu wurde 1987 von der Firm SUN der Standard XDR (External Data Representation [SMR87]) eingebracht. Er definiert eine Beschreibungssprache und eine Transfersyntax für gebräuchliche Datentypen. Er erfüllt damit die gleiche Aufgabe wie die ASN.1 (Abstract Syntax Notation [AST89]), wie sie in der Darstellungsschicht des ISO/OSI Referenzmodells verwendet wird. Trotzdem unterscheiden sich die beiden in einigen wesentlichen Punkten. Während ASN.1 sehr allgemein angelegt und dadurch sehr komplex ist, wurde XDR bewußt einfach entworfen und teilweise auf heute existierende Rechner optimiert (z. B. Ausrichtung auf 32-Bit Grenzen). Ein anderer wesentlicher Unterschied besteht darin, daß bei ASN.1 die Typinformationen mit übertragen werden, während bei XDR der Empfänger wissen muß, welcher Datentyp als nächstes zu erwarten ist, um ihn korrekt dekodieren zu können. Die bei ASN.1 mit jeder Nachricht übertragenen Typinformationen erzeugen zusätzlichen Transportaufwand, der bei XDR nicht notwendig ist.

2.3.3 Strukturierung

Kommunikation mit Hilfe von Nachrichten wird nicht nur zwischen getrennten Rechnern oder innerhalb von Parallelrechnern mit verteiltem Speicher eingesetzt, sondern auch innerhalb von »gewöhnlichen« Rechnern mit nur einem Prozessor. Sie ist dann notwendig, wenn Anwendungen oder Teile des Betriebssystems als Prozesse (Server) realisiert sind und man aus programmiertechnischen Gründen nicht über gemeinsame Speicherbereiche kommunizieren will. Oft trifft man jedoch aus Optimierungsgründen Mischformen an: Kleinere Datenmengen werden über Nachrichten übertragen, bei größeren dagegen enthalten die Nachrichten nur Referenzen auf die Daten, der Zugriff erfolgt über Adreßraumausbrüche. Zu finden sind diese Lösungen beispielsweise in Minix [AST87], KBS [RBK92] und Mach [RFR86a, RFR86b].

Minix unterstützt nur Nachrichten (kurzer) fester Länge. Sollen größere Datenbereiche übertragen werden, enthält die Nachricht nur einen Zeiger auf die Daten. Durch diese Maßnahmen wird das Nachrichtentransportsystem vereinfacht (Pufferverwaltung) und die Geschwindigkeit vieler Operationen beschleunigt, da die großen Datenbereiche seltener kopiert werden müssen. Erkauft wird sich dies jedoch durch den Aufwand eines Adreßraumausbruches und der mangelnden Flexibilität, da das Verfahren beim Übergang auf Systeme ohne gemeinsamen Speicher nicht mehr weiterverwendet werden kann.

Dies wird in Mach durch einen Übergang von unstrukturierten Bytefolgen zu strukturierten Nachrichten vermieden: Die Nachrichten enthalten Informationen, die es dem Kern erlauben, zwischen Daten und Referenzen zu unterscheiden. Die referenzierten Bereiche können nun entweder kopiert werden (auch über Rechnergrenzen hinweg) oder durch Manipulation der Adreßumsetzung direkt in den Adreßraum des Empfängers eingeblendet werden. Eine physikalische Kopie wird erst dann angelegt, wenn Sender oder Empfänger auf den Bereich schreiben (sogenanntes *copy on write*). Der insbesondere bei großen Datenmengen teure Kopiervorgang läßt sich so vermeiden.

2.3.4 Nachrichtenübergabe

Die Übergabe von Nachrichten zwischen Anwendung und Kommunikationssystem erscheint auf den ersten Blick trivial. Ein Blick auf existierende Systeme zeigt jedoch eine Vielzahl von Konzepten, so daß eine genauere Betrachtung gerechtfertigt erscheint. Idealerweise erfüllt der Übergabemechanismus einige Eigenschaften, die sowohl für die Anwendungen als auch für das Kommunikationssystem Vorteile bieten. Da sich das Verhältnis von Netzwerkbandbreite und Hauptspeicherbandbreite in den letzten Jahren immer mehr in Richtung Netzwerkbandbreite verschoben hat, fallen die Kosten für lokale Kopieroperationen immer mehr ins Gewicht. Die Nachrichtenübergabe sollte daher auf das Kopieren von Nachrichten so weit wie möglich verzichten. Liegen Daten in der Anwendung gestreut vor, so müssen sie vor dem Verschicken zuerst in einen zusammenhängenden Bereich kopiert werden. Diese Kopieroperation läßt sich einsparen, wenn das Kommunikationssystem auch nicht zusammenhängende Nachrichten unterstützt.

Liegt eine heterogene Umgebung vor, erhöht sich der Aufwand für die Nachrichtenübergabe. In diesen Fall muß das Nachrichtensystem unter Umständen eine Konvertierung durchführen, die Wissen über die verschickten Datentypen erfordert. Andernfalls müßte die Konvertierung von der Anwendung selbst vorgenommen werden. Es soll nun zuerst untersucht werden, wie existierende Systeme mit den Problemen umgehen, anschließend erfolgt dann eine allgemeine Klassifizierung.

Ein Beispiel ist PVM (*Parallel Virtual Machine* [AGP93]), eine Bibliothek, die unter anderem dazu entwickelt wurde, um nachts ungenutzte Arbeitsplatzrechner zu nutzen. Das Programmiermodell von PVM sieht unabhängige Prozesse vor, die mit Hilfe von Nachrichten kommunizieren. Da auch heterogene Umgebungen unterstützt werden sollen, können keine Nachrichten ohne Typinformationen verwendet werden. Um in PVM eine Nachricht zu verschicken, muß sie zuerst gepackt werden. Dabei ist nacheinander für die einzelnen Elemente eine Packfunktion aufzurufen. Folgen Reihungen von gleichartigen Elementen, so können diese mit einem Aufruf gepackt werden. Auf der Empfangsseite müssen die Nachrichten mit den entsprechenden Funktionen wieder entpackt werden. Ein Nachteil dieser Methode ist der Aufwand für die vielen Funktionsaufrufe, die nur dann wirklich notwendig sind, wenn die beteiligten Maschinen eine Umwandlung von Datenformaten erfordern.

In heterogenen Umgebung läßt sich zwar der Aufwand zur Typwandlung nicht vermeiden, die hohe Anzahl von Funktionsaufrufen in PVM läßt sich jedoch reduzieren. Eine Methode dazu wurde mit MPI (*Message Passing Interface* [MPI94]) aufgezeigt. Die Beschreibung einer Nachricht wird nicht mit jedem Sende- und Empfangsaufruf wiederholt vorgenommen, sondern nur einmal vorweg, um dann mehrfach verwendet zu werden. Die vorhandenen Informationen kann dann eine Packfunktion eventuell effizienter auswerten. Der Vorteil kommt besonders dann zum Tragen, wenn in einer homogenen Umgebung gearbeitet wird. Während in PVM immer noch die Packfunktionen für einzelne Datentypen aufgerufen werden müssen, kann in MPI unter Umständen die gesamte Nachricht mit nur einem Aufruf kopiert werden. PVMhingegen bietet Vorteile, wenn sehr oft wechselnde, sich nicht wiederholende Nachrichtentypen verschickt werden. Es handelt sich im Prinzip um die gleichen Vor- und Nachteile, die interpretierte beziehungsweise in Maschinensprache übersetzte Programme bieten.

Ein anderer Aspekt des Nachrichtenformats ist die Ablage der Nachricht im Speicher und die Übergabe vom oder zum Betriebssystem (oder Bibliothek). Dies kann in einem oder mehreren Stücken erfolgen, die im letzteren Fall regelmäßig oder unregelmäßig angeordnet werden können. Die nicht kompakte Speicherung bietet verschiedene Vorteile. Die meisten davon resultieren in geringerem Kopieraufwand und/oder in Speicherplatzersparnis. So kann beispielsweise eine Spalte einer zeilenweise gespeicherten Matrix direkt verschickt werden, ohne vorher extra einen zusammenhängenden Speicherbereich für die Spalte anzufordern und den Inhalt dorthin zu kopieren. Unregelmäßig gestreute Speicherung ist immer dann nützlich, wenn eine Gruppe von Daten als Struktur verschickt werden soll, die im Programm nicht als Struktur vorliegt. Dies kann in einigen Sprachen auch nicht anders gelöst werden, da sie – wie Fortran – keine Strukturen anbieten. Die verschiedenen Ablageformate können natürlich auch in einem System gemischt vorkommen. Als Beispiel sei hier MPI genannt, in worin praktisch alle realisiert sind.

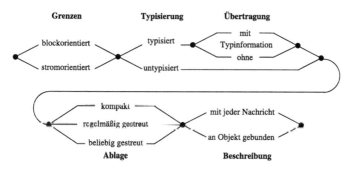

Abb. 2.2: Nachrichteneigenschaften

In Abb. 2.2 sind die verschiedenen Nachrichteneigenschaften nochmals im Überblick dargestellt. Zählt man die Wege, die es durch den Graph gibt, so kommt man auf 36 verschiedene Nachrichtenformen. Welche Konsequenzen die verschiedenen Formen auf die Implementierung haben, wird in späteren Kapiteln untersucht.

2.4 Reihenfolge von Nachrichten

Ein Kommunikationsobjekt oder Kanal wird üblicherweise nicht nur für die Übertragung einer einzelnen Nachricht benutzt, sondern für mehrere. Auf den ersten Blick scheint es »natürlich«, wenn die Nachrichten in der gleichen Reihenfolge empfangen wie gesendet werden. In diesem Abschnitt werden zuerst einige Beispiele gebracht, in denen dies nicht notwendigerweise der Fall ist. Die darauf folgende Diskussion betrachtet Fälle mit mehr als zwei Orten beziehungsweise Nachrichten.

Jeder dürfte aus dem täglichen Leben einen »Dienst« kennen, der nicht notwendigerweise reihenfolgetreu arbeitet, die Briefpost. Da Briefe unabhängig voneinander transportiert werden und die Laufzeit Schwankungen unterliegt, kann es vorkommen, daß ein am Dienstag eingeworfener Brief am Mittwoch ankommt, während ein am Montag eingeworfener seinen (gleichen) Empfänger erst am Donnerstag erreicht. Üblicherweise entstehen durch diese Vertauschungen keine Probleme, was möglicherweise allerdings auch daran liegt, daß sich alle daran gewöhnt haben. Neben den zufälligen existieren auch gewollte Überholvorgänge: Von Eilbriefen wird erwartet, daß sie bevorzugt befördert werden und so auch später abgeschickte Briefe überholen. Die gewollte Abweichung von einer Standardreihenfolge kann prinzipiell überall vorkommen, wo Warteschlangen im Spiel sind: Kommt ein Auftrag mit einer höheren Priorität an, so wird er Aufträge mit niedriger Priorität nach hinten drängen.

Neben den bisher gebrachten Beispielen mit einem Absender und einem Empfänger gibt es auch kompliziertere Situationen, in denen mehrere Kommunikationspartner beteiligt sind. Nehmen wir an, Prozeß A und Prozeß B schicken nacheinander eine Nachricht an Prozeß C. Unter Reihenfolgetreue würde man nun verstehen, wenn die Nachricht von A vor der Nachricht von B ankommt. Die Frage ist nur, wie stellt man fest, daß A vor B eine Nachricht abgeschickt hat? Die Antwort, in dem man auf die Uhr schaut, ist naiv und unzureichend. Eine Anordnung mit Hilfe der Uhrzeit ist nur dann problemlos möglich, wenn man von einer global einheitlichen Zeit ausgehen kann. Nachrichten können mit dieser Zeit »gestempelt« werden, um Eindeutigkeit zu erreichen. Reicht die Auflösung der Uhr dazu nicht aus, läßt sie sich durch eine Sequenznummer ergänzen, die mit jedem Auslesen der Uhr erhöht wird.

2.4.1 Prinzipielle Grenzen

Im verteilten Fall hat man üblicherweise nur lokale Uhren zur Verfügung, die in den meisten Parallelrechnern jedoch nicht synchronisiert sind[5]. Unabhängig von der Synchronisation reichen diese Uhren für die Festlegung der Reihenfolge von Ereignissen jedoch nicht aus. Wegen der begrenzten Auflösung von Uhren können zwei Ereignisse mit der gleichen Zeit gestempelt werden. Die im lokalen Fall angewendete Ergänzung mit Sequenznummern ist jetzt nicht mehr möglich, da man dafür einen zentralen Zähler benötigt. Mit Hilfe von lokalen Sequenznummern, die mit der Knotennummer verkettet werden, ließe sich zwar eine eindeutige Reihenfolge erzwingen, diese wäre jedoch willkürlich.

Einfacher ist es, die Gleichzeitigkeit von bestimmten Ereignissen zuzugestehen. Im Falle von synchronisierten Uhren sind zwei Ereignisse immer dann als gleichzeitig anzusehen, wenn sie – im Rahmen der Auflösung – gleiche Zeitstempel besitzen. Etwas weiter geht der relativistische Begriff der Gleichzeitigkeit. So findet man in [SSR85] folgende Definition: »Zwei Ereignisse sind gleichzeitig, wenn von ihnen ausgehende Lichtsignale einen in der Mitte befindlichen Beobachter zugleich erreichen.« Da die (Vakuum-) Lichtgeschwindigkeit in jedem Bezugssystem konstant ist, müssen die beiden Ereignisse, die für einen Beobachter A gleichzeitig auftreten, für einen Beobachter B in einem anderen Bezugssystem nicht gleichzeitig sein. Man kann daher auch zu einer äquivalenten Definition der Gleichzeitigkeit kommen: »Zwei Ereignisse sind gleichzeitig, wenn sie sich kausal nicht beeinflussen können.« Eine kausale Beeinflussung eines Ereignisses durch ein

---

[5] Eine Ausnahme bildet die IBM SP2 [18], bei der die globale Zeit durch Spezialhardware – mit erheblichem Aufwand – realisiert wurde.

anderes ist nur durch Informationsübertragung zwischen ihnen möglich, die jedoch maximal mit Lichtgeschwindigkeit erfolgen kann.

Es stellt sich nun die Frage, wie man den relativistischen Begriff der Gleichzeitigkeit auf Parallelrechner und verteilte Systeme übertragen kann. Die hier betrachteten Rechnersysteme zeichnen sich dadurch aus, daß sie keine zentrale Komponenten enthalten und ihre lokalen Komponenten nur über Nachrichtenaustausch kooperieren können. Der schnellstmögliche Informationstransport, der in einem relativistischem System durch Lichtstrahlen im Vakuum gegeben ist, kann hier nur durch Verschicken von Nachrichten erreicht werden. Ihre Ausbreitungsgeschwindigkeit kann nie größer als Lichtgeschwindigkeit sein. Somit kann ein Ereignis auch nur dann von einem anderen beeinflußt werden, wenn zwischenzeitlich eine Nachrichtenübertragung stattfindet. Daraus folgt auch, daß zwei Ereignisse, die für einen außenstehenden Beobachter nacheinander stattfinden, als innerhalb des Systems gleichzeitig angenommen werden müssen, wenn zwischenzeitlich kein Nachrichtenaustausch stattgefunden hat.

2.4.2 Einzelkommunikation

Die Gleichzeitigkeit von Ereignissen innerhalb des Systems setzt der Festlegung der Auslieferungsreihenfolge von Nachrichten Grenzen. Wenn nicht festgestellt werden kann, ob Nachricht A vor Nachricht B abgeschickt worden ist, ist es sinnlos, für die Auslieferung dieser beiden Nachrichten eine bestimmte Reihenfolge zu fordern[6]. Die schärfste Garantie, die man für Einzelkommunikation fordern kann, besteht also darin, daß Nachrichten, die feststellbar in einer bestimmten Reihenfolge abgeschickt worden sind, in der gleichen Reihenfolge auszuliefern sind. Diese Forderung läßt sich – mit hohem Aufwand – umsetzen. Diese Art der Reihenfolgetreue wird in der Literatur üblicherweise als »*causal ordered communication*« bezeichnet [CBMT96].

Eine in vielen Programmierumgebungen übliche Abschwächung besteht darin, nur die Reihenfolge von lokalen Ereignissen zu berücksichtigen. Dies führt dazu, daß für Nachrichten, die von zwei verschiedenen Knoten abgeschickt worden sind keine bestimmte Auslieferungsreihenfolge garantiert wird. Die nächste und letzte Stufe bedeutet, daß man überhaupt keine Garantien für die Auslieferungsreihenfolge macht. Dann kann es auch vorkommen, daß sich zwei Nachrichten überholen, die vom gleichen Quellknoten abgeschickt werden und an den gleichen Zielknoten geschickt werden[7]. Die drei Garantieklassen mit den möglichen Überholvorgängen sind in Abb. 2.3 an Hand von Beispielen dargestellt. Eine Verletzung der

---

[6] Eine Ausnahme liegt dann vor, wenn man die Reproduzierbarkeit von Programmläufen fordert. Dann müssen die Nachrichten bei einem zweiten Programmlauf in der selben Reihenfolge ankommen wie beim ersten Programmlauf.

[7] Man könnte auch noch zwischen Knoten/Prozessen/Kommunikationsobjekten unterscheiden.

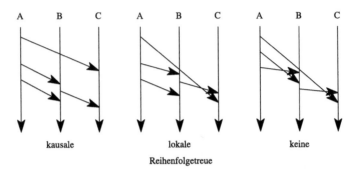

kausale   lokale   keine

Reihenfolgetreue

Abb. 2.3: Abstufungen der Reihenfolgetreue

Reihenfolgetreue ist immer daran zu erkennen, daß sich zwei Nachrichten-pfeile kreuzen.

2.4.3 Gruppenkommunikation

Da bei Gruppenkommunikation nicht nur einzelne Sender oder Empfänger, sondern Gruppen beteiligt sind, verkompliziert sich die Lage. Sende- oder Empfangsoperationen auf einem Knoten lassen sich leicht atomar gestalten, bei Gruppenoperationen, die sich über mehrere Knoten hinziehen, ist dies nicht mehr einfach möglich. Gruppen auf der Empfängerseite sind in dieser Beziehung noch unkritisch, bezüglich der Reihenfolge der Ereignisse läßt sich eine Gruppenoperation durch eine Reihe von Einzeloperationen erset-zen.

Fordert man die atomare Auslieferung von Nachrichten, so ist dies nicht mehr möglich. Gleichzeitig abgeschickte Nachrichten können zwar in einer beliegiben Reihenfolge ausgeliefert werden, sie muß aber auf allen Zielkno-ten die gleiche sein.

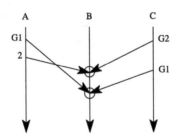

Abb. 2.4: Konfliktsituation bei Gruppenkommunikation

Wesentlicher komplexer ist die Situation, wenn eine Gruppe auf der Sen-derseite auftritt. Die einzelnen Sender rufen ihre Teiloperation unter Um-ständen nicht gleichzeitig auf. Es stellt sich nun die Frage, nach welchem

Zeitpunkt die Auslieferung des Empfangszeitpunkts bestimmt. Es ist zwar klar, daß die Nachricht erst dann ausgeliefert werden kann, wenn alle Sender ihre Operation aufgerufen haben, schwierig wird die Situation jedoch, wenn weitere Kommunikationsoperationen mit im Spiel sind. Ein entsprechendes Beispiel ist in Abb. 2.4 dargestellt. Knoten A und Knoten C nehmen an je zwei Gruppenoperationen teil. Der Empfänger ist in beiden Fällen Knoten B. Die Reihenfolge der Sendeoperationen für die beiden Gruppen ist jedoch vertauscht. Es ist nun egal, in welcher Reihenfolge man die beiden Gruppennachrichten an Knoten B ausliefert, man kann nur einer der beiden Absendereihenfolgen gerecht werden. MPI umgeht das Problem auf einfache Weise, in dem gefordert wird, daß die Sendeoperationen auf allen Knoten in der gleichen Reihenfolge aufgerufen werden ([MPI94], Seite 126).

Über die Frage, ob man kausale Ordnung für Kommunikation garantieren sollte, ist eine interessante Diskussion entstanden ([CSU93], [KBA94] und [FML98]). Dort stehen zwar eher verteilte Systeme im Mittelpunkt, die meisten Argumente gelten jedoch auch für Parallelrechner. Zwei Gründe sprechen gegen die kausale Ordnung von Nachrichten. Erstens ist der Aufwand für die Realisierung sehr hoch, da alle Nachrichten um Informationen über die Kausalität ergänzt werden müssen. Zweitens zerstört man sich durch die Verzögerung von Nachrichten potentielle Parallelität.

2.4.4 Mischung von Gruppen- und Einzelkommunikation

Bestimmte Garantien für Reihenfolgetreue in der Einzel- und in der Gruppenkommunikation garantieren noch keine Reihenfolgetreue zwischen Nachrichten, die über verschiedene Mechanismen verschickt werden. Ein einfacher Ansatz die Auslieferungsreihenfolge zwischen den Kommunikationsmechanismen zu spezifizieren, besteht darin, die Einzelkommunikation nur als Spezialfall der Gruppenkommunikation mit einelementiger Sender- und Empfängermenge anzusehen. Aus Effizienzgründen ist dieser Ansatz in der Praxis so gut wie nie realisiert, da Einzel- und Gruppenkommunikation oft in verschiedenen Systemschichten implementiert sind und spezielle, für den jeweiligen Zweck optimierte Mechanismen verwenden.

Als ein Beispiel für sehr tiefgreifend unterschiedliche Mechanismen kann die Connection Machine CM-5 angesehen werden, die für Gruppenkommunikation ein komplett eigenes Netz besitzt [CLT92]. Damit können sich Einzelnachrichten und Gruppennachrichten auf der Hardwareebene unabhängig voneinander fortbewegen und auch überholen. Werden auf Softwareebene keine Gegenmaßnahmen ergriffen, kann die Reihenfolgetreue nicht garantiert werden.

In dem Parallelrechnerbetriebssystem Cosy [BGW97] wurde zwar ein vollkommen anderer Ansatz für die Gruppenkommunikation gewählt, der aber zum gleichen Ergebnis wie bei der CM-5 führt. Die Einzelkommunikation ist reihenfolgetreu innerhalb eines Kommunikationsobjektes (Kanal), kausale Reihenfolgetreue wird nicht garantiert[8]. Gruppenkommunikations-objekte sind außerhalb des Kerns durch Dienstgeber realisiert, die auf jedem Knoten laufen. Ein Gruppenkanal setzt sich aus mehreren Einzelkanälen zusammen, zwischen denen Prozesse des Gruppenkommunikationsdienstgebers die Nachrichten vervielfältigen bzw. zusammenfassen und weitersenden [BHS95]. Je nach Struktur der Gruppe kann es vorkommen, daß eine Nachricht im Gruppenkanal einen vollkommen anderen Weg als eine Nachricht im Einzelkanal durchläuft. Tritt auf einem der Wege ein Stau auf, kann eine später abgeschickte Nachricht auf dem anderen Weg schneller zum Ziel gelangen. Allerdings garantiert auch der gleiche Weg noch lange keine Reihenfolgetreue, da die Nachrichten über verschiedene Einzelkanäle verschickt werden, zwischen denen Cosy keine kausale Reihenfolgetreue gewährleistet.

2.5 Einzel-Kommunikation

Kommunikation bedeutet meistens nicht nur Nachrichtentransport von A nach B, sondern nimmt – vom Inhalt der Nachricht unabhängig – zeitlichen Einfluß auf die beteiligten Prozesse. Die Richtung dieser Einflußnahme ist prinzipiell von der Richtung des Nachrichtentransports unabhängig, weswegen hier die verschiedenen Varianten jeweils zusammen für Sende- und Empfangsoperation betrachtet werden.

2.5.1 Asynchrone Kommunikation

Der einfachste Fall liegt vor, wenn außer dem Nachrichtentransport kein weiterer zeitlicher Einfluß auf den aufrufenden Prozeß genommen wird. Es handelt sich dann um eine asynchrone Operation. Üblicherweise trifft man diese Semantik bei der Sendeoperation an, da hier gewünscht ist, daß die Nachricht am Kanal abgelegt wird und der Prozeß anschließend ungestört weiterarbeiten kann. Je nach Art der Nachrichtenübergabe sind verschiedene Punkte zu beachten. Bei Referenzübergabe weiß der Sender nicht, von welchem Zeitpunkt an er den Sendepuffer wieder benutzen kann, da er keine Information darüber erhält, wann die Nachricht zum Empfänger kopiert worden ist. Wird die Nachricht dagegen als Wert-Parameter angegeben, so muß sie unter Umständen doppelt kopiert werden, zuerst vom Sender in einen Pufferbereich, später von dort zum Empfänger. Der dadurch entstehende Aufwand kann bei langen Nachrichten beträchtlich sein. Kopieraufwand läßt sich unter Umständen durch geschicktes Einbeziehen des virtuellen Speichers und der Speicherverwaltungshardware (MMU) reduzieren, Dies wird allerdings mit erheblichem Verwaltungsaufwand erkauft. In [IKWS92] wird über Messungen berichtet, in denen diese »Optimierungen« bei einigen Systemen Verschlechterungen als Folge haben.

---

[8] Selbst Nachrichten zwischen zwei Prozessoren können sich überholen, wenn sie über verschiedene Kanäle verschickt werden.

Eine rein asynchrone Empfangsoperation ist in den meisten System nicht vorhanden, es ist auch schwierig, für sie ein sinnvolles Beispiel anzugeben. Der Empfänger benötigt schließlich eine Information darüber, ab wann er mit einer Nachricht im Puffer rechnen kann. Oft findet man daher eine in zwei Teile zerlegte Empfangsoperation. Der erste Teil ist asynchron, in ihm wird dem Kommunikationssystem der Ablageort für die Nachricht mitgeteilt. Im zweiten Teil kann man dann synchron auf die Nachricht warten oder versuchend prüfen, ob die Nachricht schon angekommen ist. Diese Variante ist besonders dann nützlich, wenn auf Nachrichten von verschiedenen Sendern gewartet werden soll. Das Kommunikationssystem muß die Nachrichten in diesem Fall nicht puffern, sondern kann sie direkt an der Zieladresse ablegen. Es werden somit Speicherplatz und eine Kopieroperation eingespart.

2.5.2 Synchrone Kommunikation

Die bisher beschriebene asynchrone Kommunikation bietet nur einen Datenfluß zwischen Prozessen an, während durch synchrone Aufrufe auch Einfluß auf den zeitlichen Ablauf eines Prozesses genommen werden kann. Die übliche Definition einer synchronen Operation bedeutet, daß die Operation erst dann beendet ist, wenn die zugehörige Aufgabe erledigt ist. Beispielsweise kehrt eine synchrone Sendeoperation erst dann zurück, wenn die zugehörige Empfangsoperation aufgerufen wurde. Da Zeitinformationen zwischen verschiedenen Knoten nur durch Netzwerkpakete weitergegeben werden können, ergibt sich, daß (mindestens) ein Paket vom Empfängerknoten zum Senderknoten notwendig ist.

Synchrones Empfangsopen ist die vermutlich am häufigsten verwendete Variante, da Prozesse oft auf die in der Nachricht enthaltenen Daten angewiesen sind und ohne sie nicht weiterarbeiten können. Synchrone Sendeoperationen (wie auch versuchendes und umlenkendes Senden) haben die interessante Eigenschaft, Kontrollinformationen entgegen der Nachrichtentransportrichtung zu übermitteln. Ohne Mitwirkung des Empfängers – zum Beispiel durch eine explizite Quittung – weiß der Sender, daß seine Nachricht angekommen ist. Da der Sender bis zum Empfang der Nachricht blokiert ist und somit während dieser Zeit auch keine Änderung an Variablen in seinem Datenbereich vornehmen kann, erfolgt die Nachrichtenübergabe gewöhnlich per Referenz. Daraus ergeben sich mehrere Vorteile: Erstens muß die Nachricht nicht mehr im Kern gepuffert werden, was Speicherplatz im Kern (und den damit verbundenen Verwaltungsaufwand) spart. Zweitens ist im Idealfall nur noch ein Kopiervorgang direkt vom Adreßraum des Senders in den Adreßraum des Empfängers vorzunehmen, was gegenüber doppeltem Kopieren insbesondere bei langen Nachrichten Vorteile bietet. Demgegenüber steht allerdings der Nachteil, daß der Sender bis zur Auslieferung der Nachricht blockiert ist: Mögliche Parallelität wird zerstört. Viele Systeme bieten nur die Kombination asynchrones Senden / synchrones Empfangen an, da sie für einen großen Teil aller Fälle die sinnvollste Lösung ist.

2.5.3 Versuchende Kommunikation

Versuchende Operationen sind in der realen Welt recht verbreitet, in der Kommunikation zwischen Prozessen oft allerdings nicht sonderlich gut geeignet. Jeder wird (vermutlich einmal pro Tag) eine »versuchende Empfangsoperation« an seinem Briefkasten ausführen und nachschauen, ob Post angekommen ist. Üblicherweise stellt man sich nicht neben den Briefkasten und wartet, bis der Postbote kommt (»blockierendes Empfangen«). Auch beim Postversand gibt es neben der üblichen asynchronen Vorgehensweise (Brief in Briefkasten einwerfen) eine versuchende: Ein Paketbote gibt ein Paket nur dann ab, wenn er jemand antrifft. Aus den Beispielen läßt sich ein Problem der versuchenden Kommunikation erkennen: Es ist nicht einfach, eine vernünftige Wartezeit zwischen den Versuchen festzulegen. Will man sich Arbeit sparen und wählt die Zeit zu lang, entstehen unnötige Verzögerungen. Wählt man sie dagegen zu kurz, kommt man außer den Versuchen zu keiner anderen sinnvollen Tätigkeit mehr. In Einprozeßbetriebssystemen (z. B. MS-DOS) wird manchmal versuchend von der Tastatur gelesen, das heißt, ein Programm, das auf den nächsten Tastendruck wartet, lastet den Prozessor zu 100 Prozent aus. Auf einem Einprozeßsystem stört dies nicht weiter, portiert man jedoch ein solches Programm auf ein moderneres Mehrprozeßsystem, geht die in der Warteschleife sinnlos verbrauchte Rechenzeit anderen Prozessen verloren.

Versuchende Operationen zeigen eine interessante Anomalie, wenn man von lokalen zu verteilten Systemen übergeht: Die Kombination von versuchendem Senden und versuchendem Empfangen kann im lokalen Fall nie zum Erfolg führen, da immer nur einer der beiden Prozesse zu einem Zeitpunkt die Kernsperre überwinden kann und so keine Chance hat, den anderen Prozeß bei seinem Versuch anzutreffen. Die notwendige Gleichzeitigkeit ist im verteilten Fall leicht möglich, die dazu notwendigen Bedingungen wurden in Kapitel 2.3 definiert. Eine sinnvolle Anwendung für diesen Effekt scheint zwar schwer vorstellbar zu sein, trotzdem zeigt er, daß sich beim Übergang zu verteilten Operationen Änderungen der Semantik manchmal nicht verhindern lassen.

2.5.4 Umlenkende Kommunikation

Das Konzept der umlenkenden Sende- und Empfangsaufrufe ist schon seit langer Zeit bekannt [HWA87], hat aber erst seit der Verwendung unter dem Namen Active Messages in der CM-5 größere Aufmerksamkeit erlangt (siehe auch [TMC94], [ECGS92]). Umlenkende Operationen kann man sich als Erweiterung von asynchronen Operationen vorstellen: Unabhängig davon, ob der Kommunikationspartner seine Operation aufgerufen hat, kehrt die umlenkende Operation zurück. Der Prozeß läuft ohne zu blockieren weiter. Zu dem Zeitpunkt, zu dem der Kommunikationspartner seine zugehörige Operation ausführt, wird der Prozeß in seinem normalen Ablauf unterbrochen und umgelenkt. Das Ziel kann beispielsweise eine Funktion sein, in der auf eine ankommende Nachricht reagiert wird. Das Ziel der Umlenkung kann vom Aufrufer der umlenkenden Operation angegeben werden (wie es zum Beispiel in Cosy realisiert ist), oder aber vom Kommunikationspartner angegeben werden (wie es im Betriebssystem der CM-5 realisiert ist). Die letzte Variante bedingt allerdings, daß die Kommunikationssemantik eines Kommunikationspartners die des anderen beeinflußt. So muß ein Sender ein Umlenkungsziel angeben, wenn der Empfänger umlenkend empfangen will. Die Angabe des Umlenkungszieles vom Kommunikationspartner hat weiterhin den Nachteil, daß ein Prozeß mit Adressen arbeiten muß, die für einen anderen Prozeß Gültigkeit besitzen. Dies ist problematisch, wenn der andere Prozeß in einem anderen Adreßraum arbeitet und die Adressen dort nicht notwendigerweise gleich sind. Auf der CM-5 wird dieses Problem dadurch abgemildert, daß auf allen Knoten der gleiche Programmcode an der gleichen Adresse lagert (SPMD-Modell, *single program, multipe data*), was bei Mehrprogrammbetrieb oder MPMD-Modell (*multiple program, multiple data*) aber nicht mehr gelten muß.

Das Konzept der Umlenkungen führt auf Softwareebene ein Konzept neu ein, das schon auf der Hardwareebene existiert, die Unterbrechungen. Der in modernen Systemen eingeschlagene Weg, Unterbrechungen auf Nachrichten abzubilden, wird durch umlenkende Operationen wieder rückgängig gemacht, mit allen daraus folgenden Nachteilen. Um Datenkonsistenz zwischen einem Programm und Umlenkungsroutine zu sichern, müssen besondere Vorkehrungen getroffen werden. Dies kann zum Beispiel mit Hilfe von Sperren geschehen, die Umlenkungen in kritischen Abschnitten maskieren. Ein weiteres Problem ist die Kombination von Umlenkungen mit blockierenden Systemaufrufen: Was soll geschehen, wenn ein blockierter Prozeß umgelenkt wird? Man kann den blockierenden Systemaufruf unterbrechen und sofort in die Umlenkungsfunktion verzweigen oder die Umlenkung verzögern, bis der Prozeß wieder deblockiert wird. Oft ist die erste Variante vorzuziehen, da man so eine kürzere Anwortzeit erhalten kann, die insbesondere beim Reagieren auf Ausnahmesituationen wichtig ist. Wie soll aber nun verfahren werden, wenn die Umlenkungsroutine beendet ist? Der unterbrochene Kernaufruf kann wieder aufgesetzt oder abgebrochen werden. Viele Systeme bieten nur die letzte Variante an, die das Wiederaufsetzen in die Anwendung verlagert. Der dadurch höhere Aufwand in der Anwendung hat den Vorteil, daß man eine größere Flexibilität gewinnt, so läßt sich in dem Programmablauf an einer vollständig anderen Stelle fortfahren[9], was für die Behandlung von Ausnahmen oft sinnvoll ist.

Umlenkende Operationen bieten das größte Spektrum an Variationen, es hat sich in existierenden Systemen jedoch noch kein Standard zu ihrer Realisierung herausgebildet. Die Situation ist damit vergleichbar mit der Implementierung von Unterbrechungen auf Hardwareebene. Auch vom Konzept her – dem asynchronen Eingriff in den Programmfluß – sind die Umlenkungen den Unterbrechungen sehr ähnlich. Umlenkende Operationen stören nachhaltig die Programmstruktur, ähnlich der goto-Anweisung. Sie sollten daher – wenn überhaupt – nur sparsam eingesetzt werden.

---

[9] In der Programmiersprache C eignet sich dazu das Funktionspaar setjmp/longjmp, das eine Funktionsübergreifende Sprunganweisung realisiert.

2.5.5 Kombinationen und Ergänzungen

Die vier Hauptvarianten von Sende- und Empfangsaufrufen, die in den letzten Abschnitten beschrieben worden sind, müssen nicht exakt in dieser Form auftauchen. Stattdessen können auch Mischformen existieren. Der Hauptgrund für die Existenz dieser Mischformen ist meist nicht der Wunsch nach einer bestimmten Semantik, sondern Zwänge bei der Implementierung der Kommunikationsaufrufe. Jede nicht komplett abgewickelte Kommunikation belegt Ressourcen, neben Pufferplatz für Nachrichten – üblicherweise der Hauptanteil – oft auch eine nicht unerhebliche Menge für Verwaltungsdaten. Diese Ressourcen können pro Kommunikationsobjekt, pro Prozeß oder insgesamt begrenzt sein. Eine bewußte Beschränkung der von einem Prozeß oder einem Kommunikationsobjekt belegten Ressourcen kann dazu dienen, eine globale Ressourcenknappheit zu verhindern. Ein Ressourcenmangel wird so auf einzelne Prozesse beschränkt, ohne das restliche System zu beeinflussen. Tritt bei einer Kommunikationsoperation ein Ressourcenmangel auf, so kann man entweder die Operation mit einer Fehlermeldung fehlschlagen lassen oder auf eine andere Semantik wechseln, die mit weniger Ressourcen auskommt.

Der gängigste Fall einer Kombination von verschiedenen Varianten taucht beim Senden auf. Oft wird asynchrones Senden verwendet, bei einem Überlauf im Kommunikationsobjekt jedoch wird der Sender blockiert. Damit ist dann meistens verbunden, daß die Nachricht beim Aufrufer verbleibt und nicht in das Kommunikationsobjekt umkopiert werden muß. Es bleibt somit nur ein geringerer Speicherbedarf für Verwaltungsdaten übrig. Da jeder Prozeß nur einfach blockiert sein kann, ist es möglich, die dafür benötigten Ressourcen mit der Prozeßerzeugung einmalig anzufordern und für diesen Fall zur Verfügung zu stellen. Diese Mischform hat gute und schlechte Eigenschaften: Nimmt man ein Fließband als Beispiel, in dem die erste Stufe schneller als die Folgestufen ist, so führt das Blockieren des Senders bei vollem Kommunikationsobjekt automatisch zu einer Flußkontrolle, ein in diesem Zusammenhang gewünschter Effekt. Ohne diese Flußkontrolle wäre die durch gepufferte Nachrichten verbrauchte Speichermenge nicht nach oben begrenzt. In anderen Fällen kann das Blockieren des Senders allerdings zu höchst überraschenden und störenden Nebenwirkungen führen: Schickt ein Prozeß mehrere Aufträge an einen Dienstgeber, bevor er die Ergebnisse wieder einsammelt (interne Parallelität, Pufferung), so kann es zu einer Verklemmung kommen, falls nicht alle Aufträge beziehungsweise alle Ergebnisse gepuffert werden können. Das Unangenehme an dieser Art von Verklemmung ist, daß sie für den Programmierer üblicherweise sehr überraschend auftritt, da sie nicht von der »Primärsemantik« der Sendeoperation abhängt, sondern nur vom Überlaufverhalten. Die Übersicht, wieviel Pufferplatz man aktuell verbraucht, kann sehr leicht verlorengehen, so daß man eine Verklemmung an dieser Stelle überhaupt nicht erwartet. Dementsprechend sind solche Fehler vom Programmierer schwer zu vermeiden und zu erkennen.

2.6 Gruppenkommunikation

Bei Einzelkommunikation ist je genau einem Prozeß auf Sende- und Empfangsseite beteiligt. Von Gruppenkommunikation spricht man dann, wenn auf mindestens einer der beiden Seiten statt eines einzelnen Prozesses eine Gruppe von Prozessen teilnimmt. Die Art der verwendeten Gruppenoperation schränkt teilweise die Definition von Gruppen ein (vgl. Kapitel 2.1). Empfängerseitige Gruppen können mit dem Aufruf der Sendeoperation definiert werden. Alle Informationen liegen rechtzeitig vor, um die Nachricht korrekt an die Empfängergruppe zu verteilen. Bei senderseitigen Gruppen muß die Information über die Gruppeninformation spätestens mit dem Aufruf der ersten Sendeoperation erfolgen, damit überhaupt geklärt werden kann, wann alle Sender ihren Beitrag zu der Nachricht geliefert haben. Sinnvollerweise definiert man sie aber vor der ersten Sendeoperation, da man üblicherweise auch nicht weiß, welcher von den Sendern der erste ist. Es liegt daher nahe, die Gruppeninformationen fest im Kommunikationsobjekt zu verankern und die Kommunikationsaufrufe von Gruppeninformationen frei zu halten und nur noch an Kommunikationsobjekte zu adressieren. Längerfristig bestehende Gruppen bieten die Möglichkeiten, Optimierungen einmalig durchzuführen. Die Optimierungen lohnen sich insbesondere dann, wenn über dieses einmal eingerichtete Objekt mehrmals kommuniziert wird.

Die Sende- und Empfangssemantiken, die für einzelne Prozesse beschrieben worden sind, müssen dafür auf Gruppen von Prozessen erweitert werden. Ein übliches Verfahren besteht darin, bestehende Bedingungen auf alle Teilnehmer der Gruppe zu erweitern und konjunktiv zu verknüpfen, was auch zu dem Namen UND-Kanäle geführt hat [HWA87]. Dies hieße für eine Gruppe auf der Sendeseite, daß alle Sender ihren Beitrag zur Nachricht geleistet haben müssen, bevor die Nachricht an den (oder die, falls auch eine Gruppe vorliegt) Empfänger ausgeliefert werden kann. Umgekehrt bedeutet es, daß ein synchroner Sendeaufruf an eine Gruppe von Empfängern erst dann zurückkehrt, wenn alle Empfänger die Nachricht abgeholt haben.

2.6.1 Senderseitige Gruppen

Durch die Bedingung, daß alle Sender ihren Teil zur Nachricht beitragen müssen, bevor die Nachricht an den (oder die) Empfänger ausgeliefert werden kann, ist nur der Synchronisationsteil der Kommunikation festgelegt, nicht jedoch der Datenaustauschanteil. Man könnte sich zwar auf die einfache Aneinanderreihung von Teilnachrichten beschränken, würde dadurch aber einen großen Teil der mit Gruppenkommunikaiton vorhanden Möglichkeiten verschenken. Gängige Operationen – wie sie auch von MPI und anderen Systemen angeboten werden – sind zum Beispiel die Bildung von Minimum, Maximum und Summe, jeweils auf verschiedenen skalaren Datentypen oder Vektoren. Prinzipiell können natürlich beliebige Operatoren zur Verknüpfung eingesetzt werden, üblich ist allerdings eine Beschränkung auf assoziative Operatoren, damit Teilergebnisse sofort zusammengefaßt werden können ohne sie zwischenzuspeichern. Zur weiteren

Vereinfachung erfolgt manchmal eine zusätzliche Beschränkung auf kommutative Operatoren. In den Implementierungskapiteln wird gezeigt werden, welche Vereinfachungen sich dadurch ergeben.

Sollen nicht nur vom Kern oder vom Kommunikationssystem vorgegebene, sondern auch benutzerdefinierte Operatoren verwendet werden, stellt sich die Frage nach der Einbindung. Dabei existiert das Problem auf, daß während einer Kommunikationsoperation die Ausführung von Programmcode gefordert ist, der aus dem Instanzenbereich stammt. Je nachdem, in welchem Bereich die Gruppenkommunikation realisiert ist, entstehen dadurch verschiedene Probleme. Am einfachsten läßt sich die Situation bewältigen, wenn das Kommunikationssystem als Bibliothek zur Anwendung gebunden wird, wie es zum Beispiel bei PVM und MPI üblich ist. Die Verknüpfungsoperation kann dann ganz normal als Funktion oder Prozedur definiert werden, die der Bibliothek durch einen Funktionszeiger bekannt gemacht wird. Wird die Gruppenkommunikation jedoch innerhalb des Kerns realisiert, kann diese einfache Lösung nicht mehr verwendet werden. Es muß eine Möglichkeit geschaffen werden, aus dem Kern heraus eine Prozedur aufzurufen, die im Instanzenbereich definiert ist. Wenn der Kern Prozeduraufrufe über Instanzengrenzen hinweg anbietet, so kann der dafür vorhandene Mechanismus verwendet werden. Es ist allerdings zu beachten, daß zur Ausführung der Prozedur auch ein Prozeß vorhanden sein muß. Er kann entweder für jede Verknüpfungsoperation aufgesetzt werden – was aber nur bei einer sehr schnellen Prozeßerzeugung sinnvoll ist – oder pro Gruppenkommunikaitonskanal vorgehalten werden.

Neben dem Zusammenfassen von Teilergebnissen sind in einigen Situationen auch andere Varianten nützlich: Als Beispiel kann man Branch-and-Bound-Algorithmen nehmen: Zur effektiven Beschneidung des Suchbaumes ist es notwendig, den Wert der bisher besten bekannten Lösung zu kennen. Wenn Teile des Baumes von mehreren Prozessen parallel durchsucht werden, so muß der Wert einer neuen, besten Lösung an alle anderen Prozesse weitergegeben werden. Eine elegante Lösungsmöglichkeit für dieses Problem ist ein Kanal mit Gruppensemantik auf Sende- und Empfangsseite: Auf der Sendeseite müssen die Teilnachrichten mit dem Minimumsoperator (oder Maximum, je nach Vorzeichen der Lösung) verknüpft werden, die kleinste und beste Lösung setzt sich damit durch; ihr Wert wird anschließend an die Gruppe aller Prozesse verteilt. In diesem Fall ist es nützlich, wenn ein Ergebnis am Ausgang des Kanals vorliegt, sobald eine bessere als die bisher beste bekannte Lösung in den Kanal gesendet wird. Dazu wäre ein zustandsbehafteter Kanal notwendig, der sich den Wert einer Lösung »merken« kann und bei Empfang eines neuen Minimums den Wert allen Empfängern zur Verfügung stellt.

Von der Synchronisation zwischen Sender- und Empfängerseite abgesehen kann bei der Gruppenkommunikation auch noch innerhalb der Sender oder Empfänger synchronisiert werden. Ein Sendeaufruf würde so zum Beispiel erst dann zurückkehren, wenn auch alle anderen Sender ihren Aufruf durchgeführt haben. Es würde dadurch allein durch die Sendeseite der Gruppenoperation eine Synchronisationsbarriere geschaffen. Die Frage ist, ob eine solche Semantik gewünscht ist. Sie weicht vom gängigen Verfahren ab, entweder eine spezialisierte Barriere zu schaffen oder die Kombination

»asynchrones Gruppensenden und synchrones Gruppenempfangen« zu verwenden.

2.6.2 Empfängerseitige Gruppen

Gruppenoperationen auf der Empfängerseite sind weiter verbreitet als auf der Senderseite. Insbesondere finden sie sich auch eher in verteilten Programmierumgebungen und Rechnernetzen, oft unter den Bezeichnungen Multicast oder Broadcast, wenn eine Nachricht an alle Empfänger geleitet werden soll. Hardwareunterstützung findet sich gewöhnlich auch nur für Multicast oder Broadcast, nicht jedoch für senderseitige Gruppen. Dies liegt sicher nicht nur an der weiteren Verbreitung von Kommunikationsoperationen mit Empfängergruppen, sondern auch an der leichteren Realisierbarkeit. Wird ein Bus als Medium eingesetzt – wie zum Beispiel beim weitverbreiteten Ethernet – läßt sich ein Broadcast technisch sehr einfach realisieren. Es existieren auch Parallelrechner mit einer Gitterarchitektur, die Multicast oder Broadcast in der Hardware unterstützen (Cray T3D [CTD96]). Oft sind diese Verfahren jedoch nicht verklemmungsfrei, so daß keine zwei Sendeoperationen gleichzeitig stattfinden dürfen. Eine genauere Untersuchung von Verfahren, die sich gut in Hardware realisieren lassen, findet sich in [SGG95].

Der Vielfalt der Verknüpfungsoperationen steht bei empfängerseitigen Gruppen nur eine kleine Auswahl von sinnvollen Operationen gegenüber. Die meisten existierenden Systeme bieten sogar nur eine Operation an: Kopieren der Nachricht an alle Empfänger. Andere Varianten sind jedoch denkbar. Für zwei lassen sich auch sofort Anwendungsbeispiele geben: Wird ein paralleles Programm gestartet, das nach dem SPMD-Modell arbeitet, so haben nach dem Start alle Prozesse den gleichen Zustand. Es muß nun ein Symmetriebruch durchgeführt werden, damit jeder Prozeß seinen Teil der Arbeit ausführen kann. Wenn nicht wie in MPI und PVM eine Operation zur Verfügung steht, mit der jeder Prozeß seine Nummer erfragen kann, so bietet sich dafür eine Gruppenkommunikation an, bei der jeder Prozeß eine unterschiedliche Zahl erhält. Der Kanal müßte für diese Operation zählen können und zu einer Konstante, die gesendet wird, für jeden Empfänger seine Nummer in der Reihe der Empfänger addieren.

Eine andere Form der Gruppenkommunikation wird in numerischen Algorithmen verwendet. Matrizen werden oft zeilen- oder spaltenweise über die Prozesse verteilt, um Operationen auf ihnen zu parallelisieren. Muß eine solche Matrix transponiert werden, so hat jeder Prozeß mit jedem anderen zu kommunizieren: Seine Zeile muß elementweise aufgeteilt werden, wobei jeder Prozessor genau ein Element erhält. Ebenso muß er von jedem anderen Prozessor genau ein Element empfangen[10]. MPI bietet dafür eine spezielle *all-to-all* Kommunikation an, die genau diese Umverteilung durchführt.

---

[10] Falls die Matrix mehr Zeilen bzw. Spalten hat als Prozesse zur Verfügung stehen, so sind entsprechend Untermatrizen statt Elemente zu verschicken.

Die gesendeten Nachrichten werden in Teile zerlegt, die dann zyklisch zu einer großen Nachricht zusammengefaßt werden. Diese »Gesamtnachricht« wird dann anschließend wieder zerlegt und die einzelnen Teile an die Empfänger verteilt. Die Implementierung wird üblichweise nicht so erfolgen, wie es hier beschrieben wurde, dazu sind effizientere Algorithmen bekannt. Diese bieten auch Vorteile gegenüber einer Implementierung, bei der jeder Prozeß Nachrichten an alle anderen Prozesse schickt und von ihnen empfängt. Die dabei entstehende große Nachrichtenzahl würde sehr wahrscheinlich im Kommunikationsnetzwerk starke Überlasteffekte erzeugen und sehr ineffizient sein.

Die »Verteilerfunktion«, die in Verbindung mit dem Einsammeln der Teilnachrichten beschrieben wurde, kann natürlich auch einzeln angeboten werden. Auch hier gilt, daß sich eine Sendeoperation, die eine Verteilung der eingehenden Nachricht vornimmt, effizienter als viele einzelne Nachrichten realisieren läßt. Die für senderseitige Gruppen gemachten Aussagen zur Synchronisation innerhalb der Gruppe gelten für empfängerseitige Gruppen analog.

3 Technische Grundlagen

Der Schwerpunkt dieser Arbeit liegt auf den Protokollen, die in der Transportschicht realisiert sind. In den meisten heute verkauften Parallelrechnern ist dies die tiefste Schicht, die in Software implementiert ist. Alle darunter liegenden Schichten finden sich meistens direkt in der Hardware, so daß sie für Experimente nicht leicht geändert werden können.

In diesem Kapitel wird auf die verschiedenen Aspekte der Netzwerkschicht eingegangen. Nach einem Überblick folgt die Vorstellung diverser Implementierungen dieser Schicht in ausgewählten Parallelrechnern. Interessant ist dabei insbesondere die Schnittstelle zwischen Hardware und Software, da hier durch geschickten Entwurf eine effiziente Anbindung möglich ist So kann durch ungünstigen Entwurf mögliche Parallelität zerstört.

Der letzte Teil geht auf die Netzwerkschicht in Cosy ein. Die gewählte Zielplattform stellt keine Hardwarerealisierung tieferer Kommunikationsschichten zur verfügung. Somit hat sich die Möglichkeit ergeben, verschiedene Implementierungen experimentell zu vergleichen.

3.1 Netzwerkschicht

Im Bezug auf das ISO/OSI-Modell für Rechnernetzwerke, handelt es sich bei der im letzten Kapitel vorgenommenen Spezifikation der Kommunikationsaufrufe um die Schnittstellenbeschreibung zwischen Anwendungs- und Darstellungsschicht. Schwerpunkt dieser Arbeit sollen Darstellungs,- Sitzungs- und Transportschicht sein. Die darunterliegenden Bereiche, von der Netzwerkschicht bis zur physikalischen Schicht, können jedoch nicht völlig außer Acht gelassen werden, da sie die Architektur der darauf aufbauenden Schichten beeinflussen. In diesem Kapitel sollen daher sowohl grundsätzliche Aspekte als auch spezielle Ausprägungen der unteren Schichten beschrieben werden. Große Teile davon sind üblicherweise in der Hardware der Parallelrechner zu finden.

3.1.1 Topologien

Während in verteilten Systemen meistens unregelmäßige Netzwerktopologien zum Einsatz kommen, dominieren in Parallelrechnern regelmäßige Topologien. Die Gründe dafür sind vielfältig: Verteilte Systeme sind oft historisch gewachsen. Die schrittweise Erweiterung führt automatisch zu einer unregelmäßigen Verbindungsstruktur. Als weiterer Faktor kommt dazu, daß auch die geographische Anordnung der einzelnen Netzknoten und die unterschiedliche Netzlast in verschiedenen Bereichen die Struktur beeinflussen.

Im Gegensatz zu den verteilten Systemen sind die in Parallelrechnern verwendeten Topologien so gut wie immer regelmäßig. In der Literatur ist eine Vielzahl von Varianten vorgeschlagen worden, von denen jedoch nur wenige praktisch realisiert worden sind. Die Netze lassen sich in zwei Klassen einteilen. Die erste Klasse sind die sogenannten Punk-zu-Punkt Netze, in denen jeweils ein Rechenknoten mit einem Vermittlungsknoten zusammengefaßt ist. Verbindungen existieren nur direkt zwischen den Vermittlungsknoten. Beliebte Topologien in dieser Klasse sind der Hyperwürfel und zwei- oder dreidimensionale Gitter sowie Tori. Während bis vor einigen Jahren der Hyperwürfel relativ häufig gewählt wurde, scheint sich der Trend momentan eher zu den Gittern hin zu bewegen. Ein Grund dafür dürfte die bessere Erweiterbarkeit von Gittern sein. Bei ihnen läßt sich eine einzelne Zeile oder Spalte nachrüsten, während bei einem Hypercube immer eine vollständige Dimension dazukommt, was einer Verdopplung der Knotenzahl entspricht.

Rechner mit Hyperwürfelstruktur sind die Thinking Machines CM-1 und CM-2 (beides SIMD-Maschinen) sowie der Intel iPSC/860 (MIMD) [PRT94]. Obwohl der Hypercube wegen seines geringen logarithmischen Durchmessers recht attraktiv erscheint, haben seine Nachteile eine weite Verbreitung verhindert: Der Knotengrad ist nicht konstant, so daß man entweder bei kleinen Konfigurationen unnütze Hardware pro Knoten benötigt oder bei einer Erweiterung nicht nur neue Knoten hinzufügen muß, sondern gleichzeitig eine Erweiterung des Netzzuganges in jedem Knoten notwendig ist.

Beispiele für Rechner mit Gitterarchitekturen sind die Intel Paragon sowie die Cray T3D [CTD96, SLS96] bzw. T3E [SLS96]. Erstere arbeitet mit einem zweidimensionalen Gitter, die letzten beiden mit einem dreidimensionalen Torus. Die Nachteile des hohen Durchmessers im Vergleich mit einem Hypercube gleichen beide dadurch aus, daß die Netze sehr hohe Bandbreiten sowie geringe Verzögerungszeiten beim Weiterleiten einer Nachricht haben. Die Gefahr einer Überlast im Netz ist damit relativ gering. Dazu kommt, daß selbst der Durchmesser eines zweidimensionalen Gitters bei moderaten Knotenzahlen im Vergleich mit einem Hypercube nicht signifikant größer ist. Bei einer Knotenanzahl von 1024 – Parallelrechner dieser Größe sind inzwischen nicht mehr üblich – kommt man beim Hypercube auf 10, beim 2D-Gitter auf 62 und beim 3D-Torus auf 15 als Durchmesser[11]. In den üblichen kleineren Parallelrechnern fallen die Unterschiede geringer aus.

Die Vorteile eines geringen Durchmessers und eines konstanten Knotengrads werden beim De Brujn-Netz miteinander verbunden. Bei einer Knotennumerierung von 0 bis n-1 wird Knoten i mit Knoten 2i mod n und (2i+1) mod n verbunden. Praktisch realisiert worden ist diese Netzklasse im Projekt Triton der Universität Karlsruhe [PWTH92]. Die Vorteile des De Brujn-Netzes gegenüber den bisher beschriebenen Netzen werden jedoch mit einigen Nachteilen erkauft, die vermutlich eine weite Verbreitung

---

[11] Für den 3D-Torus wurden 1000 Knoten gewählt, um in jeder Dimension die gleiche Kantenlänge zu erreichen.

verhindert haben. Seine chaotisch anmutende Struktur – in der Literatur
findet sich üblicherweise nur eine Abbildung eines Netzes mit acht Knoten
– bietet oft nur eine schlechte Abbildungsmöglichkeit für Probleme aus der
dreidimensionalen Welt. Ebenso ist es nicht wie beim Hyperwürfel oder
Gitter möglich, das Netz in Teilnetze zu zerlegen, die dann wieder vom
gleichen Typ sind. Eine Aufteilung des Parallelrechners für mehrere, parallel ablaufende Programme ist damit schwierig. Als letzter Punkt bleiben
Schwierigkeiten bei der Wegewahl und Vermittlungstechnik. Bewährte
Verfahren, die für andere Netze geeignet sind, führen hier zu Verklemmungen. Ein Algorithmus, der das Problem der Verklemmungen löst, ist in
[CGH93] vorgestellt worden.

Die zweite Klasse von Topologien bilden die *mehrstufigen Netze*. Im Gegensatz zu den Punk-zu-Punkt-Netzen gibt es bei ihnen zwei Klassen von Knoten: Rechenknoten und Vermittlungsknoten. Verbindungen existieren zwischen Rechenknoten und Vermittlungsknoten sowie zwischen Vermittlungsknoten untereinander, jedoch nie zwischen Rechenknoten untereinander. Die Vermittlungsknoten haben üblicherweise nur eine kleine Anzahl
von Anschlüssen, damit sie intern mit vertretbarem Aufwand als Kreuzschienenverteiler realisiert werden können. Die Vermittlungsknoten dienen
als Basiselemente für ein größeres Netz. In den bekannten Beispielen für
mehrstufige Netze sind es immer $O(n \log n)$ Elemente die zu einem Netz
des Durchmessers $O(\log n)$ zusammengeschaltet werden. Verwendete Topologien sind Varianten des Butterfly-Netzwerkes oder der sogenannte Fat-
Tree, ein Baum mit zur Wurzel zunehmender Bandbreite. Da es technisch
schwierig bis unmöglich ist, die Bandbreite einer Leitung beliebig zu erhöhen, wie es für Leitungen in der Nähe der Wurzel notwendig wäre, werden
stattdessen mehrere parallele Leitungen verwendet. Man erhält somit einen
zur Wurzel hin »aufgefächerten« Baum. Diese Lösung wurde in der CM-5
realisiert [CLT92].

3.1.2 Vermittlungstechnik

Eine von der Topologie unabhängige Eigenschaft eines Kommunikationsnetzes ist die verwendete Vermittlungstechnik. Auch hier sind aus Weitverkehrsnetzen verschiedene Verfahren bekannt, die sich – teilweise in abge-
wandelter Form – in Parallelrechnern wiederfinden. Ein wesentlicher Unterschied besteht darin, daß bei Parallelrechnernetzen gewöhnlich davon
ausgegangen wird, daß alle Komponenten korrekt arbeiten. Es wird höchstens eine Fehlererkennung durchgeführt, eine automatische Umgehung
des Fehlers unterbleibt. Im Fehlerfall muß so manuell eingegriffen werden,
um den fehlerhaften Teil des Parallelrechners stillzulegen.

Wenn durch Fehler Daten im Netz verloren gehen können, müssen höhere
Schichten diese Fehlern erkennen und beheben, zum Beispiel durch erneu-
tes Senden von Datenpaketen. Steht diese Funktionalität zur Verfügung,
läßt sie sich auch für andere Aspekte verwenden. Gibt es keine »perfekte«
Flußkontrolle im Netz, kann an Vermittlungsknoten Überlast auftreten, die
sich unter anderem durch Speichermangel bemerkbar macht. Werden als
einfache Gegenmaßnahme keine Daten von anderen Knoten mehr

angenommen, besteht die Gefahr einer Verklemmung. Um dies auf jeden Fall zu vermeiden, werden oft einfach Pakete verworfen, so daß wieder Pufferplatz zur Verfügung steht. Dies funktioniert natürlich nur, weil die höheren Schichten verlorengegangene Pakete automatisch nochmals senden. Mehrfaches Senden führt allerdings zu weiterer Netzbelastung, so daß dieses Verfahren eher als Notlösung anzusehen ist.

Paketvermittlung

Das älteste Verfahren zur netzweiten Kommunikation – neben einzelnen Punkt-zu-Punkt Verbindungen – ist die Paketvermittlung. Die Grundidee besteht darin, ein Datenpaket über eine Verbindung zwischen zwei Knoten zuerst vollständig zu übertragen und dann zu inspizieren. Hat es seinen Zielknoten erreicht, so wird es ausgeliefert. Ansonsten wird festgestellt, über welche Verbindung es weitergeleitet werden soll. Ist diese frei, wird es sofort zum nächsten Knoten übertragen. Ist sie belegt, stellt man das Paket in die Warteschlange für die entsprechende Ausgangsleitung. In Anlehnung an das Wort Telegramm werden die Datenpakete daher oft auch als *Datagramme* bezeichnet.

Die Eigenschaft, Pakete immer nur als Einheit zu bearbeiten, ist die Ursache für einen großen Nachteil von Netzen mit Paketvermittlung. Betrachtet man ein einzelnes Paket, so wird dieses Paket vollständig sequentiell verarbeitet. Es folgen – wiederholt – die Schritte Übertragen, Wegewahlentscheidung treffen, in Ausgangsschlange stellen. Die Zeit, die ein Paket von der Quelle bis zum Ziel benötigt ist damit proportional zum Produkt aus Übertragungszeit über eine Verbindung und der Anzahl von Verbindungen, über die das Paket geleitet wird. Zwischen verschiedenen Paketen ist natürlich Parallelität möglich: Während ein Paket empfangen wird, kann ein anderes schon über eine Ausgangsleitung verschickt werden. Paketvermittelnde Netze haben daher eine große Antwortzeit (*Latency*) für einzelne Pakete.

Will man die Antwortzeit trotzdem kurz halten, kann man versuchen, einen oder beide der Faktoren zu beeinflussen. Die Zahl der Vermittlungsschritte läßt sich entweder durch eine geschickte Abbildung der Prozesse eines parallelen Programmes mit geringer Kantenstreckung (*Dilation*) oder durch Netztopologien mit geringem Durchmesser erreichen. Es würde sich zum Beispiel eine Hyperwürfeltopologie anbieten, die sowohl einen geringen Durchmesser hat als auch eine gute Abbildung von Programmen mit gitterförmiger Kommunikationsstruktur erlaubt, die bei vielen aufwendigen Berechnungen vorherrscht. Der zweite Ansatzpunkt ist die Paketlänge. Statt der Übertragung einer Nachricht in einem großen Paket kann man sie in mehrere kleine Pakete aufteilen, die dann parallel weitervermittelt und übertragen werden. Hierbei ist allerdings sorgfältig zwischen den Vorteilen durch die erhöhte Parallelität und den Nachteilen des zusätzlichen Aufwandes durch die erhöhte Paketzahl und größeren Protokollaufwand abzuwägen. Man kann somit zwar die Antwortzeit für eine Nachricht verkürzen, erkauft sich dies jedoch mit einem geringeren Durchsatz des gesamten Systems. Im ATM-Standard (*asynchronous transfer mode*) ist dieser

Lösungsansatz gewählt worden, allerdings wurde von verschiedenen Seiten Kritik geäußert [AST89], daß nicht nur der Anteil der Protokollinformationen an den übertragenen Daten gewaltig ist, sondern auch die Anzahl der Pakete pro Sekunde bei schnellen Verbindungen zu technischen Problemen in den Vermittlungsknoten führt.

Leitungsvermittlung

Auf einem vollständigem Ansatz beruht die Leitungsvermittlung. Statt einzelne Pakete unabhängig voneinander durch das Netz zu schicken, wird vor der Übertragung des ersten Paketes eine Leitung durch das Netz reserviert und geschaltet. Während man die Paketvermittlung mit dem Brief- oder Telegrammdienst vergleichen kann, ähnelt die Leitungsvermittlung dem Telefondienst.

Der explizite Aufbau einer Verbindung – sei sie physikalisch oder nur logisch vorhanden – hat Vor- und Nachteile. Mit dem Aufbau lassen sich Ressourcen reservieren, auf die später ohne zusätzlichen Reservierungsaufwand zugegriffen werden kann. Mögliche Verklemmungen lassen sich so schon beim Aufbau der Verbindung behandeln. Da später keine Betriebsmittel mehr angefordert werden, können keine Verklemmungen während der Übertragung auftreten. Findet die Leitungsvermittlung auf physikalischer Ebene statt, erreicht man eine kurze Antwortzeit auch bei langen Strecken mit vielen Vermittlungsknoten. Dies ist dadurch begründet, daß keine Pakete mehr zwischengespeichert werden müssen, sondern die Daten an den einzelnen Knoten direkt weitergeleitet werden können.

Demgegenüber stehen zwei gewichtige Nachteile: Erstens muß vor der ersten Kommunikation eine Leitung vom Sender bis zum Empfänger aufgebaut werden, was Zeit in Anspruch nimmt. Dieser Aufwand lohnt sich nur, wenn über diese Leitung viel kommuniziert wird. Zweitens belegt eine Leitung auch dann Betriebsmittel, wenn nicht über sie kommuniziert wird. Liegt ein Kommunikationsmuster vor, bei dem jeder Prozeß einer Anwendung (potentiell) mit jedem anderen kommuniziert, so wächst der Ressourcenbedarf quadratisch mit der Anzahl kommunizierender Prozesse. Ein System, auf dem Leitungsvermittlung benutzt wird – zumindest auf logischer Ebene – sind die Parallelrechner der Firma Parsytec unter der Programmierumgebung Parix [LAP93].

Durchschaltvermittlung

Die Vorteile der Paketvermittlung (kein Verbindungsaufbau notwendig) und der Leitungsvermittlung (verzögerungsfreies Weiterleiten der Pakete) sind bei der Durchschaltvermittlung (*wormhole routing*) kombiniert. Der englischsprachige Name beruht auf der Idee dieses Verfahrens. Ein Datenpaket (Wurm) besteht aus Protokollinformationen (Kopf) und den Nutzdaten (Schwanz oder Rest des Wurmes). Der Kopf »bohrt« sich ein Loch durch das Netz, das sich nach dem Passieren des Wurms wieder schließt. Um dieses Verfahren umsetzen zu können, müssen von den einzelnen

Komponenten bestimmte Voraussetzungen erfüllt sein. Jede Kommunikationsleitung im Netz muß eine Möglichkeit zur Flußkontrolle besitzen, damit ein Zwischenknoten oder der Empfänger den Datenstrom stoppen kann. In jedem Knoten muß für jede Eingangsleitung genügend Pufferplatz vorhanden sein, um eine Flußkontrolleinheit (*flit: flow control unit*) aufzunehmen. Die Größe einer Flußkontrolleinheit muß so bemessen sein, daß zumindest der Paketkopf mit der Zieladresse hineinpaßt. Von einem ankommenden Paket wird der Kopf gespeichert und die darin enthaltene Zieladresse ausgewertet. Ist die von der Wegewahl selektierte Ausgangsleitung frei, wird der Kopf mit dem Rest des Paketes direkt auf die Ausgangsleitung weitergeleitet. Von der kurzen Verzögerung abgesehen, die sich durch das Empfangen des Kopfes und die Wegewahlentscheidung ergibt, wird das Paket also wie bei der Leitungsvermittlung behandelt.

Die direkte, schnelle Weiterleitung eines Paketes ist natürlich nur dann möglich, wenn der gesamte Weg von Quelle bis Ziel frei ist. Trifft ein Paket bei seinem Weg durch das Netz auf eine blockierte Ausgangsleitung, so muß mittels der Flußkontrollmechanismen der Sender angehalten werden. Zwischenknoten puffern meistens nur eine Flußkontrolleinheit. Dies kann dazu führen, daß lange Pakete den gesamten Weg von der Quelle bis zum Ziel gleichzeitig blockieren. Pakete sollten daher auf dem Zielknoten so schnell wie möglich aus dem Netz genommen werden, da ansonsten Teile des Netzes unnötig blockiert werden.

Gemischte Verfahren

Ein Nachteil der Durchschaltvermittlung – mögliche Blockierung vieler Verbindungen durch ein Paket – gab den Anstoß, ein weiteres Verfahren zu entwickeln. Die Idee besteht darin, die Vorteile der Durchschaltvermittlung (geringe Übertragungszeit) mit denen der Paketvermittlung (Abfangen lokaler Überlast) zu kombinieren. Solange keine Leitungen im Netz blockiert sind, verhält es sich wie die Durchschaltvermittlung. Ist jedoch in einem Knoten eine Ausgangsleitung belegt, wird nicht sogleich der ganze anhängende Paketrest blockiert. Stattdessen wird das ganze Paket lokal zwischengespeichert. Ist die Ausgangsleitung wieder frei, wird das Paket wieder in das Netz eingespielt um weiter zum Ziel geschickt zu werden. Wenn im Netz eine sehr hohe Last anliegt, so daß Pakete auf jedem Knoten zwischengespeichert werden müssen, degeneriert das Verfahren praktisch zur Paketvermittlung. Diese Art der Vermittlungstechnik ist auch unter dem Namen *virtual cut through* bekannt.

3.1.3 Wegewahlverfahren

Während die Vermittlungstechnik dafür zuständig ist, ein Paket auf einen physikalischen Weg zu bringen, hängt es von der Wegewahl (*routing*) ab, einen Weg vom Start- zum Zielknoten festzulegen. Die im folgenden besprochenen Strategien sind zwar prinzipiell von der Vermittlungstechnik unabhängig, trotzdem sind Wegewahl und Vermittlung nicht nur thematisch eng verbunden, sondern oft auch in gleichen Programmteilen oder in gleichen Hardwareteilen untergebracht.

Wegewahlverfahren lassen sich in mehrere Klassen einteilen. Adaptive Verfahren machen ihre Entscheidungen von der momentanen Lastsituation im Netz abhängig, während nicht-adaptive Verfahren ihre Wegewahlentscheidungen unabhängig von der Netzlast treffen. Falls das Kommunikationsnetz unterschiedliche Wege zwischen zwei Knoten erlaubt, können auch ohne Berücksichtigung der aktuellen Netzlast verschiedene Wege gewählt werden (zum Beispiel zufällig). Man erhofft sich dadurch eine bessere Verteilung des Verkehrs ohne eine aufwendige Messung vorzunehmen. Nicht-adaptive Verfahren erlauben noch eine weitere Variation. Statt an jedem Knoten auf Basis der Zieladresse eine Entscheidung über den nächsten Abschnitt zu treffen, kann auch der gesamte Weg am Quellknoten vorausberechnet werden (*source routing*). Im Paketkopf steht dann nicht mehr die Zieladresse, sondern nur noch die Information, welche »Abzweigung« am nächsten Knoten des Woges genommen werden soll. Der Paketkopf kann dann an jedem Knoten um diese Information verkürzt werden.

Die Zeit, die für Wegewahlentscheidungen benötigt wird, beeinflußt direkt die Übermittlungszeit für ein Paket. Insbesondere bei kurzen Paketen und langen Wegen mit vielen Vermittlungsschritten kann sie schnell zum bestimmenden Faktor werden. Um die höchstmögliche Geschwindigkeit zu erreichen, sind die verwendeten Algorithmen bei praktisch allen heutigen Parallelrechnern in Hardware realisiert. Die damit verbunden Komplexitätsbeschränkungen lassen nur einfache Algorithmen zu. Meistens wird daher daher nicht-adaptives Routing verwendet. Man nimmt dabei in Kauf, daß auf Engpässe im Netz nicht reagiert werden kann. Die Wahrscheinlichkeit für Engpässe läßt sich dadurch reduzieren, daß bei mehreren möglichen Wegen nicht immer der gleiche Weg eingesetzt wird, sondern – zufällig oder zyklisch – einer aus der Menge der möglichen Wege ausgewählt wird. Dieses Verfahren wird in der IBM SP2 angewendet [CBS95, SHFG95]. Es werden einmalig auf jedem Knoten vier verschiedene Wege zu allen anderen Knoten berechnet und in einer Tabelle abgelegt. Wird ein Paket von Knoten A zu Knoten B geschickt, wird auf Knoten A zyklisch einer der vier Wege ausgewählt und in den Paketkopf geschrieben (*source routing*). In den Vermittlungsknoten wird diese Information von der Hardware ausgewertet, so daß eine effiziente Weiterleitung gewährleistet ist. Gleichzeitig wird der Paketekopf um den nicht mehr benötigten Teil verkürzt.

Wenn man nicht nur die Wahrscheinlichkeit für lokale Überlastungen reduzieren, sondern aktiv darauf reagieren will, muß eine Lastmessung vorgenommen werden. Dabei treten die gleichen Probleme auf, die schon von Weitverkehrsnetzen her bekannt sind. Jeder Knoten kann nur seine eigene Auslastung bestimmen, einen Überblick über die Gesamtlast hat er nicht. Er kann nur Informationen per Kommunikation an andere Knoten weitergeben, was aber weitere Last erzeugt. Da entfernte Auslastungsdaten immer nur mit Verzögerung zur Verfügung stehen, ist der Gesamtüberblick grundsätzlich veraltet. Ein exakter Überblick über die aktuelle Lastsituation ist nicht möglich. Ein Regelungsalgorithmus kann somit nicht optimal arbeiten, sondern bestenfalls versuchen, so nah wie möglich an das Optimum heranzukommen. Es existieren viele heuristische Algorithmen, die mit Hilfe globaler oder auch nur mit lokalen Daten versuchen, Pakete um Engpässe herumzuleiten, eine Übersicht darüber mit weiteren Literaturhinweisen findet sich zum Beispiel in [AST89].

3.1.4 Verklemmungen

Während ein Paket durch das Kommunikationsnetzwerk geschleust wird, belegt es verschiedene Betriebsmittel, unter anderem Verbindungen und Pufferplätze. Gelingt eine Belegung nicht, weil das betreffende Betriebsmittel gerade belegt ist, muß gewartet werden. Ohne entsprechende Gegenmaßnahmen ist es daher nur eine Frage der Zeit, wann eine zyklische Wartesituation und damit eine Verklemmung (*deadlock*) vorliegt. Die drei klassischen Maßnahmen gegen Verklemmungen lassen sich auch hier anwenden:

1. Verhindern von Verklemmung durch entsprechenden Entwurf

2. Erkennung und Behebung von Verklemmungen

3. Vermeidung durch kontrollierte Ressourcenvergabe zur Laufzeit.

In den folgenden Abschnitten folgt eine Beschreibung, wie sich die drei Methoden auf die Netzwerkschicht anwenden lassen und welche Konsequenzen sich daraus ergeben.

Bekanntermaßen ist eine zyklische Wartebedingung Voraussetzung für eine Verklemmung. Erfüllt die Topologie des Kommunikationsnetzes bestimmte Bedingungen, läßt sich ein Zyklus durch eine festgelegte Reihenfolge der Betriebsmittelanforderungen ausschließen. Die Idee besteht darin, die Ressourcen zu ordnen und Anforderungen nur noch entsprechend dieser Ordnung durchzuführen, womit ein Zyklus offensichtlich ausgeschlossen ist. In allen Gittern (unabhängig von der Dimension) läßt sich eine solche Ordnung leicht finden. Die Dimensionen werden in einer beliebigen Reihenfolge geordnet, innerhalb jeder Dimension werden zuerst alle Kanten in einer Richtung, anschließend in der Gegenrichtung angeordnet.

Die dazu passende Wegewahl, die Kanten immer nur in aufsteigender Reihenfolge durchläuft, ist unter dem Namen »*Dimension-Order-Routing*« bekannt und wird in beinahe allen Parallelrechnern mit Gitterarchitektur angewendet[12]. Die Sortierung der Kanten garantiert natürlich nur dann Verklemmungsfreiheit, wenn auch die Betriebsmittel innerhalb der Knoten darin einbezogen werden. Bei einer Paketvermittlung müssen so für die unterschiedlichen Dimensionen und Richtungen getrennte Pufferpools verwendet werden, da durch Abhängigkeiten zwischen den Dimensionen ansonsten wieder ein Zyklus entstehen könnte.

---

[12] Man beachte, daß Hyperwürfel Spezialfälle von Gittern mit der Kantenlänge zwei sind.

Die Einführung einer Ordnung auf den für den Pakettransport benötigten Betriebsmitteln ist nicht bei jeder Topologie möglich. Als Beispiel seien hier die Torus-Topologien genannt. Senden in einem eindimensionalen Torus (d.h. einem Ring) alle Knoten ein Paket an ihren übernächsten rechten Nachbarn, tritt eine Verklemmung auf, sobald die Pakete sich einen Netzwerkschritt weit bewegt haben[13]. Der Ring bildet praktisch direkt den Zyklus, der zur Verklemmung führt. Eine Sortierung der Kanten ist nicht möglich, es sei denn, man schneidet den Ring durch Verzicht auf eine der Verbindungen auf, wodurch er zum eindimensionalen Gitter zerfällt. Die gleiche Situation läßt sich offensichtlich auch in mehrdimensionalen Tori konstruieren, womit diese auch nicht mit diesem Verfahren verklemmungsfrei zu betreiben sind.

Eine exakte Analyse des Wartegraphen in einem verteilten System – als das man den Parallelrechner ja ansehen kann – ist relativ aufwendig, sie wird daher meistens nicht durchgeführt. Eine Verklemmungserkennung und Behebung beschränkt sich daher üblicherweise darauf zu erkennen, daß eine Verklemmung vorliegen könnte und verhält sich so, als wenn tatsächlich eine vorliegt. Der Aufwand, der durch die Behebung vermeintlicher Verklemmungen entsteht wird, für einen geringeren Erkennungsaufwand in Kauf genommen.

Auf eine Verklemmung kann mit verschiedenen Verfahren reagiert werden. In Weitverkehrsnetzen, in denen die Netzwerkschicht meistens als nicht zuverlässig betrachtet wird, können einzelne Pakete gelöscht werden, um den Zyklus im Wartegraph aufzubrechen. Es besteht dabei allerdings das Risiko, daß die wiederholt gesendeten Pakete das Netz weiter belasten und dadurch weitere Verklemmungen auslösen. In Parallelrechnern, in denen die Netzwerkschicht ohne Paketverlust arbeitet, würde diese Vorgehensweise erheblichen Aufwand in höheren Schichten bedeuten, da diese dann auf den Paketverlust reagieren müßten. In dem Betriebssystem Helios, das auf Transputerbasis läuft, wurde dieses Verfahren eingesetzt. Helios konnte sich jedoch nie durchsetzen, da es auf System mit großer Knotenzahl (mehr als 50-60 Knoten) nicht mehr stabil arbeitete.

Eine andere mögliche Reaktion auf eine Verklemmung ist die Umstellung auf ein anderes Routingverfahren, für das natürlich »Reservebetriebsmittel« vorhanden sein müssen. Diese Idee ist im Projekt Triton verfolgt worden – einem Parallelrechner mit De Brujn-Netzwerk [PWTH92]. In dem Moment, in dem eine Verklemmung vermutet wird, transportiert das Netzwerk die Pakete nicht mehr auf dem kürzesten Weg zum Ziel sondern über einen Euler-Pfad. Hat das Netzwerk n Knoten kann garantiert werden, daß nach n Schritten alle Pakete ihr Ziel erreicht haben. In frühen Versionen von Cosy ist ein stochastischer Algorithmus eingesetzt worden, für den gilt: Die Wahrscheinlichkeit, daß ein Paket nach der Zeit T nicht angekommen ist, strebt für T gegen unendlich gegen Null. In einem

---

[13] Es wird Durchschaltvermittlung angenommen.

späteren Kapitel wird genauer auf diesen Algorithmus eingegangen. Das Grundgerüst des Algorithmus ist in [KSC89] veröffentlicht worden.

Die Basis jeder Verklemmung – eine Wartesituation an einem Betriebsmittel – läßt sich dadurch beseitigen, daß man von den verwendeten Betriebsmitteln »genügend« zur Verfügung stellt. Zum Beispiel kann für Paketpuffer bei Bedarf weiterer Speicher vom Hauptspeicher des Knotens belegt werden. Das Verklemmungsproblem mag damit in der Praxis weitgehend gelöst sein, da vom Hauptspeicher immer genug vorhanden ist. In der Theorie – und leider auch in einigen vorkommenden Ausnahmefällen – ist dem jedoch leider nicht so. Ein Prozeß, der schneller sendet als der zugehörige Empfänger die Nachrichten verarbeitet, kann im Laufe der Zeit sämtlichen Speicher verbrauchen. Schlägt nun eine weitere Anforderung für Pufferspeicher fehl, bleiben nur noch der kontrollierte Stopp des Systems oder die Blockierung einer Netzleitung, womit wieder die Gefahr einer Verklemmung existiert.

Die zweite wesentliche Wartesituation an den Kommunikationsverbindungen, läßt sich durch die Umwandlung einer physikalischen Verbindung in mehrere logische Verbindungen erreichen. Wenn eine der logischen Verbindungen (oft auch *virtual channel* genannt) blockiert ist, kann auf den anderen trotzdem weiter übertragen werden. Durch Verteilung der Pfade zwischen den Knoten auf verschiedene logische Verbindungen läßt sich der oben beschriebene Konflikt im Torus auflösen. Diese Technik wurde von Cray in der T3D angewandt, einem Rechner mit dreidimensionalen Torus als Kommunikationsnetzwerk [WOT93].

3.2 Ausgewählte Architekturen

3.2.1 IBM SP2

Bei der IBM SP2 (*scalable POWERparallel system 9076*) handelt es sich um einen Parallelrechner, der in vielen Punkten einem Netz von Workstations sehr ähnlich ist. Die einzelnen Knoten basieren auf den gleichen Hauptplatinen, wie sie auch in den Arbeitsplatzrechnern von IBM zu finden sind. Es handelt sich bei dieser zentralen Komponente also um keine Neuentwicklung. Ein Knoten kann auch – je nach Bedarf – mit den üblichen Peripheriegeräten (Festplatte, Grafikkarte, Tastatur) ausgerüstet werden und läßt sich dann als Arbeitsplatzrechner nutzen. Als Betriebssystem läuft auf den Knoten AIX, die Unix-Variante von IBM.

Der gesamte Rechner ist modular aufgebaut. Neben den Rechenmodulen kommen noch zwei Typen von Modulen dazu. Erstens Einsteckkarten für den in den Knoten vorhandenen Microchannel, die eine Verbindung zum Netzwerk schaffen. Zweitens Netzknotenmodulen, die jeweils acht Anschlüsse besitzen, an die sich weitere Netzknoten oder Rechenknoten anschließen lassen.

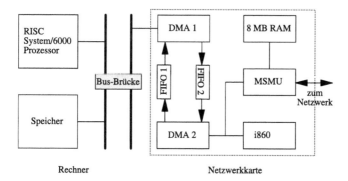

Rechner   Netzwerkkarte

Abb. 3.1: Architektur eines IBM SP2 Knotens.

Die Architektur eines Knotens ist in Abb. 3.1 dargestellt, wobei der Schwerpunkt auf die Netzwerkadapterkarte gelegt ist, die das Verbindungsglied zwischen der Hauptplatine mit dem Prozessor und dem Netzwerk bildet. Auf der linken Seite ist die Karte über den Microchannel – ein Peripheriebus – mit dem lokalen Verarbeitungsknoten verbunden. Die Karte ist über einen DMA-Baustein mit dem Bus gekoppelt und kann so auf den Speicher des Prozessorknotens sowohl lesend als auch schreibend zugreifen. Die dabei erzielbare Übertragungsrate ist durch den Bus auf 80 Megabyte pro Sekunde begrenzt. Auf der anderen Seite ist die Karte durch eine Schnittstelle mit dem Netzwerk verbunden. Die Schnittstelle enthält getrennte, acht Bit breite Datenpfade für beide Richtungen, sowie einige Steuerleitungen, über die auch eine Flußkontrolle stattfindet. Die Taktfrequenz für das gesamte Netzwerk beträgt 40 MHz, womit sich eine Datenübertragungsrate von 40 Megabyte pro Sekunde ergibt.

Die Karte selber besteht aus zwei DMA-Einheiten, die untereinander über Zwischenspeicher (FIFOs) in beiden Richtungen gekoppelt sind, einem eigenen Prozessor (i860), acht Megabyte Speicher für Programmcode und Daten sowie einem Spezialbaustein (MSMU), der Prozessor, Speicher und Netz koppelt. Der Prozessor kann den Workstation-Prozessor von Protokollaufgaben entlasten und die Karte eigenständig betreiben. Die beiden FIFOs zwischen den DMA-Einheiten (je zwei Kilobyte) und der Speicher auf der Karte erlauben eine weitgehende Entkopplung zwischen Workstation und Netz, wodurch sich die Gefahr von Blockierungen verringern läßt.

Die gesamte Architektur ist so ausgelegt, daß ankommende und abgehende Daten störungsfrei gleichzeitig übertragen werden können. Theoretisch wären dann der Bus (80 MB/s) und die Schnittstelle zum Netz (2 * 40 MB/s) gleich ausgelastet. Praktisch wird der Bus zum Engpaß, da seine theoretische Übertragungsrate nur bei sehr großen Blöcken erreicht wird. Die momentan verwendeten Software erreicht maximal 35 MB/s unidirektional und 48 MB/s bidirektional.

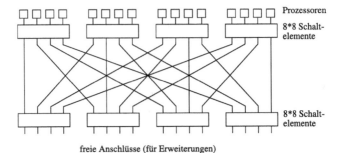

freie Anschlüsse (für Erweiterungen)

Abb. 3.2: Aufbau des Netzes einer IBM SP2 mit 16 Knoten.

Zentraler Bestandteil des Verbindungsnetzes ist der sogenannte *Vulcan-Switch*, ein Verbindungselement mit acht bidirektionalen Anschlüssen. Für Systeme mit acht oder weniger Knoten reicht daher ein Verbindungselement aus, bei mehr Knoten müssen mehrere kaskadiert werden. Es wurde dafür ein mehrstufiges Netzwerk gewählt, bei dem die Gesamtbandbreite linear mit der Prozessorzahl steigt. Eine Beispielvernetzung für ein System mit 16 Knoten ist in Abb. 3.2 dargestellt. Jeweils vier Knoten sind direkt über ein Element verbunden, die restlichen über insgesamt drei Stufen zu erreichen. Am unteren Rand sind noch freie Verbindungen zu erkennen, an denen das Netz erweitert werden könnte.

Die Verbindungselemente arbeiten nach einer Variante des *wormhole routings*, von IBM *buffered wormhole routing* genannt. Wenn die zu einem ankommenden Paket gehörende Ausgangsleitung frei ist, wird es direkt weitergeschleust. Wenn nicht, werden die Paketdaten – soweit Platz vorhanden ist – in einem zentralen Puffer von 1 Kilobyte Größe zwischengespeichert. Erst dann wird mit Hilfe des Flußkontrollmechanismus der Eingang blockiert. Im Gegensatz zu *virtual cut through* kann dies auch in der Mitte der Übertragung eines Pakets vorkommen.

Pakete können eine maximale Länge von 255 Bytes haben. Sie beginnen mit einem Längenbyte, gefolgt von der Wegewahlinformation. Diese muß vom versendenden Knoten zur Verfügung gestellt werden und besteht aus drei Bit pro zu durchlaufendem Verbindungselement. Zwei dieser Einheiten werden in einem Byte zusammengepackt, ein weiteres Bit gibt an, welche gültig ist. Nach jeweils zwei durchlaufenen Vermittlungsschritten wird folglich das Paket um ein Byte kürzer, bis am Zielort die gesamte Wegewahlinformation entfernt ist. Die Wegewahltabellen werden einmalig unter Ausnutzung redundanter Wege zwischen Quelle und Ziel zentral berechnet. Um das Netz besser auszunutzen und Engpässe zu vermeiden, werden die Pakete nacheinander auf verschiedene kürzeste Wege geschickt. Es handelt sich hier also um *source routing*.

Ein interessanter Punkt ist die Versorgung des gesamten Netzes und der Adapterkarten mit einem zentralen Takt von 40 MHz. Durch diesen ist – zusammen mit einigen anderen Techniken, die hier nicht näher betrachtet

48

werden sollen – ein synchroner Betrieb des gesamten Netzes möglich. Aus Betriebssystem- und Anwendungssicht interessanter ist eine andere Eigenschaft, die damit möglich ist. Jede Adapterkarte verfügt über ein Zählregister, das mit diesem Takt weitergezählt wird und von Anwendungen sowie dem Betriebssystem ausgelesen werden kann, womit eine hochauflösende, globale Zeit zur Verfügung steht. Es ist damit zum Beispiel problemlos möglich, lokal gesammelte Ablaufdaten zu einem globalen, sortierten Datensatz zusammenfügen, was sonst nur mit erheblichem Mehraufwand möglich ist.

3.2.2 Transputer

Im Jahr 1978 stellte Hoare mit seinem Konzept der *Communicating Sequential Processes* ein neues Programmierparadigma vor [CHC78], aus dem später die Programmiersprache OCCAM [OCC84] entwickelt wurde. Die Idee besteht darin, daß man Anweisungen nicht nur hintereinander (sequentiell), sondern ebenso gleichzeitig (parallel) ausführen kann. In OCCAM wird dies durch die Schlüsselwörter SEQ beziehungsweise PAR für den darauf folgenden Block von Anweisungen deutlich gemacht. Parallele Prozesse kommunizieren nur über Kanäle, nicht über globale Variablen. Die Kanäle erlauben nur synchrones Senden und Empfangen. Auf Sender- und Empfängerseite darf nur je ein Prozeß auf den Kanal zugreifen (synchron:synchron-1:1-Kanal nach [HWA87]).

Von der Firma Inmos stammt eine Familie von Prozessoren, die speziell für die Ausführung dieses Programmierparadigmas optimiert ist, die Transputer (Abb. 3.3). Sie zeichnen sich durch einige wesentliche Unterschiede gegenüber »gewöhnlichen« Prozessoren aus. Sie enthalten die üblichen Recheneinheiten für ganze Zahlen (IPU) und Fließkommazahlen (FPU) sowie 2–4 Kilobyte internen Speicher (je nach Modell). Dieser Speicher ist nicht als Cache konfiguriert, sondern am unteren Ende des Adreßbereiches angeordnet. Zugriffe auf diesen Speicher sind schneller als auf den externen Speicher. Prinzipiell ist es auch möglich, komplett ohne externen Speicher auszukommen. Die Besonderheit der Transputer besteht jedoch aus dem integrierten Betriebssystemkern und den vier sogenannten »Links«, seriellen, bidirektionalen Hochgeschwindigkeitsschnittstellen mit einer Übertragungsrate von bis zu 20 Megabit pro Sekunde.

Der Betriebssystemkern unterstützt zwei Prozeßprioritäten und synchrone 1:1-Kanäle. Die vier Links fügen sich darin nahtlos ein. Für Programme besteht praktisch kein Unterschied darin, ob sie über einen internen Kanal oder einen externen Link kommunizieren (außer natürlich der Geschwindigkeit). Die Prozeßumschaltung ist extrem schnell, sie benötigt mit weniger als einer Mikrosekunde ungefähr die gleiche Zeit wie ein Unterprogrammaufruf. Dadurch bedingt lassen sich Prozesse zur Strukturierung von Programmen einsetzen, ohne dadurch Leistungseinbußen befürchten zu müssen.

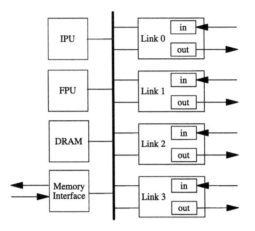

Abb. 3.3: Interner Aufbau eines T800.

In Parallelrechnern, die aus Transputern aufgebaut sind, gibt es meistens keine Bausteine für automatische Wegewahl, stattdessen werden die Prozessoren über ihre Links direkt miteinander gekoppelt. Dies macht zwar den Aufbau sehr einfach, bürdet jedoch die gesamte Wegewahl der Software auf. Damit verbunden ist auch der Nachteil, daß nur Paketvermittlung als Vermittlungsverfahren eingesetzt werden kann, was bei größeren Distanzen hohe Verzögerungen zur Folge hat.

Im Vergleich zu anderen Systemen ist der potentielle Grad an Parallelität im Kommunikationssystem bemerkenswert: Jedem der vier Links sind zwei voneinander unabhängige DMA-Einheiten zugeordnet. Es können daher acht Kommunikationsoperationen gleichzeitig ausgeführt werden, wobei der Prozessor trotzdem noch seiner normalen Arbeit nachgehen kann (mit IPU und FPU gleichzeitig). Die meisten anderen Parallelrechner haben nur eine DMA-Einheit pro Prozessor. Mit dieser Konfiguration ist dann maximal eine Sende- und eine Empfangsoperation gleichzeitig möglich.

3.2.3 Cray T3D

Die Firma Cray Research hat im Jahr 1989 begonnen einen hochparallelen Computer zu entwickeln. Mitte des Jahres 1993 ist der erste Prototyp am Pittsburgh-Supercomputer-Center installiert worden. Von der verwendeten Verbindungstopologie – ein dreidimensionaler Torus – ist der Name T3D abgeleitet worden.

Ein Knoten besteht aus jeweils zwei Prozessoren, die sich einen gemeinsamen Speicher teilen. Zum Datenaustausch zwischen den Knoten wird auf das Verbindungsnetzwerk zurückgegriffen. Der Rechner vereint damit gemeinsamen Speicher innerhalb eines Knotens mit verteiltem Speicher zwischen den Knoten. Die Knotenarchitektur ist in Abb. 3.4 dargestellt. Bei den verwendeten Prozessoren handelt es sich um DEC-Alpha CPUs mit 64 Bit

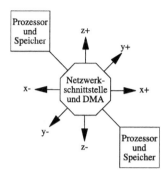

Abb. 3.4: Aufbau eines T3D Knotens

Verarbeitungsbreite und einer Fließkommaleistung von 150 MFLOPS (64 Bit, IEEE).

Die Kanalbandbreite des Verbindungsnetzwerkes beträgt 300 MByte/s, die Kanäle sind bidirektional ausgelegt. Als Schaltverfahren kommt *virtual cut through* zum Einsatz. Die Wegewahl wird von der Hardware durchgeführt. Sie stützt sich auf Tabellen, die vorher per Software geladen werden müssen. Als Grund für diese Methode wird angegeben, daß man damit bei Ausfall von Verbindungen auf andere Verbindungen ausweichen kann (Fehlertoleranz). Üblicherweise wird als Wegewahlverfahren *dimension order routing* eingesetzt, ein Paket wird also nacheinander in X- Y- und Z-Richtung durch das Netz geschickt, bis es am Ziel angekommen ist. Die potentielle Möglichkeit von Verklemmungen, die bei diesem Verfahren in Verbindung mit Torus-Netzen entsteht, wird durch vier virtuelle Kanäle pro physikalischen Kanal verhindert.

Im Vergleich mit anderen Parallelrechnern zeichnet sich das Netz der T3D durch seine im Vergleich zur Prozessorleistung hohe Übertragungsrate aus. Auch der Durchmesser des Netzes ist durch die dreidimensionale Torus-Topologie gering. Neben den reinen Leistungsdaten hat die T3D jedoch noch eine andere Besonderheit zu bieten. Die Hardware unterstützt einen globalen Adreßraum, der über alle Knoten hinweg adressierbar ist. Wird auf eine Adresse zugegriffen, die auf einem anderen Knoten liegt, so wird bei einem Schreibzugriff das entsprechende Datum dorthin übertragen beziehungsweise bei einem Lesezugriff ein Anforderungspaket für dieses verschickt und der entsprechende Inhalt mit einem Antwortpaket zurückgeschickt. Datenübertragungen zwischen zwei Prozessoren können daher mit einem einfachen Kopierbefehl erfolgen, statt sie explizit durch eine Nachricht zu verschicken.

In Verbindung mit einer weiteren Komponente, der sogenannten *block transfer engine* (BLT, entspricht weitgehend einer DMA-Einheit) können sogar diverse Gruppenkommunikationsmuster durchgeführt werden. Die BLT erlaubt Kopiervorgänge, bei denen die Daten nicht als Block abgelegt sein müssen, sondern als Teile konstanter Länge mit konstanter Adreßdifferenz abgelegt sein können. Wählt man als Adreßdifferenz genau den

Abstand zwischen zwei benachbarten Prozessoren, so kann eine lokal vorliegende Datenstruktur auf eine Prozessormenge verteilt oder von dieser eingesammelt werden (*multicast, combine*).

Mit der BLT durchgeführte Kopierfunktionen führen zu keiner Synchronisation zwischen den Prozessoren, zu diesem Zweck gibt es weitere Hardwareunterstützung. Über bestimmte Teilmengen von Prozessoren hinweg kann eine UND-Funktion gebildet werden, deren Ergebnis anschließend an die gleichen Prozessoren verteilt wird. Damit sind Synchronisationsbarrieren leicht und effizient zu realisieren. Die Hardware unterstützt auch den Austausch von Nachrichten konstanter Länge, die automatisch in aufeinanderfolgenden Speicherstellen abgelegt werden.

Zur weiteren Unterstützung von parallel laufenden Prozessen existieren auf jedem Knoten zwei Register, die mit jedem Lesen automatisch hochgezählt werden (*fetch and increment*). Eine weitere mögliche atomare Operation führt eine Vertauschung eines Registers mit einer Speicherstelle (nicht notwendigerweise auf dem gleichen Knoten) durch.

Wenn größere Datenmengen zu oder von dem Rechner zu transportieren sind, können I/O-Knoten in das Netz integriert werden. Ansonsten wird der gesamte Rechner mit einem anderen Cray-Rechner (z. B. Y-MP) gekoppelt und arbeitet mit ihm zusammen. Dazu läuft auf den Knoten des T3D-Teils ein Mach-basierter Kern, der Betriebssystemaufrufe, die er nicht selber ausführen kann, an das Betriebssystem der Y-MP (UNICOS) weiterleitet. Im Nachfolgemodell – der T3E – ist statt des Mach-Microkernels der Chorus-Microkernel eingesetzt worden. Ein Cray-Rechner als Zugangsknoten ist nicht mehr notwendig.

Die Leistungen, die mit der vorhandenen Kommunikationshardware erreicht werden können, hängen stark davon ab, welche Schnittstelle man benutzt. Die sehr tief angesiedelten Funktionen *get* und *put*, die direkt auf die Hardware aufsetzen und Lesen sowie Schreiben entfernten Speichers ermöglichen, haben eine Latenzzeit von ca. einer Mikrosekunde, während der Nachrichtenaustausch mit PVM ca. 35 Mikrosekunden benötigt.

3.2.4 SCI

Im Gegensatz zu den bisher beschriebenen Architekturen handelt es sich bei SCI (*Scalable Coherent Interface*) nicht um eine Implementierung eines Herstellers, sondern um eine reine Spezifikation, den IEEE-Standard 1596-1992 [IEEE92]. Es gibt mittlerweile mehrere Firmen, die dem Standard genügende Produkte anbieten, entweder in ihren Parallelrechnern integriert (z. B. HP/Convex) oder als eigenständige Produkte, mit denen existierende Rechner zu Parallelrechnern gekoppelt werden können.

Der SCI-Standard ist als Nachfolger des Futurebus entstanden. Ihm liegt die Einsicht zu Grunde, daß Busse wegen ihrer physikalischen Eigenschaften (insbesondere parasitäre Kapaztitäten, Induktivitäten) an Leistungsgrenzen stoßen, die eine weitere Skalierung unmöglich machen. SCI setzt daher auf elektrischer Ebene nur noch auf unidirektionale Punkt-zu-Punkt Verbindungen. Dadurch lassen sich alternativ auch sehr gut Glasfasern als Übertragungsmedium einsetzen[14]. Auf der Basis der einzelnen Verbindungen sieht der Standard unidirektionale Ringe vor, die jedoch auch zu größeren Netzen gekoppelt werden können.

Das für SCI geplante Haupteinsatzgebiet ist die Verbindung zwischen Prozessor- und Speichermodulen. Da heutige Prozessoren für effizientes Arbeiten auf Caches angewiesen sind, war die Unterstützung von Cache-Konsistenz (*Coherence*) ein wichtiges Entwurfskriterium. Die zur Konsistenzerhaltung vorgesehen Protokolle sollen dabei vollständig durch die SCI-Hardware ausgeführt werden. Ein typisches SCI-System könnte dann beispielsweise wie in Abb. 3.5 aussehen. Dort haben die Prozessoren zu je zwei Speichermodulen über ihren lokalen Ring Zugriff. Zu den anderen beiden Speichermodulen erfolgt der Zugriff mit Hilfe eines Kopplungselementes (*switch*) über den zweiten Ring. Wegen der damit verbunden unterschiedlichen Zugriffszeit handelt es sich hier also um ein NUMA-System (*non uniform memory access*).

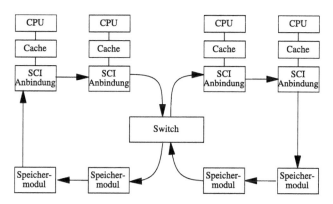

Abb. 3.5: Typisches SCI-System mit vier Prozessoren und vier Speichermodulen, in zwei Ringen organisiert.

Die in dem Beispiel zweistufige Speicherhierarchie gilt nur für einfache SCI-Systeme. Oft hat man noch weitere Ebenen. Da momentan noch kein Prozessor existiert, der eine SCI- statt einer Busanbindung besitzt, kann SCI frühestens auf der Prozessorbusebene ansetzen. An diesem Bus ist dann üblicherweise auch noch lokaler Speicher angeordnet, der vom Prozessor direkt angesprochen werden kann, ohne einen SCI-Ring zu benutzen. Falls der Prozessorbus es zuläßt, können ihn auch mehrere Prozessoren nutzen, so daß ein SCI-Knoten intern ein SMP-Knoten ist (siehe Abb. 3.6).

---

[14] Bidirektionale Glasfaserverbindungen sind zwar möglich, aber aufwendig und daher teuer.

In dieser Konfiguration ist es auch sinnvoll, pro Knoten einen weiteren Cache einzuführen, der entfernt liegende Speicherinhalte lokal vorhält. In dieser komplizierten Konfiguration mit mehreren unterschiedlichen Protokollen muß natürlich darauf geachtet werden, daß alle Cache- und Speicherinhalte konsistent sind. Ein großer Teil der Arbeit fällt dabei der SCI-Anbindung mit dem gekoppelten SCI-Cache zu. Diese sind in der Abbildung bewußt als ein Block dargestellt. Diese Lösung kann auch dann benutzt werden, wenn die verwendeten Prozessoren nicht auf die Benutzung von SCI ausgelegt sind, sie müssen nur multiprozessorfähig sein. Der SCI-Cache verhält sich in diesem Fall genau wie ein weiterer Prozessor und benutzt auf dem Prozessorbus das gleiche Protokoll wie die Prozessoren.

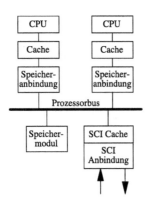

Abb. 3.6: SCI-Knoten als SMP-Knoten.

In solchen »gemischten Systemen« werden also zwei verschiedene Protokolle zur Konsistenzerhaltung der Caches mit den Speichermodulen verwendet. Beide setzen heutzutage meistens auf sogenannte »*split transaction protocols*«, die eine Transaktion (zum Beispiel einen Speicherzugriff) in zwei Teile zerlegen, eine Anforderung und eine Antwort. Zwischen diesen beiden Teilen kann der Bus (oder SCI Ring) von anderen Teilnehmern genutzt werden. Dies ist offensichtlich immer dann sinnvoll, wenn das Übertragen der Informationen über den Bus schneller als die zugehörigen Aktion ist. Bei den heute üblichen Geschwindigkeiten von Bussen und Speichern ist dies der Fall.

Unterschiede existieren in der Organisation der Verwaltungsdaten zur Konsistenzerhaltung zwischen Caches und Speicher. Der Grund dafür liegt in der Eigenschaft eines Busses, daß jeder Teilnehmer auf dem Bus alle Übertragungen »mithören« kann. Die Cache-Controller können so einfach feststellen, wenn Daten aktualisiert werden, die sie selbst zwischenspeichern. Die eigene Kopie kann daraufhin entweder verworfen oder aktualisiert werden. Falls die Cache-Strategie vorsieht, Daten beim Schreiben nicht sofort bis zum Hauptspeicher durchzureichen, kann der Cache lesende Zugriffe anderer Busteilnehmer trotzdem erkennen und dann die Daten anstelle des Hauptspeichers liefern. Informationen über zwischengespeicherte Daten liegen nur in den Caches selbst vor. Details hierzu finden sich zum Beispiel in [HP90].

Da in SCI kein Broadcast[15] mehr möglich ist, muß dort zur Konsistenzerhaltung ein anderes Protokoll mit anderen Datenstrukturen verwendet werden. SCI hat hier mit den gleichen Problem zu kämpfen, die auch in anderen Netzen ohne effizienten Broadcast auftauchen, wie zum Beispiel Butterfly-Netzwerken. Die in beiden Fällen eingesetzte Lösung besteht darin, Informationen über in Caches gehaltene Daten bei den Speicherzellen abzulegen. Die Datenstrukturen zusammen mit den Protokollen werden oft »*directory based cache*« genannt, im Gegensatz zum vorher beschriebenen »*snooping cache*«. Zusätzlich zu den Verzeichnisinformationen beim Hauptspeicher müssen noch weitere Statusinformationen im Cache selbst mit abgelegt werden. Das gesamte Caching wäre sonst sinnlos, wenn man zwar schnell auf die Daten zugreifen könnte, jedoch vorher erst beim langsamen Hauptspeicher nachsehen müßte.

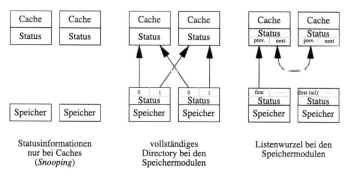

Abb. 3.7: Drei Cache-Architekturen im Vergleich

Wenn man die Informationen darüber, welche Daten in welchen Caches gespeichert sind, komplett beim Hauptspeicher halten will, so benötigt man dort Platz proportional zur Anzahl der Caches. Mit zwei Bit pro Cache und Speicherzelle ist dies zwar nicht übermäßig viel, aber vom Prinzip her nicht skalierbar. Eine andere Lösung besteht darin, in der Hauptspeicherzelle nur einen Zeiger auf den ersten Cache zu verwalten, der dieses Datum hält. Alle weiteren Kopieen werden dann durch eine doppelt verkettete Listen zwischen den Caches zusammengehalten. Dieser Ansatz ist bei SCI gewählt worden. Eine vergleichende Darstellung aller drei Verfahren ist in Abb. 3.7 zu sehen.

Caches und die zugehörige Konsistenzhaltung sind im SCI-Standard als optionale Eigenschaften spezifiziert. Ihre Realisierung ist aufwendig, insbesondere wenn sie als Ergänzung für ein existierendes System erfolgen soll. Die Teilnahme am Konsistenzprotokoll erfordert eine Anbindung an den Prozessorbus. Dieser gehorcht jedoch meistens keinem Standard, sondern ist bei jedem Hersteller und jeder Prozessorgeneration unterschiedlich

---

[15] Auf nur *einem* Ring wäre ein Broadcast noch denkbar, bei mehreren gekoppelten Ringen ist er auf keinen Fall mehr sinnvoll.

realisiert. Alle bisher erhältlichen SCI-Erweiterungskarten setzen daher auf einem E/A-Bus – üblicherweise dem PCI-Bus [TSDO95] – auf. Als Folge davon ist es nicht mehr sinnvoll, entfernt liegende Daten im Cache zu speichern da die Konsistenz nicht mehr garantiert werden kann. Zugriffe auf entfernte Daten sind daher nie vom Cache abgedeckt und immer langsam. Zugriffe auf den lokalen Speicher – auch wenn er gleichzeitig für andere Knoten verfügbar ist – müssen davon jedoch nicht betroffen sein. Dies verwundert nicht, da bei einem Zugriff die gleiche Situation wie bei einem DMA-Zugriff eines E/A-Gerätes vorliegt. Die Speichertransaktion läuft über den CPU- und Speicherbus und kann daher von der CPU und dem Cache »gesehen« werden. Im Gegensatz dazu ist es nicht möglich, alle Transaktionen zwischen CPU und Speicher auf dem I/O-Bus sichtbar zu machen, da der CPU-Bus eine höhere Taktfrequenz hat[16].

Es soll nun eine konkrete Implementierung des SCI-Standards vorgestellt werden: Die PCI/SCI Karte der Firma Dolphin aus Oslo. Sie wird über den PCI-Bus in das System eingebunden. Aus den genannten Gründen ist jeder Zugriff auf den entfernten Speicher nicht durch einen Cache abgedeckt. Trotzdem besitzt die Karte einige Optimierungen, die ähnlich wie ein Cache arbeiten. Der Aufbau ist modular ausgeführt (siehe auch Abb. 3.8) und gliedert sich logisch in zwei Teile, die sich auch in zwei Hauptgruppen widerspiegelt, dem sogenannten *Link-Controller* und der *PCI-SCI-Bridge*. Sie sind über den sogenannten *B-Link*, einen speziellen Hochgeschwindigkeitsbus, gekoppelt.

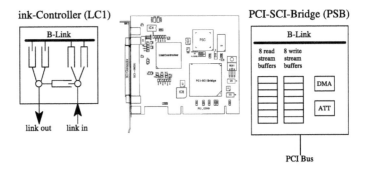

Abb. 3.8: Aufbau der Dolphin PCI/SCI-Karte

Die Dolphin-Karte wird mit drei Adreßbereichen im Adreßraum des Rechners eingeblendet. Der erste beinhaltet sämtliche Konfigurationsregister, die zum Steuern der Karte benötigt werden. Die beiden anderen werden »*I/O Area*« und »*Prefetch Area*« genannt. Sie ermöglichen den Zugriff auf den SCI-Adreßraum mit unterschiedlicher Semantik. Beide Bereiche sind in 512 KByte große Seiten eingeteilt. Für jede dieser Seiten kann eine

---

[16] Zum Beispiel 100 MHz CPU Bustakt im Vergleich zu 33 MHz PCI Bustakt bei heutigen PCs.

Basisadresse im SCI-Adreßraum (64 Bit) festgelegt werden. Dabei dienen die oberen 16 Bit der Adresse als Knotenidentifikator, während die unteren 48 Bit die lokale Adresse auf dem PCI-Bus festlegen[17]. Die Umsetzung wird durch die »*Address Translation Table*« (ATT) kontrolliert. Sie besteht im wesentlichen aus einem schnellen Speicher (SRAM) mit den Umsetzungsinformationen.

Die Umsetzung der Adressen zwischen dem 32-Bit Adreßraum des PCs und dem 64-Bit Adreßraum in der SCI-Welt führt zu einigen interessanten Eigenschaften und Einschränkungen. Sofern der Adreßraum eines Knoten 48 oder weniger Adreßbits umfaßt (32 Bits bei PCs), kann auf ihn als Teilmenge des SCI-Adreßraums vollständig und direkt zugegriffen werden[18]. Der direkte Zugriff auf physikalische Adressen stellt ein Sicherheits- und Zuverlässigkeitsproblem dar, das alle Knoten innerhalb des SCI- Adreßraums betrifft. Jeder Knoten kann über SCI auf den Speicher aller anderen Knoten zugreifen. Die Sicherheit muß also an der Quelle durch das Betriebssystem gewährleistet werden. Es kann mit Hilfe der MMU und durch die korrekte Programmierung der ATT kontrollieren, welcher Speicher von anderen Knoten in die Adreßräume der Prozesse eingeblendet wird.

Die Verwendung von 32 Bit großen Adressen in PCs bedeutet, daß jeder PC immer nur einen kleinen Teil des die 64 Bit großen Adreßraums »sehen« kann. Man stößt hier schnell an störende Grenzen. Wenn das Adreßfenster der SCI-Karte eine Größe von 2 Gigabyte besitzt, so kann bei mehr als vier Knoten mit je 512 Megabyte Hauptspeicher nicht mehr der gesamte physikalische Speicher adressiert werden. Je nach Größe des SCI-Clusters und des Speicherausbaus einzelner Knoten liegt hier schnell der Fall vor, daß der virtuelle Adreßraum kleiner als der physikalisch vorhandene Speicher ist.

3.3 Netzwerkschicht in Cosy

Das Parallelrechnerbetriebssystem Cosy (*Concurrent Operating System*) wurde als Experimentierplattform für Algorithmen in hochparallelen System entwickelt. Als erste Implementierungsplattform wurde der Transputer gewählt (siehe Kapitel 3.2.2). Inzwischen existiert auch eine Portierung auf PowerPC [RWP96]. Eine Portierung auf die x86-Architektur von Intel wird momentan durchgeführt. Die praktischen Untersuchungen zu den Kommunikationsprotokollen, die in dieser Arbeit beschrieben sind, wurden größtenteils unter Cosy auf Transputern durchgeführt.

Während der Entwicklung von Cosy ist nicht immer im ersten Versuch die optimale Lösung gewählt worden. Einige der ursprünglich gewählten

---

[17] Bei PCs sind Adressen auf dem PCI-Bus identisch mit physikalischen Adressen, bei Sun Workstations findet hier noch eine Adreßumsetzung statt.

[18] Die Karten von Dolphin bieten nur eine sehr eingeschränkte Möglichkeit, Teile des Adreßraumes gegen Zugriff von außen zu sperren (Angabe von oberer und unterer Grenzadresse).

Lösungen werden hier auch beschrieben, da dadurch auch die Gründe für einige Designentscheidungen sichtbar werden. Die größte vorgenommene Änderung am Design ergab sich bei der Verlagerung der Netzwerkanbindung. Der erste Entwurf setzte auf lokale Kerne, die erst auf der Prozeßebene gekoppelt wurden. Dies wurde im zweiten Entwurf geändert, die Kopplung findet jetzt direkt auf der Ebene der Kerne statt. Es ergibt sich dadurch die seltene Gelegenheit, die Auswirkungen der beiden fundamental unterschiedlichen Implementierungsvarianten bei ansonsten weitgehend konstanten Rahmenbedingungen zu untersuchen.

Die Kommunikationshardware der verwendeten Transputernetze erlaubte auf Hardwareebene nur eine Kommunikation mit den direkten Nachbarn. Jede Kommunikation zu entfernten Knoten muß per Software durch die dazwischenliegenden Knoten weitergeleitet werden. Dadurch hat man die Möglichkeit erhalten, ohne den Bau neuer Hardware verschiedene Varianten der Netzwerkschicht zu vergleichen. Der Nachteil ist die Belastung der Prozessoren durch die Weiterleitung und die geringere Geschwindigkeit beim Weiterleiten, da dies durch die Softwarerealisierung langsamer als durch eine Hardwarerealisierung ist.

3.3.1 Erster Ansatz: Verbund auf Prozeßebene

Die Idee des Verbundes außerhalb des Kerns besteht darin, lokal vorhandene Dienstgeber (*server*) nicht nur lokalen Dienstnehmern (*clients*) sondern auch entfernten Dienstnehmern zur Verfügung zu stellen, ohne daß der Kern Funktionen für die Verteilung auf mehrere Knoten zur Verfügung stellt. Im Idealfall geschieht dies für beide Seiten vollständig transparent, so daß an vorhandenen Programmen keinerlei Änderungen vorgenommen werden müssen. Da die Ein- und Ausgabeschnittstellen nur auf lokale Aufrufe ausgelegt sind, muß man sowohl für Clients als auch Server lokale Ersatzinstanzen schaffen. Diese nehmen Parameter beziehungsweise Ergebnisse entgegen und transportieren sie über das Netz zur jeweils zugehörigen Ersatzinstanz. Die Dreierkombination aus Dienstnehmerersatz, Dienstgeberersatz und Netzverbindung bezeichnet man auch als *Brücke*.

In einem hochparallelen System wie Cosy, bei dem auf jedem Knoten typischerweise mehrere Dienstgeber und Diensnehmer angesiedelt sind, die potentiell mit Partnern auf beliebigen anderen Knoten kommunizieren, benötigt man eine zu der Knotenzahl quadratische Anzahl von Brücken. Bei 1000 Prozessoren und je einem Dienstgeber und Dienstgeber würde man 2*999 Brückenköpfe pro Prozessor erhalten. Zur Vermeidung des daraus resultierenden Aufwands ist das Brückenmodell – unter Einbuße eines Teils der Transparenz – leicht modifiziert worden. Die Sendeoperation, die auf Kernebene nur lokale Kommunikation erlaubt, ist in der Bibliothek modifiziert worden. In ihr erfolgt eine Überprüfung, ob der Zielkanal auf dem lokalen oder einem entfernten Knoten liegt. Im ersten Fall wird direkt in den Kern verzweigt, im zweiten Fall wird die Adresse des Zielkanals in die Nachricht kopiert und die so modifizierte Nachricht an den Eingangskanal einer »Universalbrücke« geschickt. Auf dem Zielknoten entnimmt die

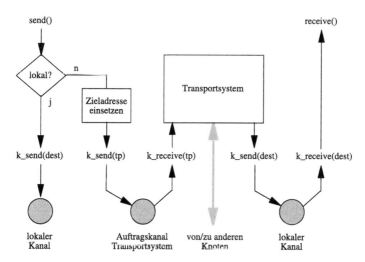

Abb. 3.9: Generelles Brückenmodel von Cosy (Verbund auf Prozeßebene)

Brücke die Zieladresse aus der Nachricht und leitet die Nachricht über eine Sendeoperation an den Empfänger weiter (Abb. 3.9).

Dieser Mechanismus setzt voraus, daß sich alle Programme an ein festes Nachrichtenformat halten. Ansonsten ist es nicht möglich, die Zieladresse in der Nachricht unterzubringen. Auch die ursprüngliche Semantik der Sendeoperation geht teilweise verloren. Ein synchroner Sendeaufruf kehrt beispielsweise schon zurück, sobald die Nachricht in der Brücke ist, nicht jedoch erst, wenn sie den Zielprozeß erreicht hat. Dadurch fehlt in vielen Anwendungen eine notwendige Flußkontrolle, so daß übermäßiger Verbrauch von Puffern zu Verklemmungen führen kann. Dies ist im Detail in einem späterem Kapitel beschrieben.

Die auf jedem Knoten vorhandene Universalbrücke besteht aus mehreren Prozessen. Je ein Prozeß nimmt Nachrichten am Eingangskanal an und leitet sie an den Zielkanal weiter. Diese beiden Prozesse bilden die Schnittstelle der Brücke zu den Instanzen auf dem lokalen Knoten. Innerhalb der Brücke existieren zu jeder physikalischen Verbindung, die von dem Knoten ausgeht, je zwei zusätzliche Prozesse. Sie nehmen die Pakete von Nachbarknoten an und leiten sie an andere Knoten weiter. Die auf den ersten Blick große Anzahl von Prozessen verhindert, daß potentielle Parallelität zerstört wird, was einen verringerten Durchsatz zur Folge hätte. Eingehende Pakete – egal ob vom lokalen Knoten oder von einer Verbindung zu einem anderen Knoten – werden in einer zentralen Warteschlange abgelegt und dort von dem Prozeß entnommen, der sie weiterleitet. Der grobe Aufbau der gesamten Brücke ist in Abb. 3.10 skizziert. Details können in [SGE93] nachgelesen werden.

Der Verbund auf Prozeßebene wurde aus verschiedenen Gründen für die erste Implementierung ausgewählt. Im Gegensatz zum Kernbereich kann

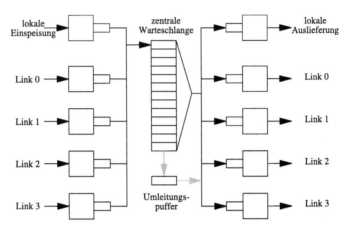

lokale Einspeisung

zentrale Warteschlange

lokale Auslieferung

Link 0 — Link 0

Link 1 — Link 1

Link 2 — Link 2

Umleitungs-
Link 3 — puffer Link 3

Abb. 3.10: Interner Aufbau der Universalbrücke mit Netzwerkschicht

im Prozeßbereich leicht eine Ausgabe von Statusmeldungen realisiert werden, so daß sich die Fehlersuche wesentlich vereinfacht. Es hat sich gezeigt,
daß sich die Architektur mit vielen Prozessen nicht leicht beherrschen läßt.
Ein häufiges Problem waren Verklemmungen, die meistens unter hoher
Last verteilt zwischen mehreren Knoten auftauchten. Die Abstraktionen
Prozeß, Kanal und Sperre stehen innerhalb des Kerns nicht im gleichen
Komfort zur Verfügung wie außerhalb, von ihnen ist jedoch reger Ge-
brauch gemacht worden. Schließlich kommt noch dazu, daß der Kern so
einfach und klein wie möglich gehalten werden sollte, was bedeutet, Funktionalität wenn immer möglich außerhalb des Kerns anzusiedeln.

3.3.2 Endgültige Lösung: Verbund auf Kernebene

Wegen der genannten Nachteile (mangelnde Transparenz, schlechte Antwortzeiten, Gefahr von Verklemmungen) ist später zum Kernverbund gewechselt worden. Statt einer Universalbrücke, die Verbindungen zu Dienstgebern schafft, existiert nun eine Verbundschicht innerhalb des Kerns, die
transparenten Aufruf von Kernfunktionen auf entfernten Knoten ermöglicht. Die meisten Kernfunktionen, bis auf einige sehr spezielle hardwareab-
hängige Funktionen, sind nun global aufrufbar. Die Notwendigkeit einer
Brücke für Aufrufe an entfernte Dienstgeber ist damit vollständig entfallen.
Die Aufrufe unterscheiden sich nicht mehr von lokalen Aufrufen. Die detaillierte Beschreibung der Verbundschicht folgt in einem späteren Kapitel,
hier wird nur die Schnittstelle zwischen Kern und Netzwerkschicht beschrieben. Diese ist so entworfen worden, daß sie möglichst einfach auf verschiedenen Rechnerarchitekturen realisiert werden kann um den darüber
liegenden Kern weitgehend von der Architektur der Netzanbindung zu
entkoppeln.

Die meisten Rechnerarchitekturen bieten nur wenige Möglichkeiten der Zusammenarbeit zwischen Prozessor und Peripherie: Der Prozessor kann

Hardwareregister auslesen und beschreiben, die Hardware kann Unterbrechungen auslösen und manchmal auch per DMA (*direct memory access*) in den Hauptspeicher schreiben und aus ihm lesen. Initiiert werden alle Vorgänge üblicherweise vom Prozessor, die restliche Systemhardware antwortet gewöhnlich nur.

An der Schnittstelle zwischen Kern und Netzwerk werden vier Ereignisse unterschieden:

1. Paket vom Kern an das Netzwerk übergeben

2. Versand eines Paketes bestätigen

3. Paket vom Netzwerk an den Kern übergeben

4. Abnahme eines Paketes bestätigen

Jeweils zwei dieser Ereignisse bilden ein Paar, eines initiiert eine Aktion, das andere beantwortet sie. Schickt ein Kern ein Paket an den Kern auf einem anderen Prozessor, treten der Reihe nach die folgenden Ereignisse auf: Der Kern übergibt das Kern an die Netzwerkschicht auf dem eigenen Knoten und setzt eine Statusvariable, daß er ein Paket verschickt hat. Sobald die Netzwerkschicht genug freien Pufferplatz zur Verfügung hat – üblicherweise sofort – nimmt sie das Paket entgegen und bestätigt den Versand an den Kern. (Diese Bestätigung bedeutet nicht, daß das Paket am Ziel angekommen ist.) Der Kern setzt nun die Statusvariable wieder zurück. Die Statusvariable verhindert, daß der Kern ein weiteres Paket zu übergeben versucht, bevor die Netzwerkschicht das aktuelle entgegengenommen hat.

Falls der Kern ein Paket nicht direkt übergeben kann (durch die Statusvariable signalisiert), muß er entweder den beauftragenden Prozeß blockieren oder das Paket in eine Warteschlange stellen. Je nach Situation können beide Varianten sinnvoll sein. Sobald die Netzwerkschicht den Versand eines Paketes bestätigt, wird das erste Paket aus der Schlange entnommen und sofort an die Netzwerkschicht übergeben.

Auf der Zielseite geht die Initiative nicht vom Kern, sondern von der Netzwerkschicht aus. Diese signalisiert die Ankunft eines Paketes an den Kern, der es entgegennimmt und bestätigt. Bis diese Bestätigung erfolgt, können keine weiteren Pakete ausgeliefert werden und stauen sich in der Netzwerkschicht. Da ein so ausgelöster Rückstau sowohl Leistungseinbußen im Netz erzeugt als auch die Gefahr einer Verklemmung erhöht, sollte der Kern Pakete so schnell wie möglich vom Netz nehmen.

Die Schnittstelle wurde bewußt so entworfen, daß sie von der internen Arbeitsweise der Netzwerkschicht abstrahiert. So sind bisher zwei unterschiedliche Netzwerkschichten realisiert worden, die verschiedene Wegewahlverfahren einsetzen. Ein weiterer Prüfstein für das Konzept war der Übergang vom Transputer zur PowerPC-Architektur. Während im ersten Fall die Netzwerkschicht auf demselben Prozessor wie Kern und Anwendungen abläuft, ist sie im zweiten Fall auf einem separaten Prozessor untergebracht.

Wegewahl in beliebigen Graphen

Einige Parallelrechner auf Transputerbasis sind nicht mit einer festen Topologie ausgestattet, sondern enthalten programmierbare Schaltermatrizen, die jedes beliebige Netzwerk mit maximalem Knotengrad vier verschalten können[19]. Die Konfiguration des Netzes kann dabei theoretisch sogar zur Laufzeit eines Programmes durchgeführt werden. Aus technischen Gründen erfolgt sie üblicherweise allerdings nur bevor ein Programm oder ein Betriebssystem auf den Rechner geladen wird. Die erste Zielmaschine für Cosy war ein konfigurierbares System. Um dies auch auszunutzen ist ein Wegewahlverfahren ausgewählt worden, das beliebige Netztopologien unterstützt. Zentrale Anforderungen sind Verklemmungsfreiheit, hoher Durchsatz, kurze Antwortzeit und »gutmütiges« Verhalten in Extremsituationen. In [KSC89, LSC92] ist eine Architektur vorgestellt worden, die diese Anforderungen weitgehend erfüllt. Sie ist zwar nur für Gitter beliebiger Topologie entworfen worden, eignet sich mit geringfügigen Änderungen aber auch für andere Topologien. Der Name des Verfahrens – *Chaos-Router* – deutet schon an, daß ein nicht deterministischer Algorithmus zum Einsatz gelangt.

Die Grundidee des Chaos-Routers besteht darin, ein Paket zufällig an eine der Netzverbindungen zu schicken, die Teil eines kürzesten Pfades zum Zielknoten sind. Die dadurch entstehende Verteilung des Verkehrs zwischen zwei Knoten auf alle kürzesten Pfade zwischen den Knoten verhindert die übermäßige Belegung einzelner Kommunikationsverbindungen bei ungünstigen Kommunikationsmustern. Den Vorteil der Lastverteilung erkauft man sich leider mit einem Nachteil. Auch in Netzen, die prinzipiell durch geschickte Wegewahl verklemmungsfrei betrieben werden können, sind jetzt Verklemmungen möglich. Das Verfahren muß daher geeignet ergänzt werden, um diese zu erkennen und aufzulösen.

Eine exakte Verklemmungsanalyse in verteilten System ist zwar machbar, aber relativ zeitaufwendig (siehe auch [AST89]), es wird daher hier nur mit einem vereinfachten Verfahren gearbeitet, das auf zwei wesentlichen Ideen basiert:

1. Verklemmungen werden nicht nachgewiesen. Eine Reaktion erfolgt bereits dann, wenn der Verdacht einer Verklemmung vorliegt. Wird dabei eine Verklemmung vermutet, die überhaupt nicht vorliegt, so wird zwar für ihre Beseitigung unnötiger Aufwand betrieben, die Korrektheit des Verfahrens bleibt aber trotzdem erhalten. Dieser Aufwand ist gegen den Aufwand einer exakten Analyse abzuwägen.

2. Verklemmungen werden nicht deterministisch, sondern nur mit einer gewissen Wahrscheinlichkeit aufgelöst. Es gilt dabei, daß die

---

[19] So auch der Supercluster mit 320 Prozessoren an der Universität Paderborn, der inzwischen außer Betrieb ist.

Wahrscheinlichkeit für ein Paket, nach der Zeit t das Ziel nicht erreicht zu haben, für t gegen unendlich gegen Null strebt.

Auf jedem Knoten existieren für jede bidirektionale Netzverbindung zwei Prozesse[20], einer für ankommende, der andere für abzuschickende Pakete. Zusätzlich existieren noch zwei Prozesse für die Verbindung zum lokalen Knoten, die wie eine externe Netzverbindung gehandhabt wird.

Die Eingangsprozesse warten auf ein an der Netzverbindung (oder vom Kern) ankommendes Paket. Nachdem sie es empfangen haben, ermitteln sie über die Wegewahltabelle die Menge der ausgehenden Kanten, die zu einem kürzesten Pfad zum Zielknoten gehören. Von diesen Kanten wird eine zufällig ausgewählt. Wenn der zu dieser Kante gehörende Ausgangsprozeß bereit ist ein Paket anzunehmen, wird es direkt an ihn weitergegeben. Ansonsten wird es in eine zentrale Warteschlange gestellt. Anschließend wartet der Prozeß auf das nächste Paket. Die Ausgangsprozesse blockieren an einem Auftragskanal, in den die Eingangsprozesse senden. Gewöhnlich erhalten sie die Anweisung, ein eingehendes Paket direkt auf ihrer Ausgangsverbindung weiterzuleiten. Nachdem sie dies getan haben, sehen sie in der zentralen Warteschlange nach, ob dort ein weiteres Paket für ihre Verbindung vorhanden ist, das dann ebenfalls weitergeleitet wird.

Zu dem bisher beschriebenen Algorithmus ist noch eine Ergänzung notwendig, die Verklemmungsfreiheit garantiert. Dazu ist eine Randbedingung zu erfüllen, nämlich die Existenz von mindestens einem freien Puffer im gesamten Netzwerk. Dies wird dadurch garantiert, daß nur dann ein Paket vom Kern zum Netzwerk gegeben werden darf, wenn dadurch nicht der letzte Platz in der Warteschlange belegt wird. Trotzdem kann es natürlich durch ankommende Pakete dazu kommen, daß sich die gesamte Schlange füllt. In diesem Fall, der eine potentielle Verklemmung signalisiert, wird zufällig einer der Ausgangsprozesse deblockiert, der gerade nicht mit dem Verschicken eines Paketes beschäftigt ist. Er wählt ein Paket aus der Warteschlange zufällig aus und schickt es über seine Verbindung ab, unabhängig davon, ob es dadurch näher zum Ziel kommt oder nicht. Diese Maßnahme bewirkt, daß bei einer möglichen Verklemmung im Netz immer noch eine Paketbewegung stattfindet. Dabei wird irgendwann (zufällig) eines der Paket sein Ziel erreichen und aus dem Netz entfernt, wodurch ein weiterer Puffer frei wird. Um die Anzahl der Umleiteoperationen im Netz gering zu halten ist es sinnvoll, den Kern zu stoppen, bevor er alle Plätze bis auf einen in der Warteschlange belegt hat. Eine genauere Beschreibung des Algorithmus mit dem Beweis der Verklemmungsfreiheit ist in [SGE93] zu finden.

---

[20] Es wird hier zwar von Prozessen gesprochen, die in der technischen Umsetzung aber nicht notwendigerweise existieren müssen, insbesondere dann nicht, wenn das Verfahren direkt in Hardware realisiert wird.

Wegewahl in Gittern

Einige Nachteile des Chaos-Routers und der sich abzeichnende Trend zu mehrdimensionalen Gittern als Kommunikationsnetzwerke waren der Anstoß, ein auf Gitter spezialisiertes Wegewahlverfahren zu realisieren und mit dem alten Verfahren zu vergleichen. Die hauptsächlichen Nachteile des Chaos-Routers sind erstens die nicht vorhandene Reihenfolgetreue auf Netzwerkebene. Da im Cosy-Kern keine Maßnahmen getroffen werden, die Pakete wieder zu sortieren, ist diese Eigenschaft bis hin zu den Anwendungen sichtbar. Der zweite Nachteil sind die vielen konkurrierenden Zugriffe auf Warteschlangen, die durch Sperren abgesichert werden müssen. Die Struktur läßt sich beim Einsatz eines gitterbasierten Algorithmus vereinfachen, so daß weniger Sperroperationen notwendig sind. Weiterhin neigt die zufällige Wegewahl dazu, Pakete durch den Zentralbereich des Gitters zu schicken, was dort zu einem unnötigen Engpaß führt.

Die genannten Nachteile lassen sich mit einem auf Gitter spezialisierten Verfahren umgehen, dem schon erwähnten *Dimension-Order-Routing*. Die Wegewahlentscheidungen gehorchen bei diesem Verfahren einer einfachen Regel: Die Dimensionen des Gitters werden in einer beliebigen aber festen Reihenfolge angeordnet. Unterscheiden sich momentaner Ort eines Paketes und Zieladresse in mehreren Dimensionen, so wird das Paket zuerst entlang der Dimension mit der niedrigsten Ordnung weitergeleitet. Erst wenn es in dieser Dimension seine Zielkoordinate erreicht hat, wird auf die nächste Dimension gewechselt.

Da alle Pakete mit gleicher Quell- und Zieladresse den gleichen Pfad durch das Netz benutzen, stellt es kein Problem dar, die Reihenfolgetreue zwischen Paketen zu garantieren. Das Verfahren ist – wie schon oben erwähnt – außerdem verklemmungsfrei, sofern man getrennte Pufferpools für die verschiedenen Richtungen verwendet.

Die Einfachheit der Wegewahlentscheidung trägt wesentlich dazu bei, daß sich dieses Verfahren leicht in Hardware realisieren läßt. So ist es auch in verschiedenen Parallelrechnern zu finden, wie zum Beispiel der Intel Paragon [PRT94, PPT94]. Durch die Trennung der Puffer für alle ausgehenden Verbindungen vereinfacht sich auch die Pufferverwaltung. Dynamische Datenstrukturen sind nicht mehr notwendig. Es reichen einfache, in Feldern organisierte Ringpuffer aus. Oftmals wird sogar auf ein Feld pro Verbindung verzichtet und stattdessen eine noch einfachere Wechselpuffertechnik eingesetzt. Eine noch weitere Reduktion der Puffer, bei der den ausgehenden Verbindungen keine eigenen Puffer mehr zugeordnet werden, sondern der Puffer einer Eingangsverbindung für die Dauer der Ausgabe praktisch »verliehen« wird, ist zwar möglich, aber nicht empfehlenswert. Die Folge dieser Einsparung wäre eine unnötige Einschränkung von Parallelität. Während ein Paket auf einer ausgehenden Verbindung gesendet würde, könnte nicht gleichzeitig das nächste Paket auf der eingehenden Verbindung empfangen werden, da der dazu notwendige Puffer noch belegt ist. Der Durchsatz bei Kommunikation über größere Distanzen reduziert sich damit auf die Hälfte des möglichen maximalen Durchsatzes.

Die drastische Reduktion des Durchsatzes kam für die Netzwerkschicht von Cosy nicht in Frage. Um trotzdem mit minimaler Pufferanzahl auszukommen und einen einfachen – und damit auch schnellen – Algorithmus einsetzen zu können, ist dort die Wechselpuffertechnik ausgewählt worden. Während der Initialisierungsphase wird jeder eingehenden und ausgehenden Verbindung ein Puffer zugeordnet, wobei die Verbindung zwischen Netzwerkschicht und Kern als normale Verbindung gewertet wird. Trifft nun auf einer eingehenden Verbindung ein Paket ein, wird es im zugehörigen Puffer abgelegt. Im folgenden sind zwei Fälle zu unterscheiden:

1. Wenn der Puffer der ausgehenden Verbindung leer ist, wird ein Puffertausch zwischen eingehender und ausgehender Verbindung durchgeführt. Das Paket kann sofort weitergeleitet werden, während parallel dazu auch ein neues Paket empfangen werden kann.

2. Wenn aus dem Puffer der ausgehenden Verbindung noch Daten übertragen werden, muß für diese Zeit die eingehende Verbindung stillgelegt werden, da momentan nicht genügend Pufferplatz vorhanden ist. Der Tausch der Pufferplätze analog zu Fall eins findet statt, sobald das ausgehende Paket vollständig übertragen ist.

Der Tausch der Paketpuffer ist nur im logischen Sinne zu verstehen, er ist nicht durch Kopieroperationen realisiert, die erheblichen Aufwand mit sich bringen würden, sondern durch einen Tausch von Zeigern. Die Puffer bleiben dabei an ihrem alten Ort. Wird eine größere Anzahl von Paketen durch einen Knoten hindurchgeschleust, so sind nach einer Anlaufphase Eingangs- und Ausgangsverbindung parallel aktiv; der maximal mögliche Durchsatz wird erreicht. Zusätzlich können auf anderen Verbindungen natürlich auch noch Pakete transferiert werden, so daß unter Umständen alle vier Verbindungen des Transputers in beiden Richtungen gleichzeitig aktiv sind. Die Hardware mit ihren acht DMA-Einheiten an den vier Links ist damit optimal ausgenutzt.

Die technische Umsetzung des Verfahrens wurde dadurch erleichtert, daß der Transputer schon auf Hardwareebene Prozesse unterstützt. Dadurch benötigt eine Prozeßumschaltung nicht mehr Zeit als ein Prozeduraufruf. Jeder eingehenden und ausgehenden Verbindung ist einer dieser Hardwareprozesse zugeordnet. Zwischen jedem Paar von Prozessen, das miteinander kommuniziert, existiert ein Kanal. Dieser ist ebenfalls auf Hardwareebene realisiert. Kommt ein Paket an, wird es vom Eingangsprozeß empfangen. Dieser stellt über einen Tabellenzugriff fest, auf welchem Kanal er es weiterleiten soll. Die Weiterleitung geschieht über den schon beschriebenen Puffertauschmechanismus, so daß er anschließend sofort wieder einen freien Puffer zur Verfügung hat, den er zum Empfangen des nächsten Paketes benutzen kann.

Der Ausgangsprozeß hat die Aufgabe, das im Puffer enthaltene Paket über seine Verbindung zu senden. Obwohl die Wegewahlentscheidung relativ einfach ist, wurde sie aus den Prozessen herausgehalten und durch einen Tabellenzugriff ersetzt, was zwei Vorteile hat. Erstens ist der Tabellenzugriff schneller als die Zerlegung der Zieladresse in Koordinaten und die Vergleiche mit den eigenen Koordinaten, zweitens kann so problemlos auf

Gitter mit anderer Numerierung der Verbindungen eingegangen werden[21]. Prinzipiell ist diese Art der Implementierung nicht auf Gitter begrenzt. Auch andere Netze, wie zum Beispiel Bäume, könnten nach einer Änderung der Tabelle genutzt werden. Es muß nur sichergestellt sein, daß sich die belegten Ressourcen ordnen lassen, da ansonsten die Gefahr einer Verklemmung besteht.

Quantitativer Vergleich

Die beiden Wegewahlverfahren erzeugen unterschiedliche Lastmuster im Netz, die nun kurz an einem Beispiel im zweidimensionalen Gitter untersucht werden. Als Beispielmuster wird eine *all-to-all* Kommunikation angenommen, bei der jeder Prozeß genau eine Nachricht zu jedem anderen Prozeß schickt. Die betrachtete Größe ist die Anzahl der Nachrichten, die dabei über jede Kante fließen. Es soll mit *Dimension-Order-Routing* begonnen werden, da sich dort leicht eine geschlossene Formel für die Kantenauslastung herleiten läßt. Zuerst betrachte man nur eine Dimension im Gitter, wie es in Abb. 3.11 dargestellt ist.

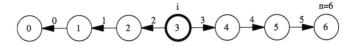

Abb. 3.11: Berechnung der Paketanzahl a_{ij}, die Knoten i über Kante j schickt.

Da Knoten i eine Nachricht zu jedem anderen Knoten schickt, gilt für die Anzahl der Pakete a_{ij}, die über die Kante j geschickt werden offensichtlich (Knoten und Kanten sind ab 0 durchnumeriert):

$$a_{ij} = \begin{cases} n-j & \text{für } i \leq j \\ j+1 & \text{für } i > j \end{cases}$$

Um die Gesamtanzahl der Pakete zu erhalten, die über eine Kante j geschickt werden, muß man über alle Knoten in der Zeile summieren und erhält:

$$a_j = \sum_{i=0}^{j}(n-j) \;+\; \sum_{i=j+1}^{n}(j+1)$$
$$= 2(n-j)(j+1)$$

---

[21] Alle Rechnergeneration der Firma Parsytec, die Transputer im Kommunikationsnetz einsetzen, verwenden ein anderes Numerierungsschema.

Es werden also je zwei Pakete über die erste und letzte Kante des eindimensionalen Gitters geschickt. Zur Mitte hin steig die Anzahl an. Da die Wegewahl die Dimensionen nacheinander abarbeitet, läßt sich das Ergebnis einfach auf den mehrdimensionalen Fall erweitern. Kommen weitere Zeilen hinzu, müssen die Pakete dazugerechnet werden, die in die anderen Zeilen geschickt werden. Pakete aus den anderen Zeilen belasten jedoch nur die Verbindungen in ihrer Quellzeile, da sie zuerst dort bis zur Zielspalte geleitet werden und dann direkt vertikal ihr Ziel erreichen. Wenn man also ein Gitter mit $n+1$ Spalten und $m+1$ Zeilen betrachtet, so werden über die waagerechte Verbindung j in jeder Zeile b_j Pakete übertragen:

$$b_j = 2(m+1)(n-j)(j+1)$$

Für die Anzahl der Pakete auf den senkrechten Verbindungen gilt bis auf die Vertauschung von Zeilen- und Spaltenindizes sowie der Gitterdimensionen das Ergebnis analog.

Für den Chaos-Router läßt sich – auch bei bekanntem Kommunikationsmuster – keine explizite Auslastung der Kanten angeben, da wegen des probabilistischen Algorithmus nicht bekannt ist, welchen Weg einzelne Pakete nehmen. Um trotzdem zu einer Aussage zu kommen, können statt dessen Erwartungswerte für die Auslastungen der Kanten berechnet werden. Als Basis für die Berechnung eines kompletten Kommunikationsmusters beginnt man mit der Berechnung für ein einzelnes Paket. Unter Vernachlässigung von Verklemmungen werden vom Algorithmus nur kürzeste Wege genutzt, so daß für festgelegte Paketquelle und Ziel nur das von ihnen im Gitter aufgespannte rechteckige Teilgitter zu betrachten ist, da alle kürzesten Wege in ihm liegen.

Wenn das zu transportierende Paket sein Ziel in keiner Dimension erreicht hat, schickt der Algorithmus es mit gleicher Wahrscheinlichkeit in einer der beiden Dimensionen weiter. Das heißt, daß sich die Besuchswahrscheinlichkeit p_{Knoten} eines Knotens auf die beiden Kanten verteilt: $p_{horizontal} = 1/2 * p_{Knoten}$ sowie $p_{vertikal} = 1/2 * p_{Knoten}$. Führen zwei Kanten in einen Knoten hinein, so addieren sich die beiden Kantenwahrscheinlichkeiten zur Knotenwahrscheinlichkeit: $p_{Knoten} = p_{horizontal} + p_{vertikal}$. Ausgehend von der Wahrscheinlichkeit 1, mit der das Paket am Startknoten verschickt wird, lassen sich nun die Wahrscheinlichkeiten für alle Kanten und Zwischenknoten berechnen. In Abb. 3.12 ist dies exemplarisch für eine Kommunikation in einem Teilgitter mit 16 Knoten durchgeführt worden. Werden mehrere Pakete mit gleicher Quell-Zielkombination verschickt, ergibt sich der Erwartungswert EX für die Anzahl der Pakete P auf einer Kante: $EX = P * p$.

Um die Erwartungswerte der Auslastungen bei einem komplexen Kommunikationsmuster zu erhalten, werden die Erwartungswerte für feste Quell-/Zielkombinationen getrennt ausgerechnet und aufaddiert, was durch die Annahme, daß alle Kommunikationen sich nicht gegenseitig beeinflussen, gerechtfertigt ist. In Abb. 3.13 ist dargestellt, wie die Kantenauslastung für die waagerechten Kanten in einem 32 * 32 Gitter aussieht, wenn jeder Knoten ein Paket an jeden anderen Knoten verschickt. Für den Dimension-

Order-Router ergibt sich in waagerechter Richtung ein parabelförmiger Verlauf mit einem Maximum entlang der Mittelachse des Netzes, die Auslastung ist in allen Zeilen konstant.

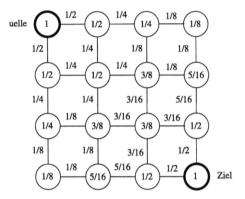

Abb. 3.12: Verteilung der Besuchswahrscheinlichkeit für Knoten und Kanten beim Chaos-Routing.

Der Chaos-Router hingegen zeigt eine von Zeile und Spalte abhängige Auslastung mit einem Maximum im Netzzentrum. Dieses Maximum ist 38% stärker ausgeprägt als beim Dimension-Order-Router (22652 gegenüber 16384 Pakete pro Kante). Zusammengefaßt kann man sagen, daß der Chaos-Router zwar die Fähigkeit hat, Überlastbereiche im Netz zu umgehen. Allerdings benötigt er diese Fähigkeit allein schon deswegen, weil er sich selbst einen solchen Überlastbereich (*hot spot*) im Netz schafft.

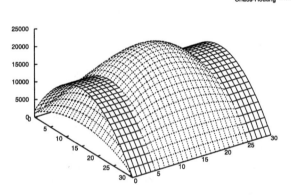

Abb. 3.13: Vergleich der Verbindungsauslastungen beim Chaos-Router und beim Dimension-Order-Router (für *all-to-all*-Kommunikation).

4 Kommunikation und Verklemmungen

Verklemmungen, ihre Ursachen und ihre Erkennung sind sowohl in lokalen als auch verteilten System ausführlich untersucht worden [AKE86, KLMV93, NNA86]. Sie können auftauchen, sobald mehrere Prozesse nebenläufig abgearbeitet werden und – aus welchen Gründen auch immer – aufeinander warten. Eine Prozeßmenge bezeichnet man als verklemmt, wenn alle Prozesse in ihr blockiert sind und die Blockierung nur von anderen Prozessen aus dieser Menge aufgelöst werden kann. Dies ist äquivalent mit der Existenz einer zyklischen Wartebedingung.

In der Literatur werden Verklemmungen meistens nur im Zusammenhang mit Betriebsmittelverwaltung betrachtet (eine Ausnahme ist zum Beispiel [BSB90]), hier soll dagegen der Schwerpunkt auf durch Kommunikation und Synchronisation verursachte Verklemmungen gelegt werden. Kommunikation erfordert natürlich auch wieder Betriebsmittel, (insbesondere Speicher) und das Kommunikationsnetz, so daß eine vollkommen getrennte Betrachtung nicht möglich ist.

Zyklische Wartebedingungen und damit Verklemmungen können aus den verschiedensten Gründen vorkommen. Einige Gründe sind schon im Rahmen der Diskussion der Netzwerkschicht im letzten Kapitel genannt worden. In diesem Kapitel erfolgt eine ausführliche Diskussion des Themas für die Anwendungsschicht und die Transportschicht. Auf die im ISO/OSI-Modell dazwischenliegenden Schichten wird nicht näher eingegangen, da sie in Parallelrechnern entweder leer oder für dieses Thema unbedeutend sind.

Im ersten Abschnitt geht es um die Sicht der Anwendungen. Für diese sind folgende Punkte interessant:

1. Synchronisationsfehler in Anwendungen werden entdeckt. Das heißt, im Falle einer Verklemmung wird diese an das Programm (oder eine Überwachungsinstanz) gemeldet. Es wäre damit möglich, eine große (und schwierig zu entdeckende) Gruppe von Fehlern automatisch zu erkennen. Es werden sowohl Methoden vorgestellt, wie dies zu errei chen ist als auch Grenzen aufgezeigt. Es gibt leider viele Situationen, in denen Verklemmungen vorliegen, diese jedoch nicht automatisch erkennbar sind.

2. Wenn ein Programm die Kommunikationsschnittstelle spezifikationsgemäß nutzt, so erwartet es keine Verklemmungen. Unerwartete Verklemmungen können entstehen, wenn asynchron spezifizierte Operationen (z. B. asynchrones Senden) blockieren. Es wird sich später

zeigen, daß es schwer möglich ist, bestimmte Operationen ohne Blok-
kierung zu realisieren.

Im zweiten Teil wird dann darauf eingegangen, wie innerhalb der Transportschicht Verklemmungen erkannt werden können oder wie die gesamte
Transportschicht aufzubauen ist, damit Verklemmungen überhaupt nicht
entstehen können.

4.1 Verklemmungen durch Prozeßinteraktion

Sollen mehrere Prozesse an einem Problem arbeiten, so können sie dies üblicherweise nicht vollständig unabhängig voneinander durchführen. Es ist
also zwischen ihnen eine wie auch immer aussehende *Interaktion* erforderlich. Man unterscheidet verschiedene Interaktionsformen, über die diese
Zusammenarbeit stattfinden kann:

1. Prozesse können Datenaustausch über gemeinsame Speicherbereiche
   (Kooperation, *shared memory*) betreiben. Dies zeichnet sich dadurch
   aus, daß vom Betriebssystem die gemeinsamen Bereiche eingerichtet
   werden müssen (Verwaltung), während der Betrieb direkt von der
   Hardware beziehungsweise von den Anwendungen ausgeführt wird.
   Ohne weitere Maßnahmen erfolgen die Zugriffe der Prozesse unsyn-
   chronisiert, so daß die Gefahr der Verklemmung nicht gegeben ist.
   Interessant ist diese Interaktionsform für diese Arbeit aus einem anderen Grund. Kooperation kann auf Kommunikation abgebildet werden, entweder in Hardware (wie zum Beispiel bei SCI-basierten Systemen) oder in Software, bei sogenannten DSM (*distributed shared memory*) Systemen.

2. Explizite Synchronisationsoperationen lassen sich dazu benutzen um
   Ereignisse zu signalisieren. Diese können als Spezialfälle von Kommunikation mit Nachrichtenlänge Null betrachtet werden und werden daher zusammen mit der Kommunikation betrachtet. Dies
   schließt natürlich nicht aus, daß die Implementierung aus Optimierungsgründen getrennt erfolgt.

3. Nutzung von Betriebsmitteln, die nur exklusiv nutzbar sind, können
   eine implizite Synchronisation mit sich bringen. Die in diesem Bereich
   auftretenden Verklemmungen sind seit langer Zeit bekannt und praktisch in jedem Betriebssystemlehrbuch erwähnt. Zur impliziten Synchronisation kann man auch den Schutz von Datenstrukturen durch
   Sperren (Semaphore) oder Monitore rechnen. Generell liegt immer
   eine Sequenz »belegen, benutzen, freigeben« vor, die bei Schachte-
   lung und nicht sortierter Anforderung eine Verklemmung verursachen kann.

4. Synchrone Kommunikationsoperationen kombinieren den Datenaustausch mit der Synchronisation. In parallelen Programmen, die nicht
   triviale Kommunikationsmuster verwenden, kann es dabei sehr leicht
   zu Fehlern kommen, die eine Verklemmung erzeugen. Wenn diese
   Fehler von einem Kommunikationssystem automatisch erkannt

würden, wäre die Fehlersuche in Anwendungsprogrammen deutlich einfacher.

Von der Kooperation abgesehen (die ohne Synchronisation meistens nicht sinnvoll ist) beinhalten alle anderen Interaktionsformen implizite oder explizite Synchronisation. Jede dieser Synchronisationen kann das Blockieren eines Prozesses auslösen. Der aufrufende Prozeß kann damit Teil einer verklemmten Prozeßgruppe werden. An einer Verklemmung können durchaus verschiedene Interaktionsformen beteiligt sein, so daß eine Betrachtung der einzelnen Formen für sich nicht ausreicht.

Für den Umgang mit Verklemmungen existieren verschiedene Strategien, angefangen vom vollständigen Ignorieren des Problems bis hin zu Vermeidung, Entdeckung und Verhinderung. Je nach Betriebssystem- oder Hardwareschicht sind verschiedene Varianten denkbar. In vielen Fällen ist es sinnvoll, mehrere gleichzeitig anzuwenden. Begonnen wird mit der Entdeckung, die insbesondere an der Schnittstelle zu Anwendungen interessant ist. Es lassen sich damit in den Anwendungen vorhandene Entwurfs- oder Implementierungsfehler automatisch aufspüren. Bei einer Entdeckung einer Verklemmung sind verschiedene Reaktionen denkbar. Ein Teil der Reaktion sollte auf jeden Fall eine Meldung der Verklemmung sein. Die Meldung kann auch direkt an die Anwendung geleitet werden. Damit ist die weitere Vorgehensweise der Anwendung überlassen. Es ist allerdings auch denkbar, die gesamte Anwendung abzubrechen. Während der Programmentwicklung und Testläufen reicht es aus, wenn eine Fehlermeldung ausgegeben wird. Daraufhin kann die Anwendung mit Hilfe eines Debuggers untersucht werden, um der Ursache nachzugehen.

Innerhalb von Systemdiensten kommt nur eine Teilmenge der aufgelisteten Strategien in Frage. Der Abbruch eines Dienstes oder die Ausgabe einer Fehlermeldung mit der Gelegenheit zur Analyse sind meistens keine sinnvollen Optionen. Ein Dienstgeber könnte jedoch auf die Meldung einer Verklemmung reagieren. Er muß dann versuchen, seinen Dienst ohne das angeforderte Betriebsmittel zu erbringen. In den meisten Fällen wird man jedoch versuchen, die Dienstgeber so zu strukturieren, daß Verklemmung überhaupt nicht auftreten können.

4.2 Strategien zur Entdeckung

Bevor eine der beschriebenen Reaktionen auf eine Verklemmung möglich ist, muß sie natürlich zuerst entdeckt werden. Die Entdeckung basiert immer darauf, einen zyklischen Wartegraph zu finden. Im lokalen Fall reicht dazu eine einfache Tiefensuche aus. Man kann diese zum Beispiel in festen Zeitabständen auslösen oder immer dann, wenn mehrere Prozesse über eine längere Zeit blockiert sind.

Die meisten in der Literatur zu findenden Algorithmen beziehen sich nur auf die Entdeckung von Verklemmungen, die beim Belegen und Freigeben von exklusiv nutzbaren Betriebsmitteln wie Druckern, Dateien, kritischen Abschnitten, etc. entstehen können. Von [BSB90] wurde für alle diese Betriebsmittel der Sammelbegriff »wiederverwendbare Betriebsmittel«

eingeführt. Nachdem sie der aktuelle Benutzer freigegeben hat, kann sie der nächste »wiederverwenden«. Demgegenüber stehen Betriebsmittel, die »verbraucht« werden. Es handelt sich beispielsweise um Nachrichten. Sie werden mit der Sendeoperation erzeugt und mit der Empfangsoperation verbraucht. Die beiden Betriebsmittelvarianten sollen nun zuerst getrennt betrachtet werden.

4.2.1 Wiederverwendbare Betriebsmittel

Das einfachste Verklemmungsmodell berücksichtigt nur wiederverwendbare Einzelbetriebsmittel, die von den Prozessen nach Eigenanforderung belegt und nach Benutzung wieder freigegeben werden. In diesem Modell kann ein Betriebsmittel entweder frei oder von genau einem Prozeß belegt sein. Im letzten Fall kann zusätzlich noch eine Menge von Prozessen an dem Betriebsmittel blockiert sein. Prozesse können eine beliebige Anzahl von Betriebsmitteln belegt haben und an einem Betriebsmittel blockiert sein, wenn dieses von einem Prozeß belegt ist.

Der aktuelle Zustand eines Systems läßt sich anschaulich durch einen gerichteten, bipartiten Graph darstellen. Prozesse werden durch kreisförmige, Betriebsmittel durch quadratische Knoten repräsentiert. Kanten von Betriebsmitteln zu Prozessen stehen für Belegungen, Kanten von Prozessen zu Betriebsmitteln für Anforderungen. Ein Prozeß, von dem eine Kante ausgeht, wartet damit auf das Betriebsmittel, das die Kante als Ziel hat. Dieses muß von einem anderen Prozeß belegt sein, sonst wäre schon eine Zuteilung erfolgt und die Kante somit nicht existent. Da das Betriebsmittel belegt ist, geht von ihm eine Kante zum besitzenden Prozeß aus. Wege in dem Graphen können daher auch als »wartet auf« Relationen interpretiert werden. Enthält der Graph einen Zyklus, so wartet ein Prozeß – über Umwege – auf sich selbst. Es liegt also eine Verklemmung vor. Die Verklemmungssuche läßt sich in diesem einfachen Fall daher auf Zyklensuche in gerichteten Graphen zurückführen.

Eine einfache Erweiterung des Modells besteht darin, nicht nur Einexemplar- sondern auch Mehrexemplarbetriebsmittel zuzulassen, wie zum Beispiel Speicher (in Seiten verwaltet) oder gleichartige Geräte (Druckerpool). Die momentane Situation des Systems läßt sich wiederum durch einen bipartiten Graphen darstellen, allerdings fallen einige Einschränkungen weg. Ein Prozeß kann nun auf mehr als ein *Exemplar* eines Betriebsmittels warten beziehungsweise er kann mehrere Exemplare eines Betriebsmittels besitzen. Als Folge können mehrere parallele Kanten zwischen einem Prozeß und einem Betriebsmittel verlaufen.

Die Existenz eines Zyklus ist jetzt nicht mehr gleichbedeutend mit einer Verklemmung, sie ist nur noch eine notwendige Bedingung. Wenn ein Zyklus existiert, kann es immer noch Prozesse außerhalb des Zyklus geben, die Exemplare eines der benötigten Betriebsmittel besitzen und durch deren Freigabe den Zyklus aufbrechen. Eine notwendige und hinreichende Bedingung ist die Existenz eines *Knotens* im Graph. Ein Knoten in einem Graphen ist eine Teilmenge der Punkte des Graphen mit der Bedingung, daß von jedem der Punkte des Knotens alle anderen Punkte des Knotens erreichbar sind, aber keine Punkte außerhalb des Knotens. Dies schließt nicht aus, daß Kanten von außen in den Knoten führen (Prozesse außerhalb auf Prozesse innerhalb warten), aber kein Prozeß im Knoten wartet auf Prozesse außerhalb des Knotens. Die Verklemmung ist offensichtlich, da alle Prozesse im Knoten blockiert sind und auf andere Prozesse im Knoten warten. Wenn Kanten in den Knoten führen, dann sind zusätzlich noch Prozesse außerhalb von der Verklemmung betroffen, sie sind jedoch nicht an ihr beteiligt.

4.2.2 Verbrauchbare Betriebsmittel

Wenn man Nachrichten als Betriebsmittel auffaßt, so kann man vorhandene Verklemmungsmodelle auf Kommunikation ausweiten. Im Gegensatz zu »gewöhnlichen« Betriebsmitteln zeichnen sich Nachrichten durch einige Besonderheiten aus. Ein Prozeß kann mittels einer Sendeoperation jederzeit ein neues Exemplar erzeugen, ein anderer mittels der Empfangsoperation ein Exemplar anfordern und bei Zuordnung verbrauchen. Will man den aktuellen Systemzustand wieder mit einem Graphen repräsentieren, so muß man einige Erweiterungen vornehmen. In [BSB90] wurde vorgeschlagen, jedem verbrauchbaren Betriebsmittel eine Menge von Prozessen zuzuordnen, die dieses Betriebsmittel erzeugen können. Für jeden Erzeugerprozeß existiert eine Kante vom Betriebsmittel zum Prozeß. Diese Kanten ändern sich weder bei Anforderungen noch Freigaben, sie werden mit Erzeugung des Prozesses eingerichtet und zusammen mit dem Prozeß gelöscht. Wie schon bei wiederverwendbaren Mehrexemplarbetriebsmitteln ist auch hier die Existenz eines Knotens notwendige und hinreichende Bedingungen für eine Verklemmung.

Wiederverwendbare Betriebsmittel können bei der Terminierung eines Prozesses freigegeben werden, entweder vom Prozeß selbst oder einem Betriebsmittelverwalter. Die Anzahl der verfügbaren Betriebsmittel wird in dem Moment also *größer*, eine Verklemmung kann also aufgelöst werden. Vollkommen entgegengesetzt ist die Situation bei verbrauchbaren Betriebsmitteln. Mit dem Terminieren eines Prozesses fehlt unter Umständen ein potentieller Produzent dieser Betriebsmittel. Das Terminieren eines Prozesses kann also zu einer Verklemmung führen, falls zu diesem Prozeß eine Kante führt und eine Teilmenge des Graphen ohne diese Kante zum Knoten wird. Die Verklemmung ist in einem solchen Fall schon vorher eingetreten. Sie kann nur nicht erkannt werden, weil der noch nicht beendete Prozeß in der Lage wäre, ein Betriebsmittel zur Auflösung zu erzeugen

Es zeigt sich hier eines der Probleme bei der Verklemmungserkennung, wenn verbrauchbare Betriebsmittel im Spiel sind. Eine Prozeßmenge kann nicht als verklemmt erkannt werden, solange noch ein potentieller Produzent eines fehlenden Betriebmittels nicht blockiert ist. Im den meisten Fällen wird sich bis zu dessen Terminierung nicht feststellen lassen, ob er noch ein Exemplar erzeugt. Um dies zu erkennen, müßte man den weiteren

Programmablauf vorhersagen können. Dies entspräche jedoch einer Lösung des Halteproblems und ist daher nicht möglich.

4.2.3 Ein einfaches Beispiel

Um die generelle Vorgehensweise und die verwendete Notation zu zeigen, soll mit einigen extrem einfachen Beispielen begonnen werden. Sendeoperation seien immer asynchron (ohne Überlauf), Empfangsoperationen immer synchron. Ferner wird in allen Kommunikationsoperationen der Kommunikationspartner immer explizit angegeben. In Abb. 1 sind zwei Beispiele von verklemmten Prozeßmengen angegeben. Wie man am linken Beispiel sieht, reicht für eine Verklemmung eine einelementige Prozeßmenge aus. Ein Prozeß empfängt von sich selbst eine Nachricht, die jedoch erst später abgeschickt wird. Der Zeitpunkt, zu dem die Verklemmung auftritt, ist durch eine waagerechte, gestrichelte Linie gekennzeichnet.

Im rechten Beispiel ist eine eher typische Situation dargestellt. Zwei Prozesse wollen Daten austauschen, rufen jedoch zuerst beide die Empfangsoperation auf, bevor sie senden. Auch hier ließe sich die Verklemmung leicht auflösen, wenn in einem der Prozesse (oder beiden) die Reihenfolge der Sende- und Empfangsoperation vertauscht würde. Der Zyklus wäre damit aufgebrochen. Die waagerechte, gestrichelte Linie stellt wieder den Zeithorizont dar, an dem die Verklemmung auftritt. Der Zeithorizont macht ein Problem der Analyse deutlich. Der vollständige Zyklus geht über den Horizont, das heißt über die aktuelle Zeit hinaus. Ereignisse jenseits des Horizonts sind für die Analyse nicht sichtbar. Sie lassen sich auch nicht vorhersehen, da der Programmcode üblicherweise nicht linear aufgebaut ist, wie es die Abbildungen suggerieren mögen. Es ist im allgemeinen Fall nicht berechenbar, ob eine Kommunikationsoperation, die sich im Programmcode befindet, tatsächlich erreicht wird (Beweis durch Reduktion auf das Halteproblem). Eine Analyse kann daher nur »raten«, welche Kommunikationsoperationen hinter dem Horizont aufgerufen werden.

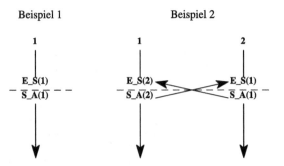

Abb. 4.1: Beispiele für zwei verklemmte Prozeßmengen.

Ein logischer Ansatz ist es, zu jeder im Moment der Analyse blockierenden Operation (z. B. synchrones Empfangen) die Existenz der zugehörigen

Operation (z. B. Sendeoperation) zu postulieren. In den hier betrachteten Fällen mit exakt spezifizierten Sendern und Empfängern ist dies problemlos möglich. Sollte eine solche postulierte Operation nicht aufgerufen werden, liegt zwar keine Verklemmung vor, das Programm könnte allerdings trotzdem nicht terminieren, da die Operation mangels Partner endlos blockieren würde. Die Verklemmung zeigt sich in diesem Fall, sobald der postulierte Sender terminiert.

4.2.4 Empfangsoperation mit unspezifiziertem Sender

Wie schon erwähnt wurde, kann man den Ereignisgraph nur dann aufbauen, wenn man Operationen in der Zukunft blockierter Prozesse spekulativ einsetzt. Im Falle einer blockierenden Empfangsoperation mit spezifiziertem Sender kann eine entsprechende Sendeoperation dort eingesetzt werden. Akzeptiert die Empfangsoperation jedoch Nachrichten von beliebigen anderen Prozessen, so fehlt für die Analyse eine wichtige Information.

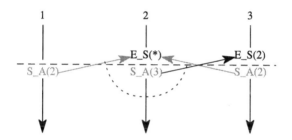

Abb. 4.2: Beispiel für eine möglicherweise verklemmte Prozeßmenge

In Abb. 4.2 ist dargestellt, zu welcher Unsicherheit die fehlende Information führen kann. Prozeß zwei und drei sind beide an einer Empfangsoperation blockiert. Letzterer hat den Sender exakt spezifiziert, so daß die zugehörige Sendeoperation postuliert werden kann. Prozeß zwei verwendet jedoch eine Empfangsoperation ohne einen spezifizierten Sender (hier durch einen Stern gekennzeichnet), so daß sowohl Prozeß eins als auch drei als Sender in Frage kommen[22]. Es ist zum Zeitpunkt des eingezeichneten Zeithorizonts nicht sichtbar, welcher Fall vorliegt. Die Menge der möglichen Sendeoperationen ist grau eingezeichnet, die zugehörigen Nachrichtenpfeile mit einem gestrichelten Bogen verbunden. Ist die Sendeoperation bei Prozeß eins, existiert kein Zyklus. Sendet dagegen Prozeß drei, so existiert zwischen den Prozessen zwei und drei ein Zyklus und damit eine Verklemmung. Da die beiden Versionen für eine Analyse nicht unterscheidbar sind, kann sie auf zwei alternative Arten reagieren:

---

[22] Theoretisch müßte auch noch eine Sendeoperation von Prozeß zwei an sich selbst berücksichtigt werden, dies soll hier (vorerst) ignoriert werden.

1. Es wird eine Verklemmung gemeldet, obwohl sie sich nicht beweisen läßt. Es besteht damit die Gefahr, eine eventuelle Behandlung unbegründet eingeleitet zu haben.

2. Es wird keine Verklemmung gemeldet, da nicht alle Vorbedingungen für einen Beweis erfüllt sind. Eine mögliche vorhandene Verklemmung kann so übersehen werden.

Beide Alternativen haben Vorteile, die sie für verschiedene Einsatzzwecke geeignet erscheinen lassen. Während der Programmentwicklung ist man üblicherweise an detaillierten Fehlermeldungen und Warnungen interessiert, so daß eventuelle »Fehlalarme« eher zu verschmerzen sind als übersehene Fehler. Die erste Vorgehensweise scheint also für diesen Fall angebracht. Anders sieht es aus, wenn ein bereits getestetes und – vermeintlich – fehlerfreies Programm abläuft. Es darf nur dann abgebrochen werden, wenn es sein reguläres Ende nicht mehr erreichen *kann*, hier muß die zweite Alternative gewählt werden. Besser ist es natürlich, wenn diese unklaren Situationen durch möglichst genaue Spezifikation von Sendern gänzlich vermieden werden.

Auch aus programmiertechnischer Sicht ist eine Einschränkung der Sendermenge für eine Empfangsoperation sinnvoll. Annahmen über den richtigen Sender werden automatisch überprüft, so daß Fehler im Programm frühzeitig entdeckt werden. Ansonsten kann es leicht zu Fehlinterpretationen des Nachrichteninhaltes kommen. Die Gefahr von Fehlinterpretationen ist insbesondere groß, wenn Typinformationen nicht zusammen mit der Nachricht übertragen werden. In MPI kann die Einschränkung der Sendermenge zum Beispiel durch die Bildung von Prozeßgruppen mit der Hilfe der sogenannten Kommunikatoren geschehen. Kommunikation kann dann (zumindest mit den üblichen Operationen) nur innerhalb einer Gruppe stattfinden, was bei geschickter Ausnutzung die Anzahl der zu betrachtenden Prozesse drastisch reduziert.

Sendeaufrufe ohne spezifizierten Empfänger sind zwar denkbar, allerdings in Bibliotheken wie MPI nicht realisiert. Sie lassen sich leicht realisieren, wenn explizite Kommunikationsobjekte oder Ausgangstore an Prozessen existieren. Sie eignen sich für Anwendungen, in denen ein Prozeß Arbeit an mehrere Prozesse verteilt. Jeder unbeschäftigte Prozeß kann sich dabei den nächsten Auftrag auf einem zentralen Auftragskanal abholen (*Master-Worker*-Modell). Bezüglich der Verklemmungserkennung ist dies vollkommen unkritisch, solange die Empfänger den Sender spezifizieren, da es vollkommen gleichgültig ist, ob die spezifizierte Sendeoperation an einen bestimmten Empfänger oder allgemein ausgerichtet ist. Die Situation ändert sich allerdings, wenn auch gegen die Datenflußrichtung eine Synchronisation erfolgt (synchrones Senden).

4.2.5 Algorithmen zur Verklemmungserkennung

Ein Algorithmus zur Erkennung von Verklemmungen kann in zwei Schritten organisiert werden. Im ersten Schritt wird der Wartegraph erzeugt, im zweiten Schritt wird darin ein Zyklus gesucht. Im ersten Schritt startet man sinnvollerweise mit den blockierten Prozessen und erzeugt für jede der blockierenden Operationen – bisher nur synchrone Empfangsoperationen – einen Knoten. Steht der zugehörige Sender fest, kann im Senderprozeß der entsprechende Sendeaufruf als Knoten eingesetzt werden. Ist der entsprechende Prozeß blockiert, so muß von der blockierten Operation zur postulierten Sendeoperation zusätzlich eine Kante eingefügt werden. Müssen mehrere Sendeoperationen für einen Prozeß eingetragen werden, so werden sie alle mit einer Kante vom letzten Ereignis des Prozesses verbunden. Die zeitliche Reihenfolge zwischen den Operationen bleibt damit offen. Wird eine Sendeoperation bei einem laufenden Prozeß eingetragen, so muß mit der ersten einzutragenden Operation ein zusätzlicher Knoten erzeugt werden, der den momentanen Prozeßzustand repräsentiert. Von diesem geht dann eine Kante zu jeder postulierten Sendeoperation.

Je nachdem, ob man auch mögliche oder nur beweisbare Verklemmungen gemeldet bekommen möchte, unterscheidet sich das weitere Vorgehen. Im ersten Fall reicht es aus, eine Untersuchung des Graphen auf Zyklen durchzuführen. Findet man einen Zyklus, so liegt möglicherweise eine Verklemmung vor. Der Aufwand dafür beträgt $O(|V| + |E|)$, sofern alle Daten auf einem Prozessor vorliegen (Zyklensuche in einem gerichteten Graph, $|V|$ ist die Anzahl der Knoten, $|E|$ die Anzahl der Kanten). Der zweite Fall kann wesentlich schwieriger zu lösen sein, wenn viele Empfangsoperationen ohne spezifizierten Empfänger beteiligt sind. Gibt es keine dieser Empfangsoperationen, so handelt es sich um das gleiche Problem wie im ersten Fall.

Bei Empfangsoperationen ohne spezifizierten Sender liegt nur dann mit Sicherheit eine Verklemmung vor, wenn über jede der Kanten, die von den Sendern kommen, ein Zyklus im Graph läuft. Daraus folgt, daß bei einer Empfangsoperation mit potentiellen Sendern verschiedene Graphen auf Zyklen untersucht werden müssen. Unglücklicherweise multipliziert sich dieser Aufwand bei mehreren solcher Operationen, so daß bei m Operationen insgesamt $O(n^m)$ Kombinationen entstehen. Offensichtlich kann man nicht alle Kombinationen untersuchen, der Aufwand wäre viel zu hoch. Daher muß man nach Vereinfachungen suchen. Bevor ein Algorithmus direkt auf das Problem angewendet wird, bietet es sich an, das Problem in einem Vorverarbeitungsschritt zu verkleinern. Alle Prozesse, die zum Untersuchungszeitpunkt nicht blockiert sind, können nicht an einer Verklemmung beteiligt sein. Alle zugehörigen Knoten können daher aus dem Graph entfernt werden. Weiterhin können alle Prozesse (rekursiv) aus dem Graph entfernt werden, die auf andere, nicht blockierte Prozesse warten. Diese Vorgehensweise entspricht dem Entfernen aller Quellen aus dem Graph. Analog dazu können auch alle Senken entfernt werden, da durch sie offensichtlich kein Zyklus laufen kann, auch wenn sie von einer Verklemmung betroffen sein können. Nach diesen beiden Schritten verbleiben nur noch Knoten im Graph (bzw. der Menge von Graphen), die mindestens eine eingehende und eine ausgehende Kante besitzen. Haben sie nur eingehende oder ausgehende Kanten, so sind sie Senke oder Quelle und wären im vorigen Schritt entfernt worden.

Es bleibt nun noch zu untersuchen, ob in der Menge der Graphen – beziehungsweise einem daraus gebildeten »Vereinigungsgraphen« – alle

Graphen einen Zyklus enthalten. Im Falle des »Vereinigungsgraphen« lautet die Frage: Existiert zu jeder Kombination von Kanten der unspezifizierten Empfangsoperationen ein Zyklus? Dieses schwierig erscheinende Problem läßt sich erstaunlich einfach lösen, wenn man vom »Vereinigungsgraph« ausgeht. Enthält der Graph mindestens einen Knoten, so enthält er auch mindestens einen Zyklus. Das heißt, wenn nach den Reduktionen des Graphen ein oder mehrere Knoten übrig bleiben, liegt eine Verklemmung vor.

Die Existenz eines Zyklus läßt sich einfach konstruktiv beweisen. Man starte an einem beliebigen Knoten des Graphen. Durch die Reduktion ist garantiert, daß dieser Knoten – wie jeder andere – mindestens eine eingehende und eine ausgehende Kante besitzt. Dies gilt für eingehende Kanten auch dann noch, wenn man von dem Büschel eingehender Kanten von Empfangsoperationen mit unspezifizierten Sendern eine beliebige Kante des nicht reduzierten Graphen auswählt. Würde diese Kante im reduzierten Graphen fehlen, wäre auch der zugehörige Knoten entfernt worden. Es kann allerdings passieren, daß für eine bestimmte Kombination der wählbaren Kanten ein Knoten keine ausgehende Kante mehr besitzt, er also in für diese Kombination nicht mehr an einer Verklemmung beteiligt sein kann, sondern höchstens Opfer einer Verklemmung ist. Die Existenz eines Zyklus läßt sich trotzdem beweisen, wenn man rückwärts vorgeht. Da jeder Knoten mindestens eine eingehende Kante hat, kann man immer einen Vorgängerknoten angeben. Da der Graph nur endlich viele Knoten enthält, kommt man nach einer endlichen Zahl von Vorgängern wieder beim Ausgangsknoten an. Wie schon erwähnt, ist dies für jede Auswahl von Kanten möglich, das heißt, daß für jede der Kombinationen ein Zyklus existiert und somit die Prozeßmenge garantiert verklemmt ist. Da die Reduktion des Graphen offensichtlich mit polynomiellem Aufwand durchführbar ist, kann sowohl eine Erkennung vermutlicher als auch sicherer Verklemmungen mit polynomiellem Aufwand durchgeführt werden.

Bisher wurde davon ausgegangen, daß alle Daten zu Beginn der Analyse lokal vorliegen, wovon im allgemeinen nicht ausgegangen werden kann. Es bleibt daher noch zu klären, wie man das Problem angeht, wenn die Daten nur verteilt vorliegen. Eine einfache Lösung besteht darin, sämtliche lokale Wartegraphen an einen zentralen Knoten zu schicken und den beschriebenen Algorithmus dort ablaufen zu lassen. Das Verfahren hat einen Nachteil, der durch die Nachrichtenlaufzeiten und die damit verbundene nicht konsistente Sicht auf das System ausgelöst wird. Es kann unter Umständen sogenannte *Phantomverklemmungen* entdecken, die nicht real existieren und nur durch die inkonsistente Sicht entstanden sind. Auf der anderen Seite ist sichergestellt, daß real existierende Verklemmungen immer entdeckt werden. Dies kann sich zwar durch die inkonsistente Sicht höchstens verzögern.

Als Alternative könnte man den Algorithmus auch in eine verteilte Variante umwandeln, analog zu dem in [CMH83] beschriebenen Verfahren. Es stellt sich jedoch die Frage, ob sich der Aufwand lohnt. Die Verklemmungserkennung muß nur dann aktiviert werden, wenn der Verdacht auf eine Verklemmung besteht. Offensichtlich gilt dies nur, wenn ein oder mehrere Prozesse für längere Zeit blockiert sind. Selbst wenn ein verteilter

Algorithmus die Verklemmung schneller erkennt, dürfte der zusätzliche Aufwand für seine Entwicklung nicht lohnen.

4.2.6 Zusammenfassung

Es sind zwar nun Lösungsmöglichkeiten zur Verklemmungsentdeckung gezeigt worden, leider sind sie jedoch in mehreren Punkten unbefriedigend. So lassen sich zwar einige Verklemmungen entdecken, viele werden aber unentdeckt bleiben, weil den Algorithmen Informationen darüber fehlen, welcher Prozeß in der Zukunft welche Nachrichten senden wird. Als Folge davon kann dann nur noch eine banale Aussage gemacht werden. Solange noch mindestens ein Prozeß läuft, könnte er alle »rettenden« Nachrichten versenden, so daß keine Verklemmung diagnostiziert werden kann. Sind schließlich alle Prozesse durch Bedingungen blockiert, die nur durch andere Prozesse aufgelöst werden können (d. h. nicht an externen Ereignissen, wie einer Festplattenoperation), so liegt offensichtlich eine Verklemmung vor, für deren Entdeckung man keinen komplizierten Algorithmus benötigt.

Selbst wenn man eine Verklemmung entdeckt hat, bleibt die Frage nach der angemessenen Reaktion. Einen der Prozesse im Wartezyklus zu beenden dürfte in den meisten Fällen nicht sinnvoll sein. Liegt er in einem Nachrichtenzyklus, werden auch die auf ihn wartenden Prozesse nicht deblockiert, so daß alle Prozesse in diesem Zyklus zu beenden sind. Auch im Falle eines an Betriebsmitteln gebildeten Zyklus ist die Auflösung des Zyklus durch Beendigung eines Prozesses oft nicht hilfreich. Ist er Teil einer parallelen Anwendung, die nicht fehlertolerant programmiert ist, scheitert durch seine Beendigung die gesamte Anwendung. Auch die Terminierung scheinbar »unabhängiger« Prozesse ist problematisch: Oft läßt sich nicht erkennen, ob ein Prozeß Dienstgeber für andere ist. Stoppt man versehentlich einen wichtigen Dienstgeber, kann das gesamte System unter Umständen nicht mehr weiterarbeiten.

4.3 Vorbeugung und Vermeidung

Betrachtet man die Probleme bei der Erkennung von Verklemmungen und der darauf möglichen Reaktionen, so kann man nur zu dem Schluß kommen, daß man das Problem vorausschauender betrachten sollte. Treten keine Verklemmungen mehr auf, so muß man sie weder erkennen noch auf sie reagieren. In der Betriebssystemliteratur sind diverse – mehr oder weniger praktikable – Verfahren beschrieben, die Verklemmungen überhaupt nicht entstehen lassen[AST87, BSB90, HTF83]. Auch hier gilt wieder die Einschränkung, daß üblicherweise nur wiederverwendbare Betriebsmittel betrachtet werden, verbrauchbare Betriebsmittel wie Nachrichten werden nicht berücksichtigt. Es lassen sich zwei generelle Strategien unterscheiden, die *Vorbeugung* und die *Vermeidung*.

4.3.1 Vorbeugung

Vorbeugemaßnahmen gegen Verklemmungssituationen setzen meistens an der gleichen Stelle an, nämlich dem Verhindern einer zyklischen Wartebedingung. Es existieren mehrere von der Struktur her einfache Strategien, die dies garantieren. Ihr großer Nachteil besteht darin, daß sie starke Einschränkungen für die dynamische Betriebsmittelverwaltung mitbringen, so daß sie in der Praxis meistens nicht einsetzbar sind.

Die Verfahren zur Vorbeugung basieren praktisch immer darauf, die zu vergebenen Ressourcen zu sortieren. Lassen sich die Ressourcen sortieren, so ist keine Verklemmung mehr möglich, da ein Zyklus im Wartegraph ausgeschlossen ist. Verklemmungen kann daher vorgebeugt werden, wenn man bei jeder blockierenden Aktion nur auf ein Betriebsmittel wartet, daß eine höhere Nummer als alle Betriebsmittel besitzt, die man bereits belegt hat.

Was für Einschränkungen folgen aus dieser Bedingung? Alle Betriebsmittel, bei deren Anforderung es zum Blockieren kommen kann, müssen in einer festen Reihenfolge sortiert werden. Dies gilt nicht nur für physikalische Betriebsmittel (z. B. Drucker, Festplattenlaufwerk) sondern auch für logische Betriebsmittel (z. B. Dateien). Es ist offensichtlich, daß eine sinnvolle, den Ansprüchen aller Nutzer genügende Sortierung der Betriebsmittel im allgemeinen Fall schwierig bis unmöglich ist. Dies heißt allerdings, daß in Spezialfällen möglicherweise eine Sortierung gefunden werden kann. Je genauer die an das System gestellten Anforderungen bekannt sind, desto eher läßt sich eine Sortierung finden. Oft ist es auch hilfreich, diese nur in einem Teilbereich vorzunehmen. Zumindest in diesem Bereich lassen sich dann Verklemmungen ausschließen.

Die Sortierung von wiederverwendbaren Betriebsmitteln ist jedoch hier nur am Rand interessant. Im Zusammenhang mit Kommunikation ist es wichtiger, die Behandlung von verbrauchbaren Betriebsmitteln wie Nachrichten und Signalen zu betrachten. Läßt sich hier durch Sortierung auch eine Verklemmungsfreiheit garantieren? Es ist dazu notwendig, auch die verbrauchbaren Betriebsmittel in die Sortierung aufzunehmen. Erlaubt man auch dann nur ein Warten auf Betriebsmittel mit höherer Nummer als das Maximum aller Betriebsmittel, die man belegt hat, so ist die Zyklenfreiheit sichergestellt. Das Problem ist hier allerdings, daß jeder Prozeß, der ein bestimmtes Betriebsmittel erzeugen kann, auch als Besitzer dieses Betriebsmittels aufgefaßt werden muß.

Welche Folgen ergeben sich nun aus dieser Bedingung? Jeder Prozeß darf nur noch auf Nachrichten warten, die von Prozessen verschickt werden, die in der Sortierung vor ihm liegen! Gängige Kommunikationsmuster wie die Beauftragung eines Dienstgebers mit anschließendem Warten auf die Antwort sind damit schon nicht mehr zulässig. Auch sämtliche parallelen Programme, in denen sich Prozesse gegenseitig Nachrichten schicken, sind durch die Bedingung ausgeschlossen. Möglich sind nur noch unidirektionale Kommunikationsmuster wie zum Beispiel das Fließband.

Für die Verklemmungsvorbeugung bei Kommunikation gilt somit eine ähnliche Aussage, wie sie auch für wiederverwendbare Betriebsmittel gültig ist. Für ein vollständiges universelles Betriebssystem ist sie nicht anwendbar. In Spezialfällen, wie eingebetteten Systemen, kann es jedoch trotzdem noch sinnvoll sein. In größeren Systemen, in denen die Bedingung nicht global erfüllt werden kann, ist sie eventuell für Teilsysteme erfüllbar. Damit lassen sich diese Teilsysteme innerhalb einer Verklemmungsanalyse als »Black Box« ansehen, die im Rahmen einer weiteren Untersuchung als verklemmungsfrei betrachtet werden können. So konnte für das Transportsystem von Cosy die Verklemmungsfreiheit nachgewiesen werden (siehe Kapitel 3.3), obwohl dieser Nachweis nicht für alle darüber liegenden Schichten möglich ist.

4.3.2 Vermeidung

Wenn es schon nicht möglich ist, während des Systementwurfs Verklemmungen auszuschließen, so kann man immer noch versuchen, Verklemmungen zur Laufzeit zu vermeiden. Die wohl bekannteste Strategie dazu ist der sogenannte *Banker-Algorithm*us, der unter anderem auch in [AST87] vorgestellt ist. Um den Algorithmus zur verklemmungsfreien Verwaltung von Betriebsmitteln einsetzen zu können, benötigt man für alle Prozesse die Information, wieviel Exemplare sie von jedem Betriebsmittel maximal nutzen. Der Algorithmus beeinflußt die Vergabe, in dem er Belegungen verzögert (Prozesse blockiert), obwohl Betriebsmittel prinzipiell frei sind. Dabei wird so vorgegangen, daß auch bei Maximalforderungen aller Prozesse immer eine Ablaufreihenfolge der Prozesse ohne Verklemmung konstruierbar bleibt. Dies kann im Extremfall dazu führen, daß alle Prozesse sequentiell ausgeführt werden, wodurch Verklemmungen mit Sicherheit ausgeschlossen sind.

In der Blockierung prinzipiell ablauffähiger Prozesse liegt auch der Nachteil des Verfahrens gegenüber einer Verklemmungserkennung. Prinzipiell vorhandene Parallelität wird nicht zugelassen, um zu verhindern, daß das System in unsichere Zustände läuft. Zustände gelten als unsicher, wenn von dort aus durch die Restforderungen der laufenden Prozesse eine Verklemmung ausgelöst werden kann. Weiterhin kann man den Algorithmus nur anwenden, wenn man die Maximalforderungen aller Prozesse kennt. In der Praxis fehlt diese Information oft.

Die Frage ist nun, wie sich der Algorithmus auf verbrauchbare Betriebsmittel erweitern läßt und ob in diesem Zusammenhang noch sinnvolle Aussagen möglich sind. Die Anzahl der verbrauchbaren Betriebsmittel ist im Gegensatz zu denen der wiederverwendbaren nicht fest, sondern kann jederzeit variieren. Die Ausführung des Algorithmus ist dadurch nicht behindert, da er immer von einer aktuell vorliegenden Situation eine Analyse durchführt. Schwerwiegender ist die Tatsache, daß die Maximalforderungen aller Prozesse bekannt sein müssen. Das heißt, daß die Anzahl der

Nachrichten, die ein Prozeß während seiner Lebenszeit empfangen kann, nach oben beschränkt sein muß. Für Prozesse mit Schleifen ist dies eine nicht sehr realitätsnahe Einschränkung. Auch eine andere wesentliche Annahme läßt sich nicht auf verbrauchbare Betriebsmittel übertragen. Sie zeichnen sich dadurch aus, daß sie nicht mit dem Terminieren eines Prozesses automatisch freigegeben werden, da sie mit Zuordnung (Empfangen) vollständig aus dem System verschwinden. Zusammenfassend läßt sich daher sagen, daß eine Verklemmungsvermeidung mit dem Banker-Algorithmus für verbrauchbare Betriebsmittel in der Praxis nicht möglich ist.

5 Protokolle

Die meisten Parallelrechner realisieren einen großen Teil der zur Kommunikation notwendigen Infrastruktur in Hardware. In der Klassifikation des ISO/OSI-Modells geht dies üblicherweise bis zur Netzwerkschicht. Die Wahrscheinlichkeit für Paketverluste in der Netzwerkschicht ist meistens ähnlich gering wie die von Fehlern beim Hauptspeicherzugriff. Daher wird üblicherweise von der Annahme ausgegangen, daß sie fehlerfrei arbeitet. Auch Knotenausfälle werden als seltenes Ereignis betrachtet. Dies erlaubt es, bei einem Knotenausfall den gesamten Parallelrechner anzuhalten, zu rekonfigurieren und ohne den defekten Knoten neu zu starten. Im Gegensatz zu verteilten Systemen kann so bei Parallelrechnern auf viele Maßnahmen verzichtet werden, die ansonsten aus Gründen der Fehlertoleranz vorhanden sein müssen.

Die Software oberhalb der Netzwerkschicht, in erster Linie die Transportschicht, kann also davon ausgehen, daß Fehler in unteren Schichten sehr selten vorkommen. Es reicht daher aus, wenn sie diese Fehler erkennen kann, um den Rechner kontrolliert zu stoppen. Auf eine Fehlerbehebung kann verzichtet werden. An der Schnittstelle zu höheren Schichten greifen Teile des Betriebssystems und eventuell Anwendungen auf die Transportschicht zu. Insbesondere bei Anwendungen kann man nicht davon ausgehen, daß sie die Schnittstelle fehlerfrei nutzen. Diese Schnittstelle muß daher gegen Fehlbenutzung gesichert werden.

Neben Absicherung gegen Fehlbenutzung existieren weitere Verantwortlichkeiten der Transportschicht. Die Nutzung der Netzwerkschicht muß unter Beachtung der von ihr vorgegebenen Randbedingungen erfolgen. Dazu gehört es, die Flußkontrollmechanismen der Netzwerkschicht zu beachten. Wenn auf der Zielseite Pakete von der Transportschicht nicht abgenommen werden, baut sich schnell ein Stau bis zum Absenderknoten auf. Macht der Absenderknoten die Annahme eines neuen Paketes von der Netzwerkschicht davon abhängig, daß er ein anderes Paket an sie geben kann, bildet sich schnell eine verteilte Verklemmung (siehe Abb. 5.1).

Eine wesentliche Aufgabe der Transportschicht ist die Schaffung von logischen Kommunikationsendpunkten. Die Netzwerkschicht erlaubt nur die Adressierung von Knoten, nicht aber von Prozessen, Kanälen oder Toren. Je nach System können Kommunikationsendpunkte statisch angelegt oder dynamisch erzeugbar sein. Die Transportschicht sollte für allgemein verwendbare Parallelrechner mehr als einen Transportendpunkt pro Knoten verwalten können. Auf der Basis eines Netzzugangspunktes müssen daher mehrere Transportzugangspunkte geschaffen werden. Dies wird sowohl für verbindungslose als auch verbindungsorientierte Kommunikation benötigt. Die Transportendpunkte müssen logisch so weit voneinander getrennt werden, daß Nachrichten über verschiedene Endpunkte sich nicht gegenseitig beeinflussen. Auch wenn an einem Endpunkt die Nachrichten

nicht abgeholt werden, dürfen durch den Rückstau an den anderen End-
punkten keine Nachrichten blockiert werden. Kann man dies nicht gewähr-
leisten, wären Verklemmungen vorprogrammiert.

Wenn – zeitlich begrenzt – nicht auslieferbare Nachrichten zwischengespeichert werden müssen und der dazu verfügbare Speicherplatz begrenzt
ist, kommt der Flußkontrolle eine besondere Bedeutung zu. Sie kann nicht
auf die Netzwerkschicht abgewälzt werden, da diese nicht zwischen den
Transportendpunkten unterscheiden kann. Das Problem der Flußkontrolle
ist also in der Transportschicht zu lösen. Damit eng verbunden ist die Pufferverwaltung. Das Verhältnis von Übertragungsrate und Hauptspeichergröße erlaubt bei den meisten Parallelrechnern die Übertragung des Spei-
cherinhaltes eines Knotens in wenigen Sekunden. Versucht man, eingehende Nachrichten, die noch nicht abgeholt wurden, unbegrenzt zu puffern, so
ist der Speicher unter Umständen in wenigen Sekunden komplett für Puf-
ferzwecke verwendet.

5.1 Übersicht verschiedener Protokolle

Je nach Problemstellung können unterschiedliche Protokolle sinnvoll sein.
Es erfolgt daher zuerst ein Überblick über diverse Protokolle, bevor einige
davon detaillierter untersucht und vorgestellt werden.

Kommunikation kann sowohl *verbindungslos* als auch *verbindungsorientiert*
stattfinden. Es kann durchaus sinnvoll sein, beide Varianten in einem Parallelrechner anzubieten. Kurze Interaktion mit einem Server ist effizienter,
wenn nicht vorher extra eine Verbindung aufgebaut werden muß. Länger-
fristige Zusammenarbeit zwischen Teilen eines parallelen Programmes
rechtfertigt dagegen den Aufbau einer Verbindung. Insbesondere in hochparallelen Programmen muß allerdings beachtet werden, daß eine vollständige Verbindung zwischen allen Teilen eines Programmes eine quadratische Anzahl von Verbindungen erzeugt.

Ein weiterer Parameter, nach dem man Protokolle klassifizieren, kann ist
die Anzahl der Kommunikationspartner auf Sender- und Empfängerseite.
Es kann sich jeweils um einzelne Prozesse oder Gruppen von Prozessen
handeln. Zwar läßt sich der erste Fall (Einzel-Kommunikation) als Spezialfall des zweiten (Gruppen-Kommunikation) mit einelementigen Gruppen
betrachten, jedoch ist eine getrennte Implementierung aus Effizienzgründen sinnvoll.

5.2 Verbindungslose Protokolle

Wenn zwei Prozesse nur sporadisch Nachrichten austauschen, sei es, weil
sie *absolut* gesehen selten kommunizieren (in großen Zeitabständen) oder
weil sie *relativ* gesehen selten kommunizieren (zwischendurch kommunizieren sie viel mit anderen Prozessen), lohnt es sich nicht, für diese

Kommunikation eine Verbindung aufzubauen. Für diese Fälle kann man auf verbindungslose Protokolle zurückgreifen.

Ein wesentlicher Vorteil von verbindungslosen Protokollen ist ihr einfacher Aufbau. Da sie nichts von (potentiellen) Kommunikationspartnern »wissen«, müssen sie auch keine Zustandsinformationen über sie verwalten. Die fehlenden Zustandsdaten haben leider auch zur Folge, daß einige Optimierungen nicht möglich sind. Es kann auf der Sendeseite auch nicht überprüft werden, ob der adressierte Transportendpunkt auf der Zielseite überhaupt existiert. Soll eine diesbezügliche Fehlermeldung auf dem Absenderknoten erfolgen, so sind dafür mindestens zwei Protokollschritte notwendig (hin und zurück).

Soll der Status der Sendeoperation als Funktionsergebnis zurückgegeben werden, so muß der Absender für die Zeit der zwei Protokollschritte blockiert werden. Ist man nicht bereit, diese die Parallelität einschränkende Blockierung in Kauf zu nehmen, so bleibt nur eine asynchrone Fehlerbenachrichtigung oder spätere Abfrage des Fehlerstatus als Ausweg.

5.2.1 Quittungsloses Protokoll

Das denkbar einfachste Protokoll erhält man, wenn für jede Nachricht genau ein Paket verschickt wird, das die Nachricht und die Protokolldaten enthält. Als absolutes Minimum kann hier die Adresse (Kanal, Prozeß, etc.) auf dem Zielknoten gelten. Offensichtlich kann es kein Protokoll geben, das mit weniger Paketen auskommt, es eignet sich daher gut für Vergleiche mit aufwendigeren Protokollen.

Bei Verwendung dieses Protokolls findet auf der Transportschicht keinerlei Flußkontrolle statt. Diese wird komplett auf die Netzwerkschicht abgewälzt. Wenn der Empfänger die Nachrichten in der gleichen Rate abholt, wie sie bei ihm ankommen, entsteht daraus kein Problem. Kann er die Rate jedoch nicht einhalten, stauen sich die Pakete auf dem Zielknoten, ohne daß dies auf dem Quellknoten bekannt ist. Werden keine Gegenmaßnahmen ergriffen, wird sämtlicher verfügbarer Pufferplatz nach kurzer Zeit verbraucht sein. Werden die Puffer dynamisch angefordert, wird der gesamte verfügbare Speicher für die Puffer verbraucht.

Als Reaktion auf diese Situation bieten sich die folgenden Alternativen an: Entweder man verwirft Nachrichten oder man nimmt keine weiteren Pakete von der Netzwerkschicht mehr an, so daß auf dieser Ebene eine Flußkontrolle aktiv wird. Beide Reaktionen sind für die beteiligten Anwendungen nicht ohne Folgen. Die zweite beeinflußt unter Umständen sogar andere Anwendungen, die davon unberührt bleiben sollten.

Verworfene Nachrichten bedeuten für die Anwendung, daß sie sich mit einem unzuverlässigen Netzwerk konfrontiert sieht. Daher muß sie ein eigenes Protokoll einsetzen, daß für eine zuverlässige Kommunikation sorgt. Dies ist in den meisten Fällen unerwünscht, da es eigentlich primär die Aufgabe des Betriebssystems sein soll, für zuverlässige Kommunikation zu

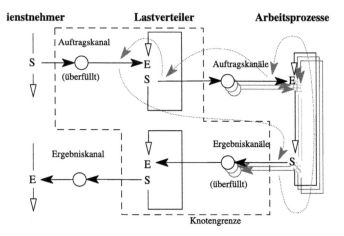

ienstnehmer   **Lastverteiler**   **Arbeitsprozesse**

Knotengrenze

Abb. 5.1: Beispiel einer Kommunikationstrcuktur, die eine unerwartete Verklemmung zur Folge hat. Die beiden Prozesse des Lastverteilers – der als Fließband realisiert ist – müssen auf dem selben Knoten laufen. Die grauen Pfeile zeigen die zyklische Wartebedingung, die durch den überfüllten Auftragskanal beim Lastverteiler ausgelöst wird.

sorgen. Trotzdem kann es nützlich sein, dieses unzuverlässige Protokoll auf Anwendungsebene anzubieten. Nachrichten müssen nur dann verworfen werden, wenn der Kanal auf dem Zielknoten überläuft. In einigen Situationen läßt sich dieser Fall durch die Kommunikationsstruktur der Anwendung ausschließen. Unter diesen Umständen bietet das quittungslose Protokoll die größtmögliche Effizinz.

Die andere Alternative, bei vollen Netzwerkpuffern keine Pakete aus dem Netz mehr anzunehmen und die dortige Flußkontrolle aktiv werden zu lassen, hat Auswirkungen auf andere, eigentlich unbeteiligte Kommunikationspartner. Nimmt ein Knoten keine Pakete mehr aus dem Netz, so sind alle dort endenden Kommunikationsverbindungen nicht mehr erreichbar. Baut sich der Rückstau im Netz weiter auf, trifft dies – nach und nach – auch auf die Nachbarknoten zu. Als Folge daraus können sich schnell Verklemmungen bilden, wie in Abb. 5.1 gezeigt ist.

Die Ursache für die Verklemmung besteht in einer zeitlichen Abhängigkeit zwischen einer Sende- und einer Empfangsoperation, mit der die Anwendung so nicht rechnen kann. Treffen die Aufträge beim zentralen Lastverteilungsprozeß schneller ein, als sie von den Arbeitsprozessen erledigt werden können, stauen sich diese im Eingangskanal. Der Rückstau an dem Kanal wird auf die Netzwerkschicht abgewälzt, woraufhin keine Pakete an dem mittleren Knoten ausgeliefert werden. Davon sind auch die Fertigmeldungen von den Arbeitsprozessen betroffen, die so ihre Ergebnisse nicht abliefern können und auch keine neue Arbeit mehr erhalten. An dieser Stelle schließt sich der Kreis. Alle Bedingungen für eine klassische

Verklemmung sind erfüllt, allerdings ohne einen direkten Fehler in der Anwendung, sondern durch die Überlast im Auftragskanal der Anwendung.

Der hier gezeigte Fall ist ein einfaches, relativ leicht überschaubares Beispiel. Es sind durchaus ähnlichen Szenarien denkbar, bei denen sich die zyklische Wartebedingung über mehrere, voneinander unabhängige Anwendungen hinweg erstreckt. Eine Diagnose ist dann nur sehr schwer durchzuführen. Sie wird unter anderem dadurch erschwert, daß sich einige Knoten wegen des Rückstaus im Netz überhaupt nicht mehr erreichen lassen. Eine Abwälzung des Flußkontrollproblems in Kommunikationskanälen auf die Netzwerkschicht dürfte damit in den meisten Systemen keine sinnvolle Option sein.

5.2.2 Einfache Quittung

Eine naheliegende Erweiterung des quittungslosen Betriebs besteht darin, für jede Nachricht ein Paket mit der Nachricht (plus Verwaltunginformation) sowie ein Paket mit Quittung zu verschicken. Die Anzahl der für die Kommunikation notwendigen Pakete hat sich damit zwar verdoppelt, es ergeben sich jedoch Möglichkeiten zum Abfangen von Fehlern und zur Flußkontrolle auf Transportschichtebene. Die Festlegung auf ein Quittungspaket pro Nachricht läßt noch einigen Spielraum für Varianten offen, unter anderem den Zeitpunkt, zu dem die Quittung verschickt wird und die Reaktion auf das Eintreffen der Quittung beim Absender der Nachricht. Der Zeitpunkt, zu dem sinnvollerweise die Quittung an den Absender abgeschickt wird, hängt davon ab, welche Informationen man mit ihr übertragen will. Enthält sie nur die Statusmeldung über die Korrektheit der Zieladresse, spielt der Zeitpunkt praktisch keine Rolle. Soll sie aber noch zur Flußkontrolle eingesetzt werden, ist der Zeitpunkt wesentlich.

Sobald die Transportschicht auf der Empfängerseite ein Paket mit der Nachricht angenommen hat, kann sie das Antwortpaket abschicken. Zu diesem Zeitpunkt ist es bereits möglich, die Gültigkeit der Empfängeradresse zu prüfen und die Nachricht am Kommunikationsobjekt abzulegen (sofern dort Platz vorhanden ist). Der Absender kann daher aus dem Antwortpaket genau diese Informationen entnehmen. Es ist *nicht* die Information enthalten, daß auch Pufferplatz für weitere Nachrichten vorhanden ist. Diese Informationen in das Paket zu kodieren bringt keinen weiteren Gewinn. Wenn auf der Zielseite nicht genügend Platz vorhanden wäre, müßte später, wenn wieder Platz vorhanden ist, ein weiteres Paket verschickt werden. Damit ergibt sich aber wieder ein anderes Protokoll. Es bleibt jedoch die Möglichkeit, das Antwortpaket selbst zu verzögern, bis auf der Zielseite Platz für ein neues Paket vorhanden ist. Gibt es zu dem empfangenden Prozeß nur einen sendenden Prozeß, so ist das Protokoll äquivalent zu einem Protokoll mit gleitendem Fenster der Größe eins.

Der Hauptvorteil dieses Protokolls ist seine Einfachheit. Es muß kein Zustand für eine Verbindung gehalten werden. Zum Versand einer Nachricht muß nur ein Paket verschickt und auf die Antwort gewartet werden. Die Empfängerseite ist ähnlich einfach aufgebaut. Zustandsinformationen werden nur solange benötigt, bis das Antwortpaket verschickt ist. Die fehlende Zustandsinformation bringt jedoch auch Nachteile mit sich. Auf der Empfangsseite muß initial genügend Pufferplatz vorhanden sein, um von *jedem* potentiellen Sender ein Paket entgegennehmen zu können. Dies ist erforderlich, da die Flußkontrolle erst *nach* dem Empfang eines Paketes greift. Gibt es pro Knoten genau einen Sender (ein Prozeß pro Knoten), so ist diese Zahl noch überschaubar. Bei mehreren – potentiell nicht begrenzten – Sendern pro Knoten ist jedoch ein erheblicher – eventuell nicht einmal bekannter – Bedarf an Pufferplatz bei den Empfängern vorhanden. Ein weiterer Nachteil ist die fehlende Parallelität in der Übertragung, wenn ein Sender mehrere Nachrichten verschicken will. Sie ist weder möglich, wenn mehrere Nachrichten an den gleichen Empfänger gehen, noch wenn sie an verschiedene Empfänger gehen. Die damit erreichbare Auslastung des Netzes ist gering, die resultierenden Leistungsdaten (Durchsatz und Latenzzeit) schlecht.

5.2.3 Drei-Wege-Protokoll

Da die genannten Nachteile des Protokolls mit einfacher Quittung offensichtlich sind, wird es in der Praxis selten eingesetzt. Das nun vorgestellte *Drei-Wege-Protokoll* dagegen findet sich in diversen Parallelrechnerbetriebssystemen und Kommunikationsbibliotheken, obwohl es auch einige gravierende Nachteile besitzt. Von diesem Protokoll existieren zwei Varianten, eine optimistische und eine pessimistische. Die Bezeichnung bezieht sich auf die Annahme, ob auf der Zielseite genügend Pufferplatz vorhanden ist.

Die optimistische Variante gleicht dem Verfahren der einfachen Quittung. Im ersten Paket befinden sich die Nachricht und Kontrollinformationen. Kann die Nachricht auf der Zielseite gepuffert werden, wird sofort eine Quittung zurückgeschickt, unabhängig davon, ob noch Platz für eine weitere Nachricht vorhanden ist. Dieser Optimismus kann natürlich überzogen sein, so daß beim Eintreffen eines Pakets mit einer Nachricht *nicht* mehr genügend Pufferplatz vorhanden ist. Dies führt dann dazu, daß von einem ankommenden Paket der Nuztdatenanteil verworfen werden muß und nur die Verwaltungsinformation gespeichert wird. Falls dann auf der Zielseite genügend Pufferplatz frei geworden ist, sendet sie ein Anforderungspaket zurück zur Quellseite, die daraufhin die Nachricht nochmals schickt. Im günstigen Fall werden also zwei Pakete benötigt, im ungünstigen drei, allerdings mit der vollen Nachricht in zwei von ihnen. Der sendende Knoten muß auf jeden Fall eine Kopie der Nachricht behalten, bis er ein Antwortpaket vom Empfänger erhält. Dies ist dann entweder die Bestätigung für eine erfolgreich gepufferte Nachricht oder die Aufforderung, die Nachricht nochmals zu schicken.

Bei der pessimistischen Variante – die recht weit verbreitet ist – wird zuerst ein Paket geschickt, in dem nur die Nachricht angekündigt wird. Der Empfänger antwortet auf dieses Paket erst dann, wenn der Pufferplatz für die Nachricht verfügbar ist. Nachdem der Sender diese Garantie erhalten hat, schickt er das zweite Paket mit der Nachricht an den Empfänger.

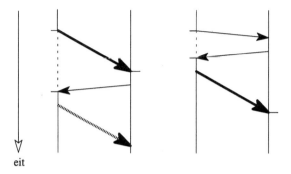

eit

Abb. 5.2: Drei-Wege-Protokoll, optimistische (links) und pessimistische (rechts)
Variante. Der gestrichelte Teil auf der Zeitachse zeigt, wie lange der sendende
Prozeß blockiert ist.

Die optimistische und pessimistische Variante zeichnen sich beide durch
ihren relativ einfachen Aufbau aus, was wohl zu der weiten Verbreitung in
Parallelrechnern geführt hat. Sie haben leider Schwächen, die sie in vielen
Fällen als ungeeignet erscheinen lassen. Bevor aber der Vergleich mit gänzlich anderen Protokollen folgt, werden sie hier zuerst untereinander verglichen. Die optimistische Variante scheint – sofern man genügend Pufferplatz voraussetzt – immer die bessere zu sein, da sie mit weniger Nachrichten auskommt. Sie hat außerdem den Vorteil, daß der Nachrichteninhalt im
ersten Paket übertragen wird. Damit kann der Empfänger schon mit dem
Inhalt der Nachricht arbeiten, während sich das Antwortpaket noch auf
dem Rückweg befindet. Die Zeit, die der Sender blockiert ist, fällt dafür län-
ger aus. In der optimistischen Variante muß die Nachricht vollständig übertragen sein, bevor der Empfänger antwortet. In der pessimistischen Variante dagegen müssen nur zwei Kontrollpakete über das Netz laufen, was bei
kurzen Nachrichten deutlich schneller ist. Diese Tatsache stört in zwei Stan-
dardfällen. Erstens bei der Überlappung von Kommunikation und Berechnung, denn hier kann der Sender nicht weiterarbeiten, bis die Sendeoperation abgeschlossen ist. Zweitens bei Kommunikationsmustern, in denen von
einem Sender aus Nachrichten an verschiedene Empfänger geschickt werden: Die Blockierung des Senders bis zur Ankunft des zweiten Paketes
führt zu einer Zwangsequentialisierung der Sendeoperationen, selbst wenn
die Hardware parallele Sendeoperationen erlaubt. Eine quantitative Analyse der Auswirkungen (Simulation, Messungen) folgt später.

5.2.4 Entfernter Prozeduraufruf

In vielen Fällen erweist es sich als nützlich, Funktionen auf einem anderen
Knoten aufrufen zu können. Zu diesem Zweck hat sich der entfernte Prozeduraufruf *remote procedure call* (RPC) etabliert [SMR88]. Beim einfachen RPC
packt man sowohl Informationen über die aufzurufende Funktion (Name,
Zeiger, Zahl) als auch die Parameter zusammen und schickt sie an einen

RPC-Server. Dieser entpackt die Daten, ruft die Funktion lokal auf und schickt die Ergebnisse an den aufrufenden Prozeß zurück.

Beim entfernten Prozeduraufruf handelt es sich eigentlich um ein Protokoll der Anwendungsschicht (Schicht 7). Es gibt trotzdem gute Gründe, es hier zusammen mit den Transportschichtprotokollen zu behandeln. Wenn der Verbund zwischen den Knoten des Parallelrechners auf Kernebene stattfindet, so ist die Transportschicht innerhalb des Kerns zu implementieren. Zusätzlich benötigt man auch einen Fernprozeduraufruf auf der gleichen Ebene, damit entfernte Kernaufrufe durchgeführt werden können. Aus Effizienzgründen kann es daher sinnvoll sein, einige Schichten zu überspringen und den RPC direkt oberhalb der Netzwerkschicht zu realisieren.

Viele Dienste in verteilten Systemen nutzen RPC, wie zum Beispiel NFS (*Network File System*) und NIS (*Network Information Service*). Einer der wesentlichen Gründe für die Verbreitung liegt in der Zustandslosigkeit des Protokolls, wodurch die vier Standardfehlerfälle ohne großen Aufwand abgedeckt sind, wie zum Beispiel Absturz des Clients, Absturz des Servers, Verlust der Auftragsnachricht und Verlust der Antwortnachricht. Erkauft wird die Eigenschaft durch die fehlende Garantie, wie oft ein Funktionsaufruf ausgeführt wird. Als Beispiel läßt sich der Verlust der Antwortnachricht nennen. Der Client schickt dann nach einem Fristablauf den Auftrag erneut ab, wodurch er doppelt ausgeführt wird.

Auf die Fehlertoleranz läßt sich in Parallelrechnern oft verzichten. Das Kommunikationsnetz wird üblicherweise als zuverlässig angesehen, Knotenabstürze werden oft mit Abstürzen des Gesamtsystems gleichgesetzt. Unter diesen Voraussetzungen erhält man ohne Zusatzaufwand einen RPC mit *exactly once* Semantik, das heißt, man kann garantieren, daß die Funktion genau einmal ausgeführt wird.

Im Zusammenhang mit Kommunikation stellt sich die Frage, auf welchen Dienst der RPC abgebildet werden soll. Er läßt sich sowohl auf eines der hier beschriebenen Kommunikationsprotokolle oder direkt auf die Paketschnittstelle abbilden. Der letzte Ansatz ähnelt sehr stark dem Nachrichtenversand mit einfacher Quittung. Das Antwortpaket fällt unter Umständen allerdings größer aus, da neben einem Fehlerstatus auch die Ergebnisse des Prozedur- beziehungsweise Funktionsaufrufes enthalten sind[23].

Der wesentliche Vorteil in der direkten Benutzung der Paketschnittstelle ist die geringe Anzahl durchlaufener Schichten mit der daraus resultierenden höheren Effizienz. Ein entfernter Aufruf erfordert nur die unbedingt notwendigen zwei Pakete. Man erreicht eine minimale Latenzzeit und Belastung des Kommunikationsnetzes. Demgegenüber verliert man Flexibilität. Die aufzurufenden Prozeduren müssen vom Kontext der Transportschicht

---

[23] Nimmt man den Begriff RPC wörtlich, darf es eigentlich keinen Rückgabewert geben. Referenzparameter sind jedoch üblicherweise erlaubt und werden per *copy-in/copy-out* übergeben, was sie transporttechnisch zu Aufruf- und Rückgabewerten macht.

aufrufbar sein. Im üblichen Fall – Transportschicht im Kern – handelt es sich damit um den Kern-Kontext, so daß es nur Kernfunktionen sein können. Der einzige Ausweg besteht darin, Aufrufe aus dem Kern heraus anzubieten.

Eine geschickte Auswahl der Transportprotokolle erlaubt auch für eine Implementierung außerhalb des Kerns eine gute Effizienz. Es läßt sich ausnutzen, daß man das Kommunikationsverhalten im Voraus kennt. Auf eine Auftragsnachricht an den Server folgt genau eine Antwortnachricht. Da man die Anzahl der ausstehenden Antwortnachrichten weiß, ist für sie keine Flußkontrolle notwendig. Es bietet sich daher für Antworten das quittungslose Protokoll an. Für die Auftragsnachricht ist allerdings Flußkontrolle notwendig, da ansonsten der Server überlastet werden kann und Nachrichten bei ihm verloren gehen könnten.

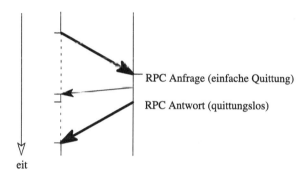

RPC Anfrage (einfache Quittung)

RPC Antwort (quittungslos)

eit

Abb. 5.3: Zeitlicher Ablauf beim Abbilden von RPC auf Nachrichtentransport. Es stört nicht, daß der Client auf die Quittung wartet, da er ansonsten auf die Antwort des RPC warten müßte. Die Antwort des RPC kann quittungslos geschickt werden.

Wählt man für die Auftragsnachricht das Protokoll mit einfacher Quittung und für die Ergebnisnachricht das quittungslose Protokoll, so erhält man einen besonders günstigen zeitlichen Ablauf, wie Abb. 5.3 zeigt. Der RPC-Auftrag wird mit dem Protokoll mit einfacher Quittung übertragen[24]. Das hat zur Folge, daß der Auftraggeber blockiert, bis die Quittung für die Nachricht eingeht. Nachdem diese Quittung eingegangen ist, kehrt der Sendeaufruf zurück. Nun kann der Auftraggeber mit einer synchronen Empfangsoperation auf das Ergebnis des RPC warten, das per quittungslosem Protokoll versandt wird. Hier reicht das quittungslose Protokoll aus, da genau eine Antwort zu erwarten ist, so daß der Pufferplatz garantiert ausreicht. Die erste Blockierung des Auftraggebers verhindert keine Parallelität, da sie vollständig von der zweiten Blockierung überdeckt wird.

---

[24] Alternativ könnte auch das optimistische Drei-Wege-Protokoll eingesetzt werden.

5.3 Verbindungsorientierte Protokolle

Die Diskussion der verbindungslosen Protokolle hat deutlich gemacht, daß fehlende Zustandsinformationen über den Kommunikationspartner keine effiziente Kommunikation zulassen. Wichtig ist insbesondere die Kenntnis des auf der Zielseite verfügbaren Pufferplatzes, damit lokal entschieden werden kann, wieviel Nachrichten beziehungsweise Pakete man verschikken darf, ohne einen Überlauf zu erzeugen. Dazu sind *verbindungsorientierte Protokolle* notwendig, die zu einem entfernten Knoten eine Verbindung aufbauen und mit dieser Informationen über den Knoten assoziieren.

Verbindungsorientierte Protokolle sind in Weitverkehrsnetzen weit verbreitet, am bekanntesten dürfte TCP (*transmission control protocol*) sein, das Standardprotokoll für verbindungsorientierte Internet-Dienste[25]. Neben der Ende-zu-Ende-Flußkontrolle ist hier eine weitere wichtige Aufgabe zu bearbeiten: Die Behandlung von Paketverlust und Paketverfälschung. Von der Grundidee her sind diese Protokolle einer Parallelitätsstruktur ähnlich, dem *Fließband* (*pipeline*). Während eine Aktion (Übertragung einer Nachricht) aktiv ist, können weitere angestoßen werden, bevor die erste abgeschlossen ist (Quittung erhalten). So wie beim Fließband der Parallelitätsgrad wegen endlicher Ressourcen beschränkt werden muß, so ist auch beim verbindungsorientierten Protokoll eine Begrenzung notwendig, damit nicht das Netz oder die Zielseite überlastet werden. Der hierzu verwendete Mechanismus heißt *gleitendes Fenster*.

5.3.1 Gleitendes Fenster für Punkt-zu-Punkt-Verbindungen

Es soll nun mit dem einfachen Fall begonnen werden, einer Verbindung zwischen zwei Knoten (beziehungsweise zwei Prozessen auf zwei Knoten). Im nächsten Kapitel folgt dann die Behandlung von Prozeßgruppen (beziehungsweise Knotengruppen). Nach dem Verbindungsaufbau haben beide Partner die Information darüber, wieviel Pufferplatz auf der gegenüberliegenden Seite zur Verfügung steht. Jeder der beiden Knoten darf nur Nachrichten verschicken, die in dieses *Fenster* noch hineinpassen. Der Empfänger kann das Fenster beim Sender durch ein Kontrollpaket verändern, in dem er seine neue Obergrenze für Nachrichten bekannt gibt. Er darf die Grenze dabei nur nach oben verschieben, da er nicht weiß, wie viele Pakete vom Sender noch im Netzwerk unterwegs sind.

Das Protokoll läßt noch viel Gestaltungsspielraum. Die Größe des Fensters kann sowohl fest als auch variabel sein, der Pufferplatz kann in Nachrichten oder Byte gezählt werden. Weiterhin ist nicht festgelegt, wann der Empfänger Nachrichten zur Veränderung der Fenstergrenze verschickt. Ein Beispielablauf ist in Abb. 5.4 gezeigt.

---

[25] Das verbindungslose Gegenstück ist UDP (*user datagram protocol*).

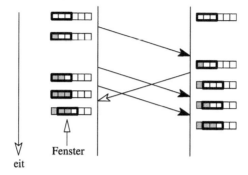

eit

Fenster

Abb. 5.4: Beispiel für das Protokoll mit gleitendem Fenster. Die Stellung des Fensters kann bei Sender und Empfänger durch die Paketlaufzeit variieren.

Welche Varianten des Protokolls sind nun im Zusammenhang mit Parallelrechnern interessant? Betrachtet man TCP genauer, so fällt sofort eine Eigenschaft auf, die man sicherlich nicht in den Parallelrechnerbereich übernehmen möchte. TCP transportiert einen Bytestrom. Das heißt, außer zwischen den Bytes gibt es keine weiteren Nachrichtengrenzen. Schnittstellen wie MPI fordern jedoch die Übertragung von Nachrichten mit variabler Länge. In der Fenstergröße sind daher zwei Dinge zu berücksichtigen. Erstens die Größe der Nachrichten und zweitens die Anzahl, da mit jeder Nachricht auch Verwaltungsdaten anfallen. Eine Vereinfachung besteht darin, nur die Nachrichten zu zählen und pro Nachricht einen festen, nach oben beschränkten Wert anzunehmen. Dies führt bei stark variierender Nachrichtenlänge allerdings zu einer Verschwendung von Pufferplatz.

Da das Transportsystem als zuverlässig angesehen wird, muß im Protokoll kein Paketverlust abgefangen werden. Damit ist es nicht wie in Weitverkehrsnetzen – notwendig, die gesendeten Pakete bis zur Bestätigung der Ankunft aufzubewahren. Sobald das Paket verschickt ist, kann der zugehörige Speicherplatz auf der Quellseite freigegeben werden. Dies steht auch im Gegensatz zur optimistischen Variante des Drei-Wege-Protokolls, da dort im Überlauffall auf der Empfangsseite das Paket ein zweites Mal gesendet werden muß. Es läßt sich so auf der Quellseite nicht nur Pufferplatz sparen, sondern auch ein zusätzliches Kopieren des Paketes. Bei Bandbreiten im Transportssytem, die in der gleichen Größenordnung wie Speicherbandbreiten liegen, ist dieser Vorteil nicht zu unterschätzen.

Es bleibt noch zu klären, wann der Empfänger seine Quittungen – die gleichzeitig Pufferplatzgarantien darstellen – an den Absender zurückschicken soll. Der früheste Zeitpunk ist immer dann, wenn Pufferplatz auf der Empfängerseite frei wird. Dies kann dazu führen, daß für jede Nachricht sofort eine Quittung verschickt wird (Empfängerprozeß nimmt Nachrichten sofort entgegen). Die damit mögliche maximale Parallelität erkauft man sich jedoch mit Nachteilen. Die Anzahl der Pakete im Netz ist gleich hoch wie bei der einfachen Quittung. Dies belastet nicht nur das Netz, sondern auch die Prozessoren, die für jedes Paket eine Unterbrechungsbehandlung durchführen müssen. Eine Einsparung erreicht man durch Bündelung von Quittungen. Statt sofort zu antworten, wartet der Empfänger erst das Erreichen eines Schwellwertes ab und gibt mit einer Quittung eine größeres Fenster für den Sender frei. Arbeitet man mit einem um den Schwellwert vergrößerten Fenster, bleibt der Parallelitätsgrad konstant, was allerdings durch den erhöhten Pufferbedarf erkauft wird.

Vielfach findet Kommunikation zwischen zwei Partnern in beiden Richtungen parallel statt, wodurch sich noch weiter Quittungen sparen lassen. Statt für jede Quittung ein eigenes Paket zu verwenden, lassen sie sich mit den nachrichtentragenden Paketen koppeln (auch *piggybacking* genannt). Der in den Nachrichtenpaketen benötigte zusätzliche Platz ist gering, nur ein Wort, das die Obergrenze des Fensters kennzeichnet. Damit erkauft man sich den Vorteil von weniger Unterbrechungen und einer geringeren Paketanzahl im Netz. Auch die Anzahl der insgesamt übertragen Daten wird geringer, da man keinen getrennten Paketkopf für die Quittung benötigt.

Im Idealfall, wenn näherungsweise die gleiche Nachrichtenzahl in beide Richtungen fließt, kommt man komplett ohne zusätzliche Quittungspakte aus. Falls die Kommunikation dagegen einseitig ausgerichtet ist, müssen trotzdem in einer Richtung Quittungen verschickt werden. Spätestens wenn der Empfänger sieht, daß das Fenster des Senders vollständig aufgebraucht ist, muß er ihm neuen Kredit geben. Besser ist es natürlich die Quittung eher – durch einen Grenzwert gesteuert – abzuschicken, damit der Datenfluß nicht stockt.

5.4 Quantitativer Vergleich

In der bisherigen Diskussion hat sich schon gezeigt, daß die verbindungsorientierten Protokolle eine bessere Auslastung des Netzes und damit verbunden eine geringere Latenzzeit sowie einen höheren Durchsatz versprechen. Um diese Aussagen zu quantifizieren, sind die verschiedenen Protokolle simuliert worden. Es mag merkwürdig erscheinen, daß hier simuliert worden ist, anstelle Messungen auf einem realen Parallelrechner vorzunehmen. Es gibt jedoch mehrere Gründe für diese Entscheidung:

1. Die für Messungen verfügbaren Rechner nutzen alle Paketvermittlung (*store and forward*) auf der Netzwerkebene, Stand der Technik ist aber Durchschaltvermittlung (*wormhole routing* oder *virtual cut through*). Der Unterschied ist für den Vergleich als kritisch anzusehen, da Paketvermittlung eine höhere Paketlaufzeit bedingt, die für die verbindungslosen Protokolle besonders ungünstig ist[26].

2. Bei einer Simulation lassen sich Parameter leichter kontrollieren und beeinflussen. Die Dauer bestimmter Protokollbearbeitungsschritte ließ sich so einstellen und war bekannt. In der Praxis ist diese Länge

---

[26] Es soll hier auch das Argument entkräftet werden, bei Durchschaltvermittlung könnte man das Drei-Wege-Protokoll benutzen, da wegen der extrem kurzen Hardwarelatenzzeit die drei Wege nicht ins Gewicht fallen.

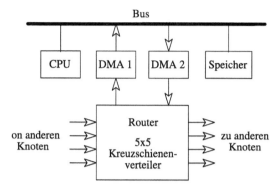

Abb. 5.5: Aufbau eines simulierten Knotens.

nicht beeinflußbar und teilweise auch mangels hochauflösender Uhren schwer zu messen.

3. Die Protokolle lassen sich relativ leicht simulieren, eine reale Implementierung wäre wesentlich aufwendiger gewesen. Der verwendete Simulator ist im Rahmen einer Diplomarbeit entstanden [SGG95] und diente ursprünglich zur Untersuchung von Gruppenkommunikationsprotokollen. Er ließ sich ohne Probleme an die hier gestellte Aufgabe anpassen.

5.4.1 Maschinenmodell

Bei der Festlegung der Parameter des Simulators hat die Intel Paragon Pate gestanden [PPT94, PRT94]. Aktuelle Parallelrechner – wie zum Beispiel die Cray T3E – sind zwar in allen Belangen leistungsfähiger, da sich die Daten jedoch alle um einen ähnlichen Faktor verändert haben, behalten die gewonnen Erkenntnisse ihre Gültigkeit bei. Das Hardwaredesign der Paragon lebt inzwischen in dem momentan schnellsten Parallelrechner der Welt weiter, der ASCI Red [TMH97]. Das dort verwendete Netz ist doppelt realisiert und besteht aus Verbindungen mit höherer Bandbreite.

Das simulierte Maschinenmodell besteht aus 64 Knoten, die in einem quadratischen Gitter mit der Kantenlänge acht verbunden sind. Zwischen je zwei benachbarten Knoten existiert eine bidirektionale Kommunikationsverbindung, die eine Bruttodatentransferrate von 100 Mbyte/s je Richtung erlaubt. Die beiden Richtungen sind als unabhängig voneinander angenommen worden. Das heißt, Datenverkehr in einer Richtung behindert nicht die andere Richtung. Ein Knoten besteht aus einem Rechen- und einem Kommunikationsteil. Ersterer enthält die CPU und den Hauptspeicher, letzterer zwei DMA-Einheiten und einen Router mit fünf bidirektionalen Anschlüssen. Vier der Anschlüsse sind mit den Nachbarknoten im Gitter verbunden, der fünfte mit den beiden DMA-Einheiten. Eine davon übernimmt den eingehenden Verkehr, die andere ausgehenden Verkehr. Es wird angenommen, daß die Speicherbandbreite für gleichzeitigen Betrieb von CPU und die beiden DMA-Einheiten ausreichend ist. Der Aufbau des Knotens ist in Abb. 5.5 dargestellt.

Alle Zugriffe auf das Netzwerk werden von den beiden DMA-Einheiten durchgeführt. Diese müssen vorher von der CPU beauftragt werden und melden die Beendigung eines Auftrages per Unterbrechung. Für die Dauer einer Interaktion der CPU mit einer der DMA-Einheiten wurden jeweils 100 μs angenommen. Diese Zeit beinhaltet die Unterbrechungsbehandlung, eventuelle Nachbearbeitung des beendeten Auftrags sowie das Aufsetzen des nächsten Auftrages. Die Zeit ist konsistent mit der Softwarelatenz, wie sie in [PRT94] angegeben wird. Sowohl der Router als auch die beiden DMA-Einheiten besitzen keine Zwischenspeicher für vollständige Pakete. Falls ihre Ausgangsverbindung blockiert ist, so blockieren sie über die Flußkontrolle auch ihre Eingangsleitung. Dadurch kann der folgende Fall auftreten: Durch eine blockierte Ausgangsleitung blockiert die für ausgehende Daten zuständige DMA-Einheit. Nun kann der Prozessor auch über die anderen drei Leitungen keine Pakete mehr versenden, weil die dazu notwendige DMA-Einheit blockiert ist. Davon nicht betroffen ist durch den Knoten hindurchlaufender Verkehr, solange er nicht die blockierte Ausgangsleitung benötigt. Dieser Effekt kann bei Rechnern mit eigenen DMA-Einheiten für jede Verbindung (wie den Transputern) nicht auftreten.

5.4.2 Kommunikationsmuster

Neben dem Maschinenmodell ist noch festzulegen, welche Kommunikationsmuster im Rahmen der Simulation untersucht werden sollen. Die Ergebnisse mit der größten Aussagekraft erhält man bei der Simulation vollständiger Algorithmen. Dann würde nicht nur die reine Kommunikation, sondern auch das Zusammenspiel mit der Berechnung erfaßt. Der Aufwand hätte jedoch den Rahmen gesprengt, so daß nur einige, repräsentative Kommunikationsmuster ausgewählt worden sind.

Das erste Muster besteht aus einer Mischung lokaler und entfernter Kommunikation. Es entsteht durch die Einbettung eines Hyperwürfels in das 8x8 Gitter. Zum Einsatz kommt dabei eine einfache Einbettung. Die Knoten des Gitters sind zeilenweise, bei Null startend, durchnumeriert. Die Knoten des Hyperwürfels sind bitweise an Hand ihrer Koordinaten numeriert, so daß die »natürliche« Numerierung entsteht. Gleiche Nummern in Gitter und Hyperwürfel sind dann aufeinander abgebildet worden. Es existieren bezüglich Kantenstreckung (*dilation*) und Kantengrad (*congestion*) bessere Abbildungen. Diese ist hier jedoch nicht von Interesse.

Die durchschnittliche Entfernung, die ein Paket zurücklegt, läßt sich leicht berechnen. Der Einfachheit halber sei angenommen, der Hyperwürfel bestehe aus 2^d Knoten, d sei gerade. Das Gitter hat ebensoviele Knoten, die Kantenlänge beträgt:

$$Kantenlänge = \sqrt{2^d}$$

Kommunikation findet immer nur horizontal oder vertikal statt, niemals diagonal. Da zusätzlich alle Zeilen und Spalten das gleiche Muster aufweisen, reicht es aus, nur eine Zeile zu betrachten. Betrachtet man die Knotennummern einer Zeile in Binärdarstellung, so ist die erste Hälfte konstant. Sie enthält die Zeilennummer. Die zweite Hälfte enthält den Index innerhalb der Zeile, von 0 bis zur *Kantenlänge* laufend. Zwei Knoten in der Zeile kommunizieren genau dann miteinander, wenn ihre Nummer sich in genau einem Bit unterscheidet. Die dabei zu überwindende Distanz in Kanten ist genau gleich der Differenz der Knotennummern. Mit *i* als Index für das sich ändernde Bit erhält man als durchschnittliche Entfernung:

$$durchschn.\ Entfernung = \frac{\sum_{i=0}^{i=d/2-1} 2^i}{d/2} = \frac{2^{d/2}-1}{2-1} \cdot \frac{1}{d/2} = 2 \cdot \frac{2^{d/2}-1}{d}$$

Für das simulierte Beispiel mit 64 Knoten (d=6) ergibt sich somit eine durchschnittliche Entfernung von $2*7/6 = 7/3 \approx 2{,}33$ zu überwindenden Kanten.

Das Muster wird in zwei Varianten simuliert, einer bidirektionalen und einer unidirektionalen Variante. In der ersten sendet jeder Knoten nacheinander über alle Kanten des Hyperwürfels, in der zweiten nur dann, wenn der Zielknoten eine größere Knotennummer als die eigene Nummer hat. Durch die beiden Varianten werden zwei Aspekte untersucht:

1. Wie sich eine lokale Überlast in einem Teil des Netzes auswirkt: Bei der unidirektionalen Kommunikation ist der Knoten in der unteren rechten Ecke eine reine Datensenke, der von (im Beispiel sechs) anderen Knoten Nachrichten empfängt. Nur die Quittungen laufen in der Gegenrichtung.

2. Wie sich das Protokoll mit gleitendem Fenster verändert, wenn es nicht mehr Nachrichten- und Quittungspakete kombinieren kann: Im bidirektionalen Fall ist dies – zumindest theoretisch – immer möglich, da zu jeder Nachricht in einer Richtung eine zweite, zeitnah verschickte in der Gegenrichtung gehört.

Mit diesem Kommunikationsmuster sind nun alle Protokolle vermessen worden. Die Ergebnisse sind in Abb. 5.6 für die verbindungslosen und in Abb. 5.7 für verbindungsorientierten Protokolle dargestellt. Es ist zu beachten, daß es sich nur um die Ergebnisse einer Simulation handelt, die nur eine begrenzte Genauigkeit aufweist. Um die benötigte Rechenzeit zu begrenzen ist nur so weit simuliert worden, bis die Abweichung vom Ergebnis maximal 5% mit einer Wahrscheinlichkeit von 95% betrug. In den Diagrammen ist auf der X-Achse die Nachrichtengröße (Nutzdaten), auf der Y-Achse der mit dieser Größe erzielte Durchsatz dargestellt. Es wurden nur Nachrichtengrößen untersucht, bei denen sich der Durchsatz noch signifikant ändert. Strebt die Nachrichtengröße gegen Unendlich, konvergiert der Durchsatz gegen einen Grenzwert.

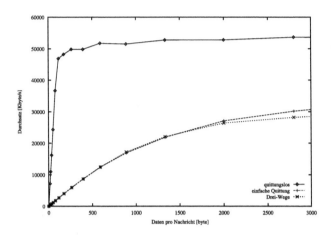

Abb. 5.6: Vergleich der verbindungslosen Protokolle für bidirektionale Kommunikation. Das Kommunikationsmuster ist durch Einbettung eines Hyperwürfels in ein Gitter definiert.

Die Simulationsergebnisse für die verbindungslosen Protokolle entsprechen den Erwartungen. Der Durchsatz steigt mit der Nachrichtengröße monoton an. Beim quittungslosen Protokoll ist der Durchsatz schon für kurze Nachrichten sehr gut. Bereits bei Nachrichtenlängen von 500 Byte sind 90% des Maximaldurchsatzes erreicht. Die beiden anderen Protokolle (einfache Quittung, drei-Wege) zeigen nur einen sehr mäßig ansteigenden Durchsatz: Selbst bei größeren Nachrichtenlängen sind sie noch signifikant schlechter als das quittungslose Protokoll. Letzteres ist in der Praxis zwar nicht allgemein anwendbar, aber es zeigt sich hier zumindest deutlich, welches Verbesserungspotential gegenüber einfachen, verbindungslosen Protokollen existiert. Das leicht bessere Abschneiden des Protokolls mit einfacher Quittung gegenüber dem Drei-Wege-Protokoll bei langen Nachrichten läßt sich auch begründen: Die vielen langen Pakete mit dem Nachrichteninhalt sorgen für eine größere Verzögerung bei den kleinen Protokollpaketen. Dies trifft beim Drei-Wege-Protokoll die beiden ersten Pakete, während es bei der einfachen Quittung nur die Quittung trifft. Letztere ist für die Latenzzeit unkritisch, da sie nur den Absenderprozeß deblockiert, während beim Drei-Wege-Protokoll alle drei Pakete über das Netz laufen müssen, bevor der Empfänger die Nachricht in zugestellt bekommt.

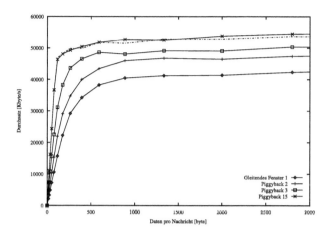

Abb. 5.7: Vergleich der verbindungsorientierten Protokolle für bidirektionale Kommunikation. Zum Vergleich ist das quittungslose Protokoll mit eingezeichnet (gestrichelte Linie ohne Markierungen).

In Abb. 5.7 ist zu sehen, wie sich die verbindungsorientierten Protokolle mit verschiedenen Fenstergrößen verhalten. Qualitativ bieten auch hier die Kurven keine Überraschungen. Der Durchsatz steigt sowohl monoton mit der Paketgröße als auch monoton mit der Fenstergröße. Für alle Fenstergrößen ist der Durchsatz deutlich besser als bei den beiden praktisch verwendbaren verbindungslosen Protokollen[27]. Wenn die Fenstergröße zu klein gewählt wird, so können die Verbindungen im Netz nicht voll ausgelastet werden, so daß nicht der maximal mögliche Durchsatz erreicht wird. Dies liegt daran, daß notwendige Quittungen noch nicht eingetroffen sind, wenn ein Prozeß eine neue Nachricht abschicken will. Das Kriterium für die dazu notwendige Fenstergröße ist einfach. Es muß dem Kern erlaubt sein, so lange Pakete zu verschicken, bis die erste Quittung eintrifft. Für die Berechnung sind zwei Größen notwendig. Erstens die Rate, mit dem der Kern die Pakete verschicken kann (bei großen Paketen durch die Bandbreite begrenzt) sowie zweitens die Gesamtzeit, die ein Daten- und Quittungspaket durch das Netz benötigen. Der letzte Wert ist leider nur für unbelastete Netze einfach zu ermitteln, da Paketlaufzeiten von anderen Paketen beeinflußt werden. Wie man an der Grafik erkennen kann, ist der Wert jedoch nicht sonderlich kritisch. Bereits mit einer Fenstergröße von einem Paket erreicht das Protokoll bereits 80% der optimalen Leistung, bei der Fenstergröße von 15 Paketen ist der Unterschied zum optimalen quittungslosen Protokoll bereits so klein, daß er jenseits der Simulationsgenaugkeit liegt.

Bidirektionale Kommunikation liefert für das gleitende Fenster bei Kombination von Nachricht und Quittung besonders gute Ergebnisse, da immer

---

[27] Das quittungslose Protokoll ist in der Praxis wegen der fehlenden Flußkontrolle nicht brauchbar.

rechtzeitig eine Nachricht für die Quittung in Gegenrichtung vorhanden ist. Dieser Fall mag zwar in der Praxis häufig vorkommen, da für den Fall, daß Prozeß A mit B kommuniziert, vermutlich auch B mit A kommuniziert. Es sind jedoch auch Situationen denkbar, in der A Nachrichten an B schickt, ohne je Antworten zu erhalten. Dies ist zum Beispiel der Fall, wenn Prozesse in einer Pipeline kommunizieren. Es sind mehrere Wege möglich, dies im Protokoll zu berücksichtigen. Für die hier durchgeführte Simulation wurde der einfachste gewählt. Wenn der Empfänger merkt, daß der Kredit für den Sender vollständig aufgebraucht ist, bekommt er eine Quittung mit einem neuen Kredit. Das späte Senden der Quittung verursacht beim Sender allerdings eine Unterbrechung des Nachrichtenstromes. Nachdem er sein letztes erlaubtes Paket im Fenster geschickt hat, muß er erst auf eine Quittung warten.

Will man die hier potentiell vorhandene Parallelität besser nutzen, muß man den Empfänger eine Quittung schicken lassen, bevor der Kredit verbraucht ist. Die Auslösung dieser Quittungen kann entweder *zeitgesteuert* oder *paketgesteuert* erfolgen. Für das zeitgesteuerte Versenden der Quittungen wird mit einem ankommenden Paket ein Zeitgeber gestartet. Falls vor seinem Ablauf kein Nachrichtenpaket in die Gegenrichtung geschickt wird, mit dem man die Quittung kombinieren kann, wird die Quittung bei Fristablauf verschickt. Zur Umsetzung dieses Verfahrens benötigt man einen Mechanismus, um die Fristen zu verwalten. Je nach Nachrichtenanzahl können davon sehr viele gleichzeitig aktiv sein, der Aufwand ist also nicht zu unterschätzen. Im Idealfall stellt man die Frist so ein, daß eine bei Fristablauf verschickte Quittung gerade rechtzeitig beim Sender eintrifft, bevor er seinen Kredit verbraucht hat. Die zweite Möglichkeit besteht darin, nur dann Quittungen zu verschicken, wenn gerade ein Paket eintrifft oder ein Puffer frei wird. Der Empfänger kann dann quittieren, wenn der Kredit des Senders unter eine kritische Marke fällt, statt ihn komplett auslaufen zu lassen. Bei entsprechender Parameterwahl kann auch mit dieser Methode ein Blockieren des Senders wegen ausbleibendem Kredit verhindert werden.

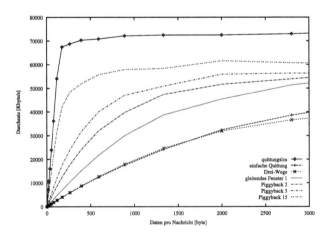

Abb. 5.8: Meßergebnisse für gitterförmige, unidirektionale Kommunikation.

In Abb. 5.8 sind die Messungen für die einfache Variante dargestellt, in der die Quittung erst zum letztmöglichen Zeitpunkt verschickt wird. Zusätzlich sind noch die verbindungslosen Protokolle mit eingezeichnet. Der Graph, auf dem kommuniziert wird, ist mit der physikalischen Topologie identisch – ein Gitter. Allerdings fließen alle Nachrichten nur nach »unten« und »rechts«, das heißt von niedrigen zu hohen Knotennummern. Das Protokoll mit gleitendem Fenster hat einen deutlichen Abstand gegenüber dem optimalen quittungslosen Protokoll. Es ist aber immer noch deutlich besser als die verbindungslosen Protokolle. Für die Fenstergröße eins ergibt sich kein Unterschied durch die Kombination von Quittungen mit Nachrichten gegenüber getrennten Quittungen, da jede Nachricht den Kredit vollständig verbraucht und so der Empfänger immer sofort mit einer Quittung antwortet. Die Unterschiede zwischen einfacher Quittung und Drei-Wege-Protokoll sind gering. Für größere Pakete zeigt das Drei-Wege-Protokoll einen etwas geringeren Durchsatz als sein Konkurrent.

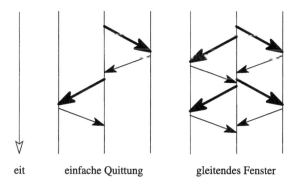

eit   einfache Quittung   gleitendes Fenster

Abb. 5.9: Vergleich zwischen dem Protokoll mit einfacher Quittung und dem gleitendem Fenster mit Fenstergröße eins. Werden Nachrichten an mehrere Empfänger geschickt, erreicht man mit dem gleitenden Fenster beinahe den doppelten Durchastz.

Interessant zu beobachten ist auch der Unterschied zwischen gleitendem Fenster der Größe eins und einfacher Quittung (siehe auch Abb. 5.9). Beide Protokolle benötigen zwei Pakete pro Nachricht, trotzdem ist der Durchsatz beim gleitenden Fenster größer. Dieser auf den ersten Blick merkwürdige Effekt läßt sich dadurch erklären, daß nicht nur die Kommunikation zwischen zwei Prozessen simuliert wird, sondern ein komplexes Kommunikationsmuster. Im ersten Fall wären die Protokolle identisch. Der Sender ist nach dem Absenden eines Nachrichtenpaketes bis zum Eintreffen der Quittung blockiert (einfache Quittung), beziehungsweise kann das nächste Paket nicht absenden, weil sein Kredit ausgegangen ist (gleitendes Fenster). Schickt man dagegen Nachrichten an mehrere Empfänger, so kann beim gleitenden Fenster die Wartezeit auf die Quittung von einem Empfänger mit Sendeoperationen an andere Empfänger überbrückt werden. Dies bringt übrigens auch dann Vorteile, wenn die Nachrichten über die gleiche Verbindung geleitet werden, da weitere Nachrichten abgeschickt werden können, sobald das erste Teilstück des Weges wieder frei ist. Dies ist spätestens ab dem Zeitpunkt gegeben, zu dem das Paket vollständig am Ziel angekommen ist und dort die Quittung vorbereitet und verschickt wird.

Zusammenfassend läßt sich sagen, daß die verbindungslosen Protokolle höchstens wegen ihrer Einfachkeit eine Existenzberichtigung haben. Ihre Leistung ist im Bereich kleiner und mittlerer Pakete deutlich schlechter als das der verbindungsorientierten Protokolle. Die weite Verbreitung der verbindungslosen Protokolle mag daran liegen, daß die Unterschiede bei einer einfachen Latenz- oder Durchsatzmessung zwischen zwei Prozessen in einem ansonsten unbelasteten Rechner gering ist. Erst komplexere Kommunikationsmuster, die das Netz belasten und die Hardwarelatenzzeiten für Pakete erhöhen, zeigen die Vorteile der höheren Parallelität in den verbindungsorientierten Protokollen. Leider sieht die weit verbreitete Programmierschnittstelle MPI nur verbindungslose Kommunikation vor, die sich schwer auf die verbindungsorientierten Protokolle abbilden läßt. Die einfache Möglichkeit, alle potentiell möglichen Verbindungen zu betrachten, führt zu einer extrem hohen Zahl von Verbindungen, so daß sie nicht genutzt werden kann.

5.5 Protokolle und Sende-/Empfangssemantik

Bei der Untersuchung der Protokolle im letzten Abschnitt ist ignoriert worden, welche Sende- und Empfangssemantik mit ihnen realisiert werden kann, beziehungsweise welche effizient realisierbar ist. Dies soll nun nachgeholt werden. Hierbei darf allerdings nicht aus den Augen verloren werden, daß trotz der Existenz vieler Kombinationen die meisten parallelen Programme – und andere Anwendungen – nur asynchrones Senden und synchrones Empfangen benötigen. Nützlich ist beim Senden zusätzlich das Überlaufverhalten »Blockieren«, da somit eine Flußkontrolle ohne zusätzlichen Programmieraufwand erreichbar ist.

Neben den Synchronisationsaspekten sind noch die Übergabekonventionen von Bedeutung. Sollen große Nachrichten bei maximaler Bandbreite übertragen werden, so muß auf Kopiervorgänge innerhalb des Hauptspeichers so weit wie möglich verzichtet werden. Dieser Punkt wird mit der gegenüber der Hauptspeicherbandbreite steigenden Netzbandbreite immer wichtiger.

Auf der Sendeseite kann eine Nachricht sowohl per Wert- als auch per Referenzübergabe an die Transportschicht gegeben werden. Die Referenzübergabe bietet insbesondere bei langen Nachrichten den Vorteil, daß man auf eine Kopieroperation an der Schnittstelle verzichtet und so Speicherbandbreite spart. Daraus ergibt sich allerdings das Problem, daß die Nachricht, deren einzige Kopie bei der Anwendung liegt, noch unversehrt bleiben muß, bis die Sendeoperation abgeschlossen ist. Handelt es sich um eine synchrone Operation, so ist die Nachricht zumindest vor Veränderungen durch den Aufrufer der Operation geschützt. Jedoch kann sie immer noch von anderen Prozessen in demselben Adreßraum verändert werden. Im Falle einer asynchronen Sendeoperation könnte auch der aufrufende

Prozeß selbst die Nachricht noch vor dem Abschicken verändern, da der Funktionsaufruf sofort zurückkehrt und die Nachricht noch nicht kopiert worden ist. Die asynchrone Sendeoperation gibt dem Absender keine Information darüber, ob die Nachricht schon kopiert worden ist oder ob die einzige Kopie noch im Adreßraum des Senders liegt.

Aus dieser Situation gibt es zwei mögliche Auswege. Erstens, die Nachricht in die Transportschicht zu kopieren, bevor der Aufruf zurückkehrt. Damit ist die Übergabe de facto wieder als Wertübergabe realisiert, mit dem daraus folgenden Nachteil der zusätzlichen Kopie. Zweitens, von der asynchronen Semantik geringfügig abzuweichen. Der aufrufende Prozeß wird so lange blockiert, bis die Nachricht von der Transportschicht verarbeitet worden ist. Setzt die Transportschicht direkt auf die Hardware auf, wäre der Prozeß damit blockiert, bis die Nachricht komplett in der Transporthardware kopiert worden ist. In vielen Fällen dürfte dieser Kompromiß die geeignete Lösung sein, obwohl er potentielle Parallelität zerstört. Als Erweiterung kann man noch zwischen kurzen und langen Nachrichten differenzieren: Erstere werden kopiert, damit der Prozeß sofort weiterarbeiten kann, längere bleiben beim blockierten Prozeß liegen.

Ein komplett anderer Weg aus den Schwierigkeiten ist die Verwendung einer umlenkenden Sendeoperation und Referenzablage der Nachricht. In dem Moment, in dem die Umlenkung eintrifft, kann der sendende Prozeß wieder frei über den Nachrichtenpuffer verfügen. Einziger Nachteil ist die höhere Komplexität in der Anwendung. Unkritisch – aber auch ineffizient – ist versuchendes Senden. Hier muß auf jeden Fall der Sender bis zu einem Informationsaustausch mit dem Empfänger (aktiv) warten, ist dieser bereit, kann die Nachricht unmittelbar transportiert werden, ansonsten schlägt der Aufruf fehl.

Auf der Empfangsseite gibt es zur Referenzübergabe keine vernünftige Alternative. Bei asynchroner Empfangsoperation stellt sich – analog zum Senden – die Frage, ab wann man mit einer Nachricht im angegebenen Puffer rechnen kann. Die theoretisch beste Möglichkeit besteht auch hier in der Verwendung von einer umlenkenden Operation. Dem Transportsystem ist dadurch frühzeitig die Adresse eines Puffers bekannt, ein Zwischenspeichern mit der dazu notwendigen Kopieroperation läßt sich so einsparen. Anschließend, wenn die Nachricht eintrifft, wird der Prozeß per Umlenkung informiert.

Statt der umlenkenden Variante, die als softwaretechnisch schwer handhabbar einzustufen ist, kann auch eine in zwei Funktionsaurufe geteilte Empfangsoperation wie in MPI eingesetzt werden. Der erste Funktionsaufruf gibt dem Transportsystem die Pufferadresse für die Nachricht bekannt, der zweite Aufruf wartet auf das Eintreffen der Nachricht beziehungsweise kehrt sofort zurück, sofern die Nachricht schon angekommen ist. So können nicht nur Puffer für mehrere erwartete Nachrichten bereitgestellt werden, sondern es kann zusätzlich noch gerechnet werden, während die Nachrichtenpuffer gefüllt werden. Man stößt hier allerdings in Bereiche vor, die sich mit gemeinsamem Speicher und Synchronisationsoperationen einfacher und eleganter lösen lassen.

5.5.1 Verbindungslose Kommunikation

Verbindungsloses Kommunikation erfordert die Angabe des Kommunikationspartners bei jeder Sende- und Empfangsoperation. Es wird kein Kommunikationsobjekt zwischen Sender und Empfänger aufgebaut. Dies schließt jedoch nicht aus, daß beim Sender ein Ausgangstor beziehungsweise beim Empfänger ein Eingangstor eingerichtet werden muß, bevor eine Kommunikation erfolgen kann. Die Tore können natürlich auch fest in einer 1:1-Beziehung mit Prozessen gekoppelt sein. Üblicherweise kann bei Empfangsaufrufen gewählt werden, ob Nachrichten von beliebigen oder nur einem bestimmten Absender erwünscht sind. Eine gezielte Absenderangabe dient nicht nur der Nachrichtenselektion durch die Anwendung, sie ermöglicht auch Protokolle, in denen der Empfänger aktiv auf den Sender zugeht um die Nachricht bei ihm abzuholen. Selbst wenn die Nachricht dort noch nicht vorliegt, kann vermerkt werden, daß der Empfänger bereit ist, sie entgegenzunehmen. Diese Sichtweise mag zwar zuerst seltsam erscheinen, ergibt sich jedoch automatisch, wenn man Daten- und Kontrollfluß getrennt betrachtet.

Das quittungslose Protokoll erlaubt offensichtlich nur eine Semantik, asynchrones Senden. Jede andere Semantik würde einen Kontrollfluß in Gegenrichtung erfordern, der nicht vorhanden ist. Auf der Empfangsseite dagegen stehen alle Möglichkeiten offen.

Das Protokoll mit der einfachen Quittung ermöglicht einen Kontrollfluß in beide Richtungen. Eine Realisierung für synchrones, versuchendes und umlenkendes Senden ist so leicht möglich. Die Sendesemantik muß mit der Nachricht zusammen im Paket vermerkt werden, damit die Empfangsseite korrekt reagieren kann. So darf sie im synchronen und umlenkenden Fall erst dann die Quittung schicken, wenn ein Empfänger vorhanden ist. Im asynchronen und versuchenden Fall kann sofort quittiert werden. Die Angabe, ob ein Sender wartet, ist für den versuchenden Sender die Information darüber, ob die Operation erfolgreich ausgeführt wurde. Diese Variante des Protokolls hat den Nachteil, daß der Sender für die doppelte Paketlaufzeit blockiert ist (Nachrichten- und Quittungspaket). Ein »Anfragepaket« vom Sender kann dies verhindern, da dies einer vorweg verschickten Quittung entspricht und der Sender nicht mehr warten muß.

Durch die vom Empfänger verschickten Anfragepakete kann eine interessante Situation auftreten, wenn beide Seiten versuchende Operationen verwenden. Im lokalen Fall kann dies nie zum Erfolg führen, da keine zwei Prozesse gleichzeitig die Kernsperre überwinden können. Im verteilten Fall ist die Definition von »Gleichzeitigkeit« jedoch anders. Zwei Ereignisse treten gleichzeitig auf, wenn keines von beiden das andere beeinflußt. Das ist äquivalant dazu, daß sie weniger als eine Paketlaufzeit auseinanderliegen. Verschickt nun der Sender sein Paket mit Nachricht und gleichzeitig der Empfänger sein Paket mit der Anforderung, so kreuzen sie sich im Netzwerk und treffen auf der gegenüberliegenden Seite auf einen bereits bereiten Kommunikationspartner. Die Operationen können damit auf beiden Seiten abgeschlossen und die Prozesse deblockiert werden. Weitere Pakete

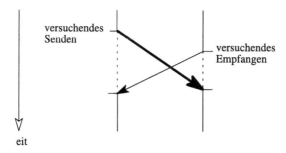

versuchendes
Senden

versuchendes
Empfangen

eit

Abb. 5.10: Beispiel für die Kombination versuchendes Senden / versuchendes Empfangen. Wenn Sender und Empfänger auf verschiedenen Knoten sind, kann eine Kommunikation stattfinden.

sind nicht notwendig. Der zeitliche Verlauf ist in Abb. 5.10 dargestellt. Dieses Beispiel mag etwas konstruiert erscheinen, es zeigt jedoch, daß in parallelen/verteilten System Dinge möglich sind, die in lokalen Systemen keine Entsprechung finden.

Das Drei-Wege-Protokoll bietet bezüglich der Synchronisation ähnliche Möglichkeiten wie das Protokoll mit einfacher Quittung. Die Zeitverhältnisse verschieben sich allerdings, da im ersten Protokollschritt nur Synchronisationsinformationen und keine Nutzdaten übertragen werden.

5.5.2 Verbindungsorientiert

Von der Idee her sind die verbindungsorientierten Protokolle für asynchrone Sendeoperationen ausgelegt, da es unsinnig ist, auf der Transportschicht Parallelität einzuführen, die dann auf der nächsthöheren Schicht sofort wieder zerstört wird. Die implizite Flußkontrolle bewirkt, daß auf der Sendeseite ein Überlauf erkannt werden kann. Als Reaktion darauf kann die Sendeoperation blockieren oder fehlschlagen. Meistens wird die erste Variante sinnvoll sein, da man so die Flußkontrolle bis in die Anwendung fortführt. In Situationen, in denen man Verklemmungen befürchtet, kann dagegen auch die zweite Variante sinnvoll sein. Falls ein Prozeß sehr viele Nachrichten an verschiedene Kommunikationspartner senden muß, kann er die Information des Fehlschlagens nutzen, um zuerst Nachrichten über andere Kanäle zu schicken, in denen noch Kapazität vorhanden ist. Ähnlich wie bei den verbindungslosen Protokollen sind auch hier aktive Empfänger denkbar. Statt bei einer Empfangsoperation nur zu blockieren und auf das Eintreffen eines Paketes zu warten, kann die Information zur Sendeseite geschickt werden. Dies kann erstens zum schnelleren Ausführen einer blockierenden Sendeoperation genutzt werden, zweitens aber auch den Sendekredit erhöhen. Damit wird die Wahrscheinlichkeit verringert, daß ein Sender wegen Puffermangels blockiert.

105

5.6 Probleme und Grenzen

Die bisherigen Analysen und Messungen haben gezeigt, daß die verbindungsorientierten Protokolle den verbindungslosen Protokollen immer überlegen sind, sobald erst eine Verbindung aufgebaut ist. Es ist nun abzuschätzen, wie hoch die Kosten sind und ob sie eventuell gedrückt werden können damit die Anwendungsmöglichkeiten erweitert werden. Kosten entstehen nicht nur durch den Verbindungsaufbau (Netzbandbreite und Zeit), sondern auch durch den Speicherbedarf, den die Verbindungsinformationen und Puffer auf beiden Seiten benötigen. Die Kosten sind gegeneinander austauschbar. Baut man Verbindungen einmalig auf und nie (oder selten) wieder ab, entstehen geringe Kosten durch Auf- und Abbau, aber große durch den Speicherbedarf. Umgekehrt läßt sich der Speicherbedarf durch schnellen Abbau unbenutzter Verbindungen senken, aber auf Kosten der zusätzlichen Pakete und Zeit für den Neuaufbau bei Wiederbenutzung.

Speicher ist heute in vielen Rechnern keine sehr knappe Ressource mehr, so daß man auf die Idee kommen könnte, alle notwendigen Verbindungen beim Programmstart einzurichten und sie während des Programmlaufs zu benutzen, ohne sich über die Existenz weiter Gedanken machen zu müssen. Diese Vorgehensweise mag dann praktikabel sein, wenn wirklich nur benötigte Verbindungen eingerichtet werden, führt allerdings hier schon zu einem in der Knotenzahl quadratischen (pro Knoten linearem) Speicheraufwand, wenn jeder Knoten mit jedem anderen kommuniziert. Bildet man die in MPI vorgesehenen Filter bei den Empfangsoperationen auf Verbindungen ab, so erhält man eine nicht mehr handhabbare Anzahl. Jede Kombination aus »Kommunikator« und »Tag« bildet eine Verbindung, man müßte also für jede Knotenkombination 2^{32} Verbindungen zur Verfügung stellen[28].

5.6.1 Verbindungen mit gemeinsamen Puffern

Die im letzten Abschnitt genannte Zahl von Verbindungen ist nicht sinnvoll umzusetzen, man kann sie nur noch auf der logischen Ebene als einzelne Verbindungen betrachten und muß dazu Lösungen entwickeln. Wenn für jede Kombination von Knoten eine Verbindung aufgebaut wird, erhält man zwar immer noch einen insgesamt quadratischen Aufwand. Pro Knoten ist er jedoch nur noch linear, so daß er beherrschbar sein sollte. Der größte Speicheraufwand einer Verbindung entsteht durch die zu ihr gehörenden Puffer.

Mit Wissen über das Kommunikationsverhalten von parallelen Programmen kann die Pufferzuweisung für die Verbindungen optimiert werden. Es ist nicht notwendig, beim Start eine Kapazität festzulegen, die dann für die

---

[28] Der MPI-Standard sieht mindestens 2^{16} verschiedene Tags und ebensoviele Kommunikatoren vor.

Laufzeit des Programms konstant bleibt. Die Frage ist, woher die Transportschicht die Informationen erhält, um eine Pufferzuweisung vorzunehmen. Eine einfache – leider aber auch unrealistische – Lösung könnte vorsehen, diese Information von der Anwendung liefern zu lassen. In der Praxis dürfte dies relativ unrealistisch sein, da die beliebteste Programmierschnittstelle (MPI) kaum Möglichkeiten bietet, diese Information zu übertragen. Der in MPI einzige dazu geeignete Mechanismus sind die virtuellen Topologien. Will man eine breite Palette von Anwendungen von einer besseren Pufferverwaltung profitieren lassen, müssen die Informationen auch ohne Unterstützung der Anwendung gesammelt werden. Bedingung für den Erfolg dieser Strategie ist natürlich eine gewisse Kontinuität im Verhalten der Anwendung.

Eine wesentliche Annahme für weitere Optimierungen beruht darauf, daß die Kommunikationstruktur »geordnet«, das heißt, nicht zufällig ist. Prozesse tauschen gewöhnlich einen großen Teil ihrer Nachrichten mit einer kleinen Menge von anderen Prozessen aus, nicht mit allen anderen. Diese Annahme wird glücklicherweise auch durch Gruppenkommunikation nicht zerstort, da diese üblicherweise einen eingebetteten Baum verwenden und Kommunikationspartner nur (wenige) Nachbarn im Baum sind. Ändern sich die Kommunikationspartner während des Laufes einer parallelen Anwendung, zum Beispiel beim Übergang zu einer neuen Phase, so muß sich die Transportschicht automatisch daran anpassen. Anwendungen, die in festen Strukturen arbeiten, dürften die genannten Bedingungen erfüllen. Als Problemfälle sind Suchalgorithmen auf großen, unstrukturierten Datenstrukturen mit dynamischem Lastausgleich anzusehen (Spielbaumsuche, *Branch-and-Bound*-Algorithmen) [PSO96]. Viele dieser Algorithmen suchen Prozessoren zum Lastausgleich nicht in der näheren Umgebung, sondern bestimmen einen zufälligen Partner, es liegt also ein vollständig irreguläres Kommunikationsmuster vor.

Betrachtet man den Optimierungsansatz mit etwas mehr Abstand, so erkennt man, daß die dahinter liegende Idee nicht vollständig neu ist. Sie entspricht dem *Caching*, das sich auch nur bei vorhandener Lokalität lohnt. Hier ist nur die räumliche und zeitliche Lokalität bei Zugriffen auf lokalen Speicher (oder Platten) durch die räumliche und zeitliche Lokalität bei der Wahl von Kommunikationspartnern ersetzt worden. »Räumliche Lokalität« bedeutet allerdings nicht Nachbarschaft im physikalischen Netz, sondern nur die Auswahl an Kommunikatonspartnern, die dann »nah« beieinander sind, wenn sie sich auf dem gleichen Knoten befinden, der zu dem eigenen Knoten eine beliebige Entfernung haben kann.

5.6.2 MPI-Implementierung

Nach der bisherigen Analyse sollten für alle »regelmäßigen« Kommunikationsmuster verbindungsorientierte Protokolle eingesetzt werden, kombiniert mit Pufferpools, um den Speicherverbrauch zu begrenzen. Um eine genauere – quantitative – Aussage über die Qualität des Ansatzes machen zu können, müssen verbindungslose und verbindungsorientierte Protokolle in ansonsten gleicher Umgebung implementiert und vermessen werden.

Als Schnittstelle zu den Anwendungen bietet sich aus verschiedenen Gründen MPI an. Erstens ist es weit verbreitet und zweitens liefert es der Transportschicht keine Informationen über bevorzugt benutzte »Verbindungen«, so daß diese Informationen erst noch beschafft werden müssen. Für das Betriebssystem Cosy existierte bereits eine MPI-Implementierung auf der Basis von MPICH [RKI96], die als Basis und Vergleichsmaßstab genutzt werden konnte. Darauf aufbauend ist eine zweite Variante erstellt worden, die intern verbindungsorientiert arbeitet und zur Speicherersparnis Pufferpools für mehrere Verbindungen einsetzt. Details zur Realisierung können in [ESC98] nachgelesen werden, hier erfolgt nur ein Überblick.

Cosy bietet an der Kernschnittstelle nur verbindungslose Protokolle an, auf die beide MPI-Implementierungen aufsetzen müssen. Eines davon ist speziell als Basis für weitere Protokolle auf einer höheren Schicht gedacht, das asynchrone Senden mit Überlaufverhalten »Verwerfen«. Es handelt sich dabei um ein quittungsloses Protokoll, das praktisch nur einen Durchgriff auf die Netzwerkschicht bietet. Die Sendeoperation ist asynchron, solange die lokalen Puffer zur Netzwerkschicht nicht alle belegt sind. Sollte dies eintreten, blockiert die Sendeoperation, bis hier wieder Puffer verfügbar sind. Ein auf der Zielseite angekommenes Paket wird – sofern genügend Pufferplatz vorhanden ist – im Zielkanal abgelegt und kann dort mit einer beliebigen Empfangsoperation abgeholt werden. Falls auf der Zielseite nicht genügend Platz im Puffer vorhanden ist, geht die Nachricht verloren. Die beiden Entscheidungen, was bei Pufferknappheit auf Sende- und Empfangsseite passiert, lassen sich leicht begründen. Ein Überlauf der Netzwerkpuffer auf der Sendeseite ist für eine Anwendung nicht zu kontrollieren, er kann durch andere Anwendungen auf dem gleichen Knoten erzeugt werden. Würde man in diesem Fall Pakete verwerfen, hätte die Anwendung darauf keinen Einfluß, sie müßte mit Paketverlusten rechnen, was das Protokoll auf der nächsten Schicht deutlich komplexer macht. Der Pufferverbrauch auf der Zielseite läßt sich dagegen durch die Anwendung kontrollieren, da niemand außer der Anwendung selbst in den entsprechenden Kanal sendet. Zusätzlich ließe sich dort auch kein anderes Überlaufverhalten realisieren. Würde man bei Überlauf sämtlichen ankommenden Verkehr vom Netz blockieren, bestünde die Gefahr unerwarteter Verklemmungen, wie es schon in Abschnitt 5.2.1 beschrieben worden ist.

Welchen Einfluß die Semantik der Sendeoperation auf ihre Dauer hat, kann man in Abb. 5.11 erkennen, in der das asynchrone Senden mit Überlaufverhalten »Blockieren« und »Verwerfen« miteinander verglichen werden. In dem Diagramm ist der Zeitaufwand pro Sendeoperation dargestellt, der sich bei wiederholtem schnellen Aufruf ergibt. Der Kommunikationspartner befand sich auf einem Nachbarknoten. Schon für sehr kurze Pakete zeigt sich, daß die zwei Protokollschritte der bei Überlauf blockierenden Variante eine erheblich höhere Dauer der Sendeoperation bewirken. Der Sender ist für die Zeit der beiden Protokollschritte im Netz blockiert, da sich nur so der Überlauf auf der Zielseite abfangen läßt. Die Kurve verläuft in Abhängigkeit der Paketlänge linear, die Steigung ist nur von der Übertragungsrate im Netz abhängig. Die andere Variante mit nur einem Protokollschritt zeigt qualitativ und quantitativ ein anderes Verhalten: Für kurze Pakete kann der Kern die Pakete nicht so schnell an das Netzwerk übergeben, wie dieses die Pakete aus dem Knoten befördert, die Kurve bleibt auf

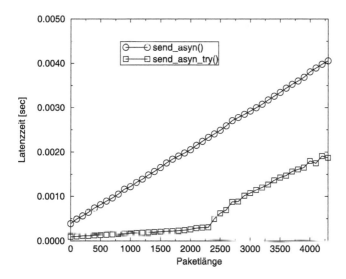

Abb. 5.11: Zeitliches Verhalten der Sendefunktion von asynchronem Senden mit Überlaufverhalten »blockieren« (send_asyn) und »verwerfen« (send_asyn_try).

niedrigem Niveau. Die Steigung ist nur durch einen lokalen Kopiervorgang bestimmt. Bei einer Paketlänge von ca. 2300 Byte tritt ein Knick auf. Hier ist der Punkt erreicht, an dem ein Stau an der Netzwerkschnittstelle entsteht. Der Sender wird blockiert, weil die Pakete nicht so schnell ins Netz gebracht werden, wie er sie zu senden versucht. Ab hier ist die Steigung wieder durch die Netzbandbreite bestimmt, jedoch immer noch geringer als in der anderen Variante. Dies ist darin begründet, daß hier die Pakete dicht an dicht in nur einer Richtung transportiert werden. Im anderen Fall ist zwischen zwei Paketen mit Daten immer der Protokollschritt in der Gegenrichtung notwendig. Die Leitung in Hinrichtung ist daher zwischendurch frei, der gemittelte Durchsatz geringer.

Der Vergleich zwischen den beiden Varianten des asynchronen Sendeaufrufes legt nahe, daß als Basis für eine MPI-Implementierung nur die im Falle des Überlaufs versuchende Variante sinnvoll ist. Die Messung aus dem letzten Abschnitt hat nur bestätigt, was auch so offensichtlich ist. Die zwei Protokollschritte mit dem zwischenzeitlichen Blockieren des Senders verhindern zu viel von der möglichen Parallelität. Asynchrones Senden mit Überlaufstrategie »Verwerfen« erlaubt nun zwei Vorgehensweisen. Entweder, man konstruiert ein Protokoll, das den Überlauf nie auftreten läßt, oder man muß verlorene Nachrichten erkennen und neu schicken. Die letzte Variante, obwohl in Weitverkehrsnetzen üblich, ist hier nicht sinnvoll. Speziell zur Erkennung der Verluste wären aufwendige Mechanismen (wie zum Beispiel zeitgesteuertes Neusenden) notwendig, die das Protokoll unnötig aufwendig machen. Es bleibt daher nur die Strategie, Überläufe in den Cosy-Kanälen zu verhindern. Unter diesen Bedingungen kann man auf einer zuverlässigen und reihenfolgetreuen Basiskommunikation aufbauen.

MPI ermöglicht selektives Empfangen von Nachrichten. Die Selektion findet an Hand der Absenderadresse und/oder einem sogenannten »Tag« statt. Da die Cosy-Kanäle diese Funktionen nicht bieten, müssen sie in der MPI-Implementierung realisiert werden. Die dadurch erforderliche Umordnung der Nachrichten ist nur durch eine getrennte Pufferung der Nachrichten möglich, das heißt, alle ankommende Nachrichten müssen unmittelbar aus dem Cosy-Kanal gelesen und in MPI-Puffern abgelegt werden. Die Kreditvergabe hat daher beide Puffer zu berücksichtigen. Bei der Ausnutzung der Kredite ist Vorsicht geboten. Verbraucht ein sendender Knoten sämtlichen Kredit, so kann er auch keinen neuen mehr anfordern. Tritt diese Situation bei zwei kommunizierenden Knoten auf, liegt eine Verklemmung vor. Im Kanalpuffer ist daher Platz für mindestens ein Verwaltungspaket vorzusehen, so daß neuer Kredit angefordert werden kann. Mit dem Verschicken dieses Paketes ist dann zwar der Kredit vollständig erschöpft, eine Antwort ist aber garantiert. Da dieser Platz von jedem anderen Knoten in Anspruch genommen werden kann, ist die Größe des Kanalpuffers von der Knotenanzahl abhängig, da es sich jedoch nur um ein Verwaltungspaket handelt, ist der Aufwand tolerierbar.

Die Pufferverwaltung geht von der Annahme aus, daß ein Prozeß, der in der (nahen) Vergangenheit mit einem anderen Prozeß kommuniziert hat, dies auch in der (nahen) Zukunft tun wird. Eine optimale Kreditvergabe wäre erreicht, wenn ein Sender nie wegen Kreditmangel blockiert wird. Zur Erreichung dieser Zielvorgabe wird der Kreditrahmen für einen Sender erhöht, wenn er seinen alten Kredit voll ausschöpft. Nach dieser Strategie werden 80% des Pufferplatzes vergeben, die übrigen 20% sind für explizite Kreditanfragen reserviert. Senden viele verschiedene Prozesse Nachrichten an einen Empfängerknoten, kann dort der Pufferplatz komplett als Kredit vergeben werden. Um wieder neuen Pufferplatz zu erhalten, wird dann der Kreditrahmen für alle Sender halbiert. Als Folge davon haben einige Sender ihren Kreditrahmen möglicherweise überzogen. Um dies so schnell wie möglich zu beenden, wird an die entsprechenden Prozesse ein Paket geschickt, in dem der Kredit zurückgefordert wird. Die Prozesse bestätigen dies mit einem Antwortpaket. Solange das Kommunikationsmuster »regelmäßig« ist und ein Prozeß nicht mit zu vielen anderen Prozessen kommuniziert, sollten die Mechanismen zur Kreditregelung nach einer Einschwingphase nicht weiter notwendig sein. Das Protokoll kann dann eine Nachricht mit nur einem Protokollschritt übertragen, der minimal möglichen Anzahl.

Die beiden unter Cosy vorliegenden MPI-Implementierungen ermöglichen einen fairen Vergleich der verbindungslos arbeitenden gegen die verbindungsorientiert arbeitenden Protokolle, da bis auf die Protokolle alle anderen Parameter konstant gehalten werden können: Hardware, Betriebssystem, obere Schichten der MPI-Implementierung und Testprogramme. Dabei kamen sowohl SKaMPI [RHR99] – ein an der Universität Karlsruhe entwickelter MPI-Benchmark – als auch eigens erstellte Testprogramme zum Einsatz.

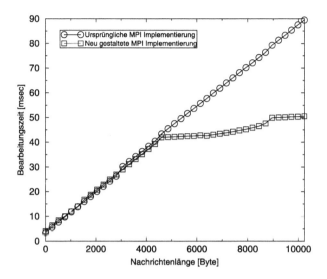

Abb. 5.12: Bandbreiten beim Ping-Pong-Test.

Schon ein sehr einfacher Test zeigte deutlich Unterschiede in der Leistung. Es handelt sich dabei um den üblichen Ping-Pong-Test zwischen zwei Knoten. Eine Nachricht vorgegebener Größe wird in einer Schleife mehrfach zwischen zwei Prozessen übertragen. Die gemessene Gesamtzeit wird anschließend durch die Anzahl der Schleifendurchläufe geteilt, so daß man eine Zeit pro Schleifendurchlauf (Hin- und Rückweg) erhält. In Abb. 5.12 ist dargestellt, wie sich die Zeiten für verschiedene Nachrichtengrößen verhalten. Bis zu der Größe von circa 4500 Byte ist praktisch kein Unterschied zwischen den Protokollen zu erkennen. Von dort an zeigt sich, daß die verbindungsorientierte Variante deutlich schneller ist. Diese Nachrichtengröße entspricht der maximalen Nachrichtengröße von Cosy, für größere Nachrichten müssen zwei oder mehr Pakete verschickt werden. Der Unterschied in der Leistung mag zwar überraschen, läßt sich aber erklären.

Es handelt sich hier um einen Artefakt des speziellen Kommunikationsmusters, ähnlich der Benutzung des Protokolls mit einfacher Quittung für Remote-Procedure-Calls. Das Quittungspaket der ersten Nachricht und das Datenpaket vom zweiten Prozeß laufen direkt hintereinander über das Netz, genau wie das Quittungspaket für das zweite Datenpaket und das dritte Datenpaket. Dieses perfekte Ineinandergreifen bricht zusammen, wenn pro Nachricht mehr als ein Datenpaket notwendig ist. Beim verbindungslosen Protokoll kann das zweite Datenpaket erst verschickt werden, wenn die Quittung für das erste angekommen ist. Im verbindungsorientierten Fall kann dagegen das Pipelining voll zum Zuge kommen. Während ein Paket von der DMA-Einheit transportiert wird, kann der Prozessor das nächste Paket vorbereiten.

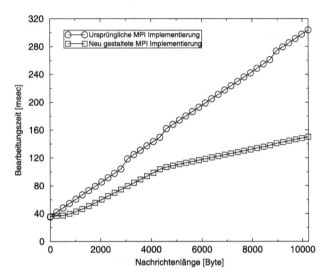

Abb. 5.13: Master-Worker Kommunikaton mit sechs Arbeitsprozessen.

Das nächste getestete Kommunikationsmuster spiegelt eine ganze Klasse von parallelen Anwendung wieder, bei denen ein zentraler Lastverteilungsprozeß (*Master*) Aufträge an mehrere Arbeitsprozesse (*Worker*) verschickt. Sobald einer der Arbeitsprozesse ein Ergebnis abliefert, bekommt er den nächsten Auftrag vom Lastverteiler. Die Kommunikationsstruktur ist also sternförmig. Die hohe Kommunikationslast beim zentralen Prozeß läßt Vorteile erwarten, wenn Nachrichten parallel verschickt werden können. Das heißt, daß der Prozeß schon weitere Nachrichten auf den Weg schicken kann, bevor die ersten das Ziel erreicht haben und ihre Quittungen eingegangen sind. Dies ist nur mit dem verbindungsorientierten Protokoll möglich. In Abb. 5.13 ist zu erkennen, daß sich dies tatsächlich bemerkbar macht. Im Gegensatz zum einfachen Ping-Pong-Test ist das verbindungsorientierte Protokoll schon bei kurzen Nachrichten im Vorteil. Sobald die Nachrichtenlänge mehr als ein Paket erforderlich macht, erfolgt eine weitere Effizienzsteigerung, die an dem Knick in der Kurve zu erkennen ist.

Das letzte zur Untersuchung benutzte Kommunikationsmuster ist für viele technisch-wissenschaftliche Anwendungen repräsentativ. Es entsteht bei der Matrix-Vektor-Multiplikation, die als größtes Teilproblem beim Lösen linearer Gleichungssysteme auftaucht. Der Algorithmus geht davon aus, daß die Matrix blockweise auf die Prozessoren verteilt ist. Die logische Struktur ist somit ein 2D-Gitter (siehe Abb. 5.14). Sowohl der Eingabe- als auch der Ergebnisvektor liegen – ebenfalls aufgeteilt – in den Prozessoren auf der Diagonale. Diese Plazierung ist bei iterativen Gleichungslösern sinnvoll, da dort der Ergebnisvektor als Eingabevektor für die nächste Iteration benötigt wird. Die Matrix-Vektor-Multiplikation erfordert daher zwei Kommunikationsphasen. In der ersten verteilt man die Stücke des Eingabevektors in der Spalte der Prozessoren, woraufhin die lokale Berechnung starten kann. In der zweiten Phase müssen die Teile des

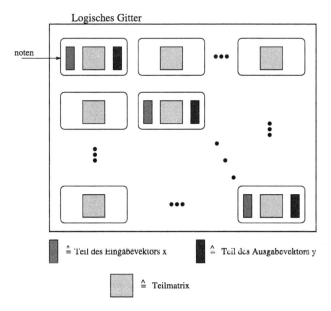

Logisches Gitter

noten

$\hat{=}$ Teil des Eingabevektors x $\hat{=}$ Teil des Ausgabevektors y

$\hat{=}$ Teilmatrix

Abb. 5.14: Verteilung der Matrix und des Vektors im logischen Prozeßgitter.

Ergebnisvektors innerhalb der Zeilen aufsummiert werden. In den Phasen werden die Operationen MPI_Bcast() und MPI_Reduce() auf den jeweiligen Untergruppen (Spalte, Zeile) verwendet.

Da für die Messung die CPU-Geschwindigkeit nicht interessant ist, wurde nur die Kommunikation ohne die lokale Berechnung ausgeführt. Die Unterschiede fallen dadurch drastischer aus, als sie in der Praxis sind. Ohne diese Vereinfachung hätte man aber nur zeigen können, wie gut bei Transputern die Kommunikation im Vergleich zur Rechenleistung ist, ein Verhältinis, das bei heutigen Parallelrechnern so nicht mehr üblich ist, da die CPU-Geschwindigkeit stärker als die Netzwerkbandbreite gestiegen ist. Die erste Messung erfolgte mit einer lokalen Matrixgröße von 320*320 Elementen (102400 Elemente, entspricht 800 KByte bei nach IEEE doppelt genauen Fließkommazahlen), die verschickten Nachrichten sind dann 2560 Byte groß. Die Ergebnisse dieser Messung sind für verschiedene Prozessorzahlen in Abb. 5.15 dargestellt. Der auf den ersten Blick seltsam erscheinende Verlauf der Kurve – die Zeit steigt nicht monoton mit der Prozessorzahl – läßt sich durch eine unterschiedlich gute Abbildung von logischer Topologie auf die physikalische Topologie erklären. Als physikalische Topologie kam immer ein 8*8 Prozessoren großes Gitter zum Einsatz, von dem einige Prozessoren ungenutzt waren. Da keine Rücksicht auf die physikalische Topologie des Parallelrechners genommen wurde, sondern Prozessoren einfach zeilenweise belegt worden sind, resultiert für weniger als 64 Prozesse eine suboptimale Abbildung der Prozesse auf die Prozessoren. Dies betrifft aber beide Protokolle gleich gleichermaßen. Die Laufzeitunterschiede für

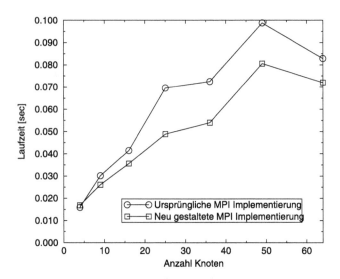

Abb. 5.15: Matrix-Vektor-Multiplikation, Größe der Teilmatrizen 320*320 Elemente.

die beiden Protokolle sind nicht stark ausgeprägt, jedoch ist das verbindungsorientierte schneller.

Die Meßreihe ist zusätzlich mit einer anderen Matrixgröße (16*16) durchgeführt worden, die Ergebnisse hierzu sind in Abb. 5.16 dargestellt. Die Unterschiede zwischen den beiden Protokollen sind hier viel größer. Bei 64 Prozessoren ist das verbindungsorientierte Protokoll ca. 3,5 mal schneller als das verbindungslose. Für kleine Prozessorzahlen sind sie ungefähr gleich schnell, für 16 Prozessoren ist sogar einmal das verbindungslose Protokoll schneller. Die genaue Ursache dieses »Ausreißers« ließ sich nicht klären, möglicherweise ist sie eine Folge der Abbildung der Prozesse auf die Prozessoren. Die 16 Prozesse sind in zwei Spalten auf das acht mal acht große Prozessorgitter abgebildet, was zu langen Wegen und Kollisionen von Paketen führt.

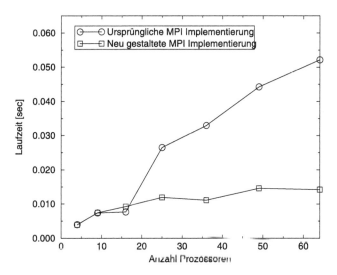

Abb. 5.16: Matrix-Vektor Multiplikation, die Größe der Teilmatrizen beträgt
16*16 Elemente.

5.6.3 Zusammenfassung

In diesem Kapitel ist eine Vielzahl von Protokollen mit unterschiedlicher
Komplexität und Eigenschaften vorgestellt worden, angefangen mit einfachen, verbindungslosen Protokollen, zu den verbindungsorientierten Protokollen mit statischer und dynamischer Pufferverwaltung. Entsprechende
Einsatzgebiete vorausgesetzt, haben die Protokolle alle ihre Existenzberechtigung. Für selten genutzte Dienste auf anderen Knoten lohnt der
Verbindungsaufbau oft nicht, für Kommunikation über längere Zeiträume
dagegen schon. Handelt es sich beim entfernten Zugriff um einen RPC,
kann die Kombination aus dem optimistischen Drei-Wege-Protokoll für
den Auftrag und quittungslosen Protokoll die gleiche Latenzzeit wie ein
verbindungsorientiertes Protokoll erreichen.

Die Simulationen in einem Netzwerk mit Wormhole-Routing, das eine geringe Latenzzeit auf der Hardwareebene besitzt, haben gezeigt, daß man
für parallele Programme auf jeden Fall verbindungsorientierte Protokolle
einsetzen sollte, ansonsten kann man für bestimmte Nachrichtengrößen
mehr als einen Faktor acht an Durchsatz verlieren. Der Unterschied zwischen den Protokollen zeigt sich nicht, wenn man nur einen der beliebten
Benchmarks einsetzt, eine Kommunikation zwischen zwei Knoten in einem
ansonsten leeren Netz. In der Praxis ist das Netz meistens nicht komplett
leer, die Latenzzeit – auch für kurze Pakete – steigt an. Im Falle des Drei-
Wege-Protokolls wirkt sich diese Latenzzeit für jedes Paket dreifach aus, in
einem verbindungsorientierten Protokoll dagegen nur einfach. Falls das
Protokoll Piggypacking benutzt und dieses auch nutzbar ist, reduziert sich
außerdem die Anzahl der Pakete im Netz auf ein Drittel. Dies entlastet

115

nicht nur das Netz, sondern auch die Prozessoren in den Knoten, da sie weniger Unterbrechungen bearbeiten müssen.

Der Hauptnachteil der verbindungsorientierten Protokolle, die begrenzte Skalierbarkeit aufgrund des mit der Prozessorzahl steigenden Pufferbedarfs, ließ sich durch Einführung einer dynamische Pufferverwaltung beseitigen. Die vergleichenden Messungen mit einer verbindunglos arbeitenden Variante haben die klare Überlegenheit des verbindungsorientierten Ansatzes gezeigt. Dies ist insbesondere bemerkenswert, da MPI an der Anwendungsschnittstelle praktisch keine Hilfe bietet, der Transportschicht Hinweise über das Kommunikationsverhalten zu geben. Es existieren zwar die sogenannten virtuellen Topologien, diese wurden aber in den hier gezeigten Messungen nicht genutzt.

6 Gruppenkommunikation

Die bisher beschriebenen Protokolle dienen alle nur der Abwicklung von Einzelkommunikation, das heißt, eine Nachricht wird zwischen genau einem Sender und genau einem Empfänger ausgetauscht. Dies schließt nicht aus, daß bei der Empfangsoperation eine Gruppe von möglichen Sendern spezifiziert wird. Bestimmend ist nur, daß die empfangene Nachricht von genau einem Sender aus dieser Gruppe stammt. Im Gegensatz dazu sind bei der Gruppenkommunikation mehrere Sender und/oder mehrere Empfänger an *einem* Nachrichtenaustausch beteiligt. Gruppenkommunikation bietet vielfältigere Möglichkeiten als Einzelkommunikation, schließlich ist letztere nur ein Spezialfall mit einelementigen Gruppen. Aus Platzgründen können hier nicht alle, sondern nur einige Fälle der Gruppenkommunikation behandelt werden. Die Realisierung der Gruppenkommunikation kann auf praktisch jeder Ebene stattfinden, von der Hardwareschicht bis zur Anwendungsschicht.

Falls Unterstützung für Gruppenkommunikation in der Hardware vorhanden ist, dann meistens nur für wenige Funktionen. Der Aufwand, diese Spezialfunktionen in einer allgemeineren, in Software realisierten Gruppenkommunikation, zu nutzen, ist meistens relativ hoch. Der Implementierungsaufwand lohnt sich jedoch, da die Hardwarerealisierungen oft deutlich effizienter als Softwarerealisierungen sind.

Einer der einfachsten Dienste ist der *Broadcast*, der eine Nachricht an alle anderen Knoten im Netz verschickt. In busartigen Netzen (wie zum Beispiel Ethernet) läßt er sich besonders einfach realisieren, da alle Knoten alle Netzwerkpakete mithören können. Falls ein großer Teil der Knoten – aber nicht alle – die Nachricht erhalten soll, kann es eine sinnvolle Strategie sein, die Nachricht per Hardwarebroadcast an alle Knoten zu schicken und sie an den nicht beteiligten auszufiltern. Bei sinkender Quote der beteiligten Knoten wird die Vorgehensweise zunehmend unwirtschaftlicher, da zu viele unbeteiligte Knoten für sie überflüssige Operationen ausführen müssen.

Nur wenige Parallelrechner bieten begrenzte Empfängermengen an *(Multicast)*, meist auch nur mit sehr eingeschränkter Definitionsmöglichkeit für die Menge, wie zum Beispiel »Unterbaum« in baumartigen Netzen. Gruppen auf der Senderseite (*Reduce*-Operationen) werden praktisch nie angeboten. Der Aufwand für oft benötigte Reduktionsoperationen wie Summe auf Fließkommazahlen wäre auch recht hoch. In der Cray T3D findet man immerhin noch Synchronisationsoperationen, mit denen sich beispielsweise sehr effiziente Synchronisationsbarrieren aufbauen lassen [CTD96].

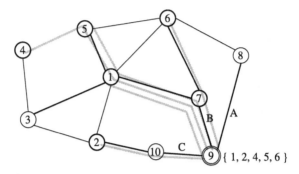

$\{ 1, 2, 4, 5, 6 \}$

Abb. 6.1: Knoten 9 sendet an {1, 2, 4, 5, 6}.

6.1 Optimierungsziele

Gruppenkommunikation kann immer auch durch Einzelkommunikation ersetzt werden. Statt eine Nachricht mit einer Gruppenkommunikation an eine Empfängermenge zu schicken, kann die gleiche Nachricht auch in einer Schleife per Einzelkommunikation an alle Empfänger geschickt werden. In Abb. 6.1 ist dargestellt, wie das resultierende Kommunikationsmuster in einem Beispiel aussieht. Es ist offensichtlich, daß diese Methode ineffizient ist. Die gleiche Nachricht läuft mehrmals über dieselben Kanten. Dies stellt eine unnötige Belastung des Netzes dar. Die Nachricht erreicht einige Knoten auch unnötig spät, da sich die Pakete im Netz gegenseitig stören. Falls man die Gruppe auf der Senderseite statt auf der Empfängerseite ansiedelt, kommt noch ein weiterer Aspekt hinzu. Alle Nachrichten laufen dann bis zum Zielknoten und müssen dort zum Ergebnis verarbeitet werden. Damit hat ein Knoten die gesamte dafür notwendige Rechenleistung zu erbringen, statt eine parallele Berechnung auf den Zwischenknoten durchzuführen. Wenn das Kombinieren der Teilergebnisse eine Nachricht ergibt, die kleiner als die Summe der beiden Teilnachrichten ist, verschwendet man außerdem wieder Netzbandbreite, da nicht kurze, kombinierte, sondern lange Ausgangsnachrichten über weite Wege verschickt werden. Die »Primitivlösung« ist daher offensichtlich nicht optimal. Es existieren mehrere – teilweise widersprüchliche – Ziele für eine Gruppenkommunikation:

1. Minimierung der Netzbelastung

2. Minimierung der Rechenlast auf den Knoten

3. Geringe Latenzzeit

4. Hoher Durchsatz

Die Gewichtung der Ziele kann vom Anwendungsfall abhängen. Bei der üblichen Nutzung von Parallelrechnern, bei der eine Anwendung eine Partition des Rechners exclusiv nutzt, sind die ersten beiden Punkte von untergeordneter Bedeutung.

118

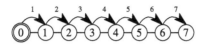

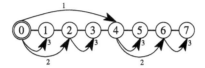

Abb. 6.2: Zwei Varianten zum Verteilen einer Nachricht: Sequentielles Weiterreichen (oben) und Verdoppelungstechnik (unten). Die Nummern an den Pfeilen geben an, in welchem Schritt das Paket verschickt wird.

An einem einfachen Beispiel sollen Lösungsmöglichkeiten gezeigt werden, die sich bei unterschiedlicher Gewichtung der Ziele ergeben. Die Aufgabe besteht darin, eine Nachricht von Knoten 0 zu den Knoten 1 bis 7 zu verschicken, wobei ein einfaches, eindimensionales Netz angenommen wird. Eine einfache Lösung besteht darin, die Nachricht an den Knoten mit der nächsthöheren Nummer zu schicken. Dieser liefert sie lokal aus und – sofern er nicht der letzte in der Reihe ist – schickt sie an seinen rechten Nachbarn weiter (siehe Abb. 6.2, oberer Teil). Hinsichtlich der verbrauchten Netzbandbreite ist diese Lösung offensichtlich optimal, die Nachricht läuft über jede Netzverbindung genau einmal, was sie auch muß, da sie nicht anders von Knoten 0 zu Knoten 7 kommen kann. Hinsichtlich der Zeit, die bis zum Erreichen aller Knoten benötigt wird, ist die Lösung jedoch nicht optimal: Auf jedem Knoten wird die Nachricht aus dem Netzwerk genommen, lokal ausgeliefert und eine Kopie wieder ins Netz gesendet. Es fällt so auf jedem Zwischenknoten die Hardwarelatenz und die Softwarelatenz an. Da die Nachrichten immer nur bis zum direkten Nachbarn weitergereicht werden, summieren sich für den letzten Knoten diese Latenzen. Die Anzahl der Pakete und damit die Anzahl der Aufträge an das Netz läßt sich nicht reduzieren (jeder muß schließlich die Nachricht empfangen), man kann aber die bisher sequentiellen Sendeaufrufe parallelisieren, statt sie rein sequentiell auszuführen.

In Form einer »Lawine« wird die Anzahl der beteiligten Knoten in jedem Schritt verdoppelt. Statt der in der sequentiellen Implementierung linearen Anzahl der Schritte erhält man so eine in der Knotenzahl logarithmische Anzahl von Netzwerkschritten. Dafür müssen in den einzelnen Schritten größere Distanzen im Netzwerk überbrückt werden. Durch den höheren Verbrauch an Netzbandbreite erkauft man sich eine geringere Latenzzeit. Es ist zu beachten, daß die Mehrfachbelastung der einzelnen Netzabschnitte keine Verzögerung mit sich bringt, da die Pakete in getrennten Phasen über die gleiche Leitung laufen. Dies gilt allerdings nur für die Pakete innerhalb einer Gruppenkommunikation. Findet gleichzeitig weitere Kommunikation statt, kann eine Konkurrenz um Leitungsbandbreite stattfinden.

Die Verdoppelungstechnik ist aber nur dann zu empfehlen, wenn die Nachrichten kurz sind, das heißt, wenn die Übertragungszeit des Paketes auf der Netzwerkschicht kürzer als die Zeit ist, die der Prozessor zum Vorbereiten benötigt. Die Übertragungszeit im Netz fällt bei der Verdoppelungstechnik mit immerhin $O(\log n)$ bei n Knoten an, so daß hier noch Einsparpotential vorhanden ist. Dies läßt sich ausschöpfen, wenn man die Nachricht nicht in einem Stück überträgt, sondern aufteilt. Die kleineren Teile werden nach der ersten Methode jeweils nur zum Nachbarknoten geschickt. Dieser kann einen empfangenen Teil direkt weiterleiten und zur lokalen Auslieferung zwischenspeichern, es handelt sich hierbei um das Prinzip des Fließbandes. Ab welcher Nachrichtengröße sich das Aufteilen lohnt läßt sich entweder experimentell ermitteln oder – bei Vorliegen einiger Basisdaten – berechnen.

Für die Berechnung sei angenommen, daß die Übertragung eines Bytes α Sekunden benötigt ($\alpha = 1$ / Bandbreite) und ein konstanter Aufwand von β Sekunden für das Vorbereiten beim Senden und Nachbearbeiten beim Empfangen anfällt. Die Übertragungszeit t für eine Nachricht der Länge n beträgt somit $t = n\alpha + \beta$. In diesem Modell ist der Routingaufwand für Übertragung über längere Strecken nicht enthalten, dies dient der Vereinfachung und ist gerechtfertigt, da er erstens bei heutigen Parallelrechnern sehr klein ist und zweitens bei beiden Verfahren in der Summe die gleichen Strecken zurückgelegt werden. Sollen von Knoten 0 aus m Knoten eine Nachricht der Länge n Byte erhalten, so ist der Zeitaufwand dafür:

$$t_{seq} = (m-1) * (n\alpha + \beta)$$

Die Verdoppelungstechnik benötigt nur eine logarithmische Anzahl von Schritten, der Aufwand reduziert sich daher zu:

$$t_{doppel} = \mathrm{ld}\, m * (n\alpha + \beta)$$

Beim Pipelining muß noch eine geeignete Größe für die Teilnachrichten gewählt werden. Diese ist dann optimal, wenn das Verschicken eines Paketes durch die Hardware den gleichen Aufwand wie das Vor- und Nachbereiten eines Paketes durch den Prozessor hat, wenn also für die Nachrichtenlänge n_f gilt: $n_f = \beta/\alpha$. Sowohl der Prozessor als auch die Netzhardware können dann konstant und ohne Blockierungspausen arbeiten. Die Anzahl der Pakete beträgt dann $c = n$ / $n_f = n\,\alpha/\beta$. Insgesamt erhält man so:

$$t_{pipeline} = cn_f\, \alpha + \beta + (m-2) \cdot (n_f\alpha + \beta)$$

$$= n\alpha + 2m\beta - \beta$$

Der erste Teil der Summe wird durch die Wiederholung innerhalb der Pipeline verursacht (es sind c Fragmente zu verschicken), der zweite Teil durch die nacheinander ablaufenden Pipelinestufen. Er ist auch dafür verantwortlich, daß sich die Pipeline für kleine Nachrichten nicht lohnt. In Abb. 6.3 ist dargestellt, wie sich die drei Verfahren für verschiedene Nachrichtenlängen verhalten. Dabei wurde β mit 50 µs angesetzt und α entsprechend einer Übertragungsrate von 100 Mbyte/s. Der Schnittpunkt läßt sich auch leicht berechnen:

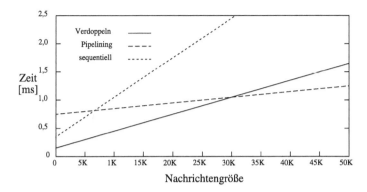

Abb. 6.3: Vergleich der drei Gruppenkommunikationsverfahren für eine Konfiguration aus acht Knoten.

$$t_{doppel} = t_{pipeline}$$

$$\Leftrightarrow \operatorname{ld} m * (n\alpha + \beta) = n\alpha + 2m\beta - \beta$$

$$\Leftrightarrow n = \frac{\beta}{\alpha} \cdot \frac{2m - 1 - \operatorname{ld} m}{\operatorname{ld} m - 1}$$

Mit den hier veranschlagten Zahlen lohnt sich das Pipelining ab einer Nachrichtenlänge von 30000 Byte. Wie man an der Formel erkennen kann, hängt die kritische Nachrichtenlänge vom Verhältnis β/α ab, hinzu kommt noch die Größe der Empfängergruppe, diese geht aber nur mit dem Faktor $O(m\ /\ \log m)$ ein.

Die bisherigen Betrachtungen basieren auf einer einfachen, nicht praxisrelevanten Topologie. Einem eindimensionalen Gitter. Sie lassen sich aber leicht auf weitere regelmäßige Topologien ausdehnen. Komplexer wird die Situation in unregelmäßigen Netzen oder wenn die Gruppenkommunikation nicht eine »kompakte« Teilmenge der Knoten umfaßt, sondern nur eine Teilmenge in einem abgegrenzten Gebiet oder dem gesamten Netz. Bei kompakten Mengen läßt sich das Verfahren einfach auf Gitter (und damit auch Hyperwürfel und Tori) erweitern. Es wird jeweils innerhalb der Dimensionen unverändert die Verdoppelungstechnik oder das Pipelining verwendet. Sobald eine Dimension komplett erreicht ist, wechselt man auf die nächste Dimension. So ist garantiert, daß man sich immer auf kürzesten Wegen vorarbeitet. Eine Alternative dazu wäre, einen Pfad durch das Netz zu legen, der jeden Knoten genau einmal besucht. Auf diesem Pfad könnten dann die vom eindimensionalen Fall her bekannten Verfahren zum Einsatz kommen. Der Nachteil besteht darin, daß man den geringeren Durchmesser des Netzes nicht zu seinem Vorteil ausnutzt.

Wenn nicht mehr alle Knoten in einem kompakten Gebiet (z.B. einem Teilgitter) an der Gruppenkommunikation teilnehmen, muß nach einer neuen Strategie gesucht werden. Die bereits formulierten Optimierungsziele sollten auch weiterhin beachtet werden, soweit dies mit vernünftigem Aufwand möglich ist. Für ein Ziel ist dies ausgeschlossen: Um die Netzbe-

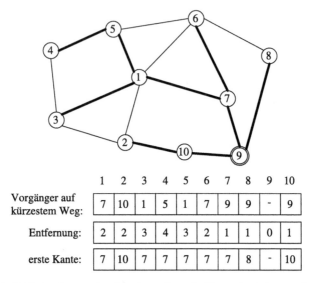

	1	2	3	4	5	6	7	8	9	10
Vorgänger auf kürzestem Weg:	7	10	1	5	1	7	9	9	-	9
Entfernung:	2	2	3	4	3	2	1	1	0	1
erste Kante:	7	10	7	7	7	7	7	8	-	10

Abb. 6.4: Beispielnetz und vorberechnete Daten für Knoten 9 mit dem zugehörigen eingebetteten Baum.

lastung möglichst gering zu halten wäre die Einbettung eines Baumes mit minimaler Gesamtlänge notwendig, das heißt die Berechnung eines Steiner-Baumes. Dies ist jedoch ein NP-vollständiges Problem [GJC79]. Es wurde daher ein heuristisches Verfahren entwickelt, das einen Baum einbettet, in dem vom Startknoten zu allen Zielknoten nur kürzeste Wege genutzt werden. Falls es mehrere dieser Bäume gibt, kann nicht garantiert werden, daß der mit der geringsten Gesamtlänge ausgewählt wird. Das Verfahren funktioniert nicht nur in Gittern, sondern in Netzen beliebiger Topologie mit beliebigen Kantenbewertungen, es ist damit nicht nur auf Parallelrechner beschränkt.

Das Verfahren arbeitet in drei Phasen. In der ersten Phase wird eine Vorberechnung durchgeführt, die nur von der Topologie des Netzes abhängt. Dies kann daher entweder bei der Konfiguration des Rechners oder beim Starten des Betriebssystems vorgenommen werden. Die zweite Phase ist die Einrichtung eines Gruppenkanals. In dieser Phase wird der Baum berechnet und in das vorhandene Netz eingebettet, was Kommunikation zwischen den beteiligten Knoten im Netz bedingt. Die dritte Phase schließlich ist die Benutzung des Gruppenkanals. In ihr finden keine Berechnungen mehr statt, nur noch Tabellenzugriffe auf in den ersten beiden Phasen berechneten Daten.

Da die Vorberechnung für jeden Knoten im Netz individuell ist und sie nur die Netztopologie als Eingabedaten benötigt, bietet es sich an, sie auf jedem Knoten lokal durchzuführen und die dadurch entstehende Parallelität auszunutzen. In Abb. 6.4 ist dargestellt, wie dies in einem Beispielnetz für einen Knoten (Nummer 9) aussehen kann. Das Ergebnis der Vorberechnung

```
errichte_baum(quelle, zielmenge)
  g := knotengrad(quelle)
  if |zielmenge| = 1 then return
  for i := 1 to g do                    Zerlegung nach erster Kante
    set[i] := {v ∈ zielmenge | kürzester Weg nach v über i}
  for i := 1 to g do                    Für alle Teilmengen
    for all j ∈ set[i] do               Bestimme kürzeste Wege
      kw[quelle, j] := kürzester Weg von quelle nach j

    gkw[q,i]: =      ∩     kw[q,j]
                  j ∈ set[i]

    q[i] := letztes Element in gkw[q, i]    Verzweigungspunkt
  // end for i:=1 to g
  for i := 1 to g do parallel
    errichte_baum(q[i], set[i])              Rekursion
```

Abb. 6.5. Algorithmus zum Erzeugen eines Gruppenkanals

ist ein Baum, bestehend aus den kürzesten Wegen vom Startknoten zu allen
anderen Knoten im Netz.

Der Baum wird in einer spezifischen Art gespeichert, die für die zweite
Phase eine effiziente Berechnung erlaubt. Es werden drei Felder von ganzen Zahlen angelegt. Jedes hat pro Knoten einen Eintrag und wird mit der
Knotennummer indiziert. Das erste enthält zu jedem Knoten den Vorgän-
ger auf dem kürzesten Weg vom Startknoten zu diesem Knoten. Mit seiner
Hilfe kann man den Weg von einem beliebigem Knoten zum Startknoten
ablaufen und den nächsten Schritt mit O(1) bestimmen (Feldzugriff). Das
zweite Feld enthält die Entfernung vom Startknoten zu dem entsprechenden Knoten auf dem kürzesten Weg, das dritte den ersten Schritt auf dem
kürzesten Weg. Dies kann entweder eine Kantennummer oder – wie im
Beispiel – die Knotennummer des nächsten Knotens sein. Die Werte lassen
sich alle leicht berechnen, in dem man eine Breitensuche vom Startknoten
aus durchführt. Während der Breitensuche muß mitgeführt werden, über
welche erste Kante man zu den Zielknoten gelangt ist, ansonsten unterscheidet sie sich nicht von einer gewöhnlichen Breitensuche in einem Gra-
phen. Der Aufwand dafür ist O(|Knoten| + |Kanten|).

Der Algorithmus für die zweite Phase basiert auf einer verteilten Rekursion. Für jeden Knoten des Baumes erfolgt ein rekursiver Aufruf vom Eltern-
knoten aus. Der Algorithmus ist in Abb. 6.5 als Pseudocode dargestellt. Die
Rekursion ist beendet, wenn die Zielmenge nur noch ein Element enthält,
ansonsten wird die Menge auf Basis der Kante, die im ersten Schritt zu gehen ist, in den Kanten zugeordneten Teilmengen aufgeteilt (erste Schleife
über die Empfängermenge). Die nächste Schleife ist für den größten Teil
des Aufwandes verantwortlich: In ihr werden die kürzesten Wege zu (von)
allen Knoten berechnet. Hierzu werden die vorberechneten Daten verwendet: Von den Zielknoten wird der Baum rückwärts abgelaufen und mar-
kiert. So läßt sich der Knoten bestimmen, an dem – vom Startknoten aus
gesehen – die erste Verzweigung stattfindet. Dieser Knoten ist der

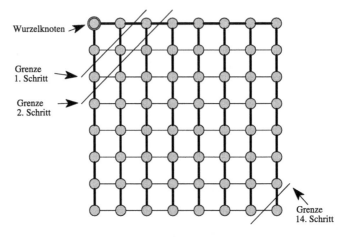

Abb. 6.6: Ablauf der Einrichtung eines Gruppenkanals in einem 8*8 Gitter

Startpunkt für die nächste Rekursionsebene. Die rekursiven Aufrufe in der letzten Schleife können parallel erfolgen.

Wie groß ist nun der Aufwand des Algorithmus? Wegen der Abhängigkeit von der Topologie soll eine Berechnung der Komplexität hier für Gitter erfolgen, die sich teilweise auf andere Topologien erweitern läßt. Es sei angenommen, daß sich der Wurzelknoten in der linken oberen Ecke befindet und die Zielmenge alle Knoten umfaßt. Der erste Teil des Algorithmus – die Aufteilung der Knoten auf Basis der ersten Kante – hat offensichtlich einen in der Anzahl der Zielknoten linearen Aufwand, da die zu benutzende Kante für jeden Knoten dank Vorberechnung per Tabellenzugriff festgestellt werden kann.

Der zweite Schritt – die Bestimmung der nächsten Verzweigungsknoten – kann in einem Aufwand gleich der Anzahl Kanten im einzubettenden Baum durchgeführt werden. Die vorberechnete Datenstruktur erlaubt es, den Baum rückwärts abzulaufen. Dies geschieht für alle Knoten in der Zielmenge, aber nur solange, bis ein bereits besuchter Knoten erreicht ist. Es wird daher jeder Knoten und jede Kante nur einmal berührt, woraus sich der Aufwand ergibt. Wie groß sind nun die Teilbäume im Schritt i? Geht man von X-Y-Wegewahl aus, entartet der Baum zu einem Kamm (siehe Abb. 6.6): Vom Gitter werden nur die erste Zeile und von dort ausgehend alle Spalten genutzt. Geht man von einer Kantenlänge g aus, gilt somit:

$$l(i) = \begin{cases} (g-1)(g-i+1)+(g-i) & \text{für } i < g \\ 2g-i-1 & \text{für } i \geq g \end{cases}$$

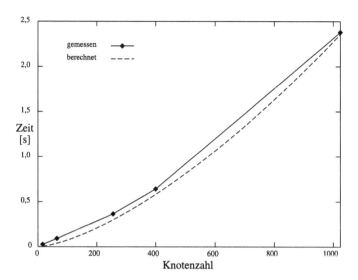

Abb. 6.7: Berechnete und gemessene Zeit zum Erzeugen eines Gruppenkanals bei einem gitterförmigen Kommunikationsnetz.

Für den Gesamtzeitaufwand der Rekursion muß über die (in diesem Beispiel 14) Rekursionsschritte summiert werden. Wegen der Parallelität ist dabei immer nur der teuerste Schritt an einem Knoten zu betrachten. Hier ist immer der »rechte« Teilbaum teurer als der linke, für die Gesamtkosten gilt somit:

$$t(g) = \sum_{i=1}^{g-1}(g-1)(g-i+1)+(g-i)+\sum_{i=g}^{2g-1}2g-i-1$$

$$= \frac{1}{2}g^3+\frac{1}{2}g^2-2g+1$$

$$= \frac{1}{2}n^{3/2}+\frac{1}{2}n-2n^{1/2}+1 \quad mit\ n = g^2$$

Asymptotisch beträgt der Aufwand also $O(n^{3/2})$, wobei n die Knotenzahl des Netzes ist. Der Algorithmus ist in Cosy implementiert worden. Bis zu einer Knotenanzahl von 1024 ließen sich die berechneten Werte daher überprüfen, die Auswertung ist in Abb. 6.7 zu sehen. Die gemessenen Punkte liegen näherungsweise auf der berechneten Kurve, die vorhanden Abweichungen werden durch zwei Ungenauigkeiten im Berechnungsmodell verursacht. Erstens sind nicht alle konstanten Faktoren exakt berücksichtigt und zweitens ist die notwendige Kommunikation nicht beachtet worden. Ein Aufwand von $O(n^{3/2})$ dürfte in vielen Fällen akzeptabel sein, da er auch nur beim *Einrichten* eines Kanals anfällt, nicht jedoch bei der *Benutzung*.

Mit etwas Aufwand ist noch eine Reduktion des Aufwands möglich. In jedem Rekursionsschritt wird der noch zu bearbeitende restliche Baum vollständig abgelaufen, obwohl er im vorigen Rekursionsschritt schon einmal betrachtet wurde. An dieser Stelle ließe sich Rechenaufwand durch Kommunikationsaufwand ersetzen. Dazu müßten im ersten Schritt nicht nur die Verzweigungsknoten für die nächste Rekursionsstufe berechnet werden, sondern sämtliche Verzweigungsknoten. Dies könnte in einer Baumtraversierung mit Aufwand $O(n)$ erledigt werden. Die Information über die Verzweigungsknoten wäre dann bei allen (bis auf den ersten) Rekursionsschritten in der Auftragsnachricht mit weiterzugeben. Die Größe der Nachricht würde sich ungefähr verdoppeln.

6.2 Implementierung

Wie schon bei den Messungen erwähnt, ist der beschriebene Algorithmus für die Einrichtung von Gruppenkommunikationskanälen in Cosy implementiert worden. Im Gegensatz zu den Einzelkommunikationskanälen ist dies nicht innerhalb des Kerns geschehen, sondern auf der Dienstgeberebene. Man kann zwar argumentieren, daß dies als Infrastrukturoperationen eher auf der Kernebene anzusiedeln ist, jedoch haben verschiedene Argumente für eine Implementierung auf der Dienstgeberebene gesprochen. Die auf einem Knoten notwendigen Berechnungen haben einen Aufwand von $O(n)$ bei n beteiligten Knoten. Dies hätte zu langwierigen Berechnungen innerhalb des Kerns geführt, was in Verbindung mit der globalen Kernsperre zu langen Reaktionszeiten für andere Prozesse geführt hätte. Als zweiter Punkt ist die Größe der notwendigen Code- und Datenbereiche zu nennen. Der Gruppenkommunikationscode umfaßt ca. 2900 Zeilen an Programmcode, um die sich der Kern dann vergrößert hätte. Der dritte und entscheidende Punkt ist jedoch die Komplexität. Die verwendeten Algorithmen sind deutlich komplizierter als alle im Kern verwendeten Algorithmen. Durch eine Implementierung außerhalb des Kerns ließ sich dessen Komplexität begrenzen.

Der Algorithmus benötigt entfernte, rekursive Funktionsaufrufe, die es in Cosy nicht als Basisoperationen gibt. Diese müssen daher auf einen anderen Mechanismus abgebildet werden. Die dazu in Cosy allgemein angewandte Technik beruht auf Dienstgeberprozessen, die an einem Eingangskanal auf Aufträge warten, sie bearbeiten und anschließend das Ergebnis zurückschicken. Dieser Mechanismus funktioniert leider nur, wenn sich die Server in einer Hierarchie anordnen lassen, ansonsten besteht die Gefahr von Verklemmungen, die bei einem rekursiven Aufruf derselben Serverinstanz entstehen. Während dieses Aufrufes wartet der Server nicht an seinem Eingangskanal, sondern an dem Antwortkanal für den Aufruf. Er wird den Auftrag also nicht ausführen, bis er den vorigen beendet hat, womit der Zyklus geschlossen ist.

Die im Algorithmus vorhandene Rekursion kommt nie zum Ausgangsknoten zurück, so daß dieser Fall nicht eintreten kann. Es gibt aber eine ähnliche Situation, die auch zu Verklemmungen führen kann. Sie wird durch die gleichzeitige Einrichtung von zwei (oder mehr) Gruppenkanälen ausgelöst. Lösen zwei verschiedene Knoten die Einrichtung eines Kanals aus und benötigen sich gegenseitig als Knoten im Baum, tritt praktisch die gleiche

Situation wie oben beschrieben auf. Beide bearbeiten einen Auftrag und können daher zu diesem Zeitpunkt keine weiteren Aufträge annehmen. Da sie jeweils den Auftrag des anderen ausführen müßten, blockieren sie sich gegenseitig. Diese Verklemmung dürfte mit hoher Wahrscheinlichkeit eintreten. Wenn ein paralleles Programm startet, so wird es vermutlich die benötigten Gruppenkanäle entweder selbst einrichten, oder – wie in Cosy üblich – von der Programmverwaltung automatisch anlegen lassen. In beiden Fällen erfolgt eine parallele Einrichtung von Gruppenkanälen, die Verklemmung ist daher vorprogrammiert.

Ein einfacher Ausweg aus der Situation wäre die Zwangssequentialisierung, das heißt, zu einem Zeitpunkt darf nur ein Gruppenkanal eingerichtet werden. Dies wäre jedoch aufwendig durchzuführen (verteilte Sperren) und würde außerdem den Programmstart unnötig verlangsamen. Dies gilt insbesondere für Programme, die viele Gruppenkanäle benötigen. Auch ein weiterer Ansatz, die Erkennung der Verklemmung und ihre Auflösung durch das Abbrechen einer der beteiligten Aktionen ist hier nicht sinnvoll. Durch die hohe Wahrscheinlichkeit der Verklemmung wäre ein Abbruch und damit verbundene Mehrfacharbeit häufig. In Cosy wurde daher ein dritter Weg gewählt, der überhaupt keine Verklemmungen mehr entstehen läßt, in dem die notwendige zyklische Wartebedingung verhindert wird. Dies läßt sich sowohl durch eine verzahnte Realisierung der Server mit nur einer zentralen Wartestelle oder durch zusätzliche Prozesse erreichen. Da Prozesse in Cosy »billig« sind, das heißt, wenig Ressourcen verbrauchen, wurde der zweite Weg gewählt.

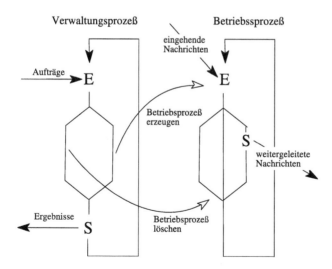

Abb. 6.8: Prozeßstruktur des Gruppenkommunikationsdienstgebers auf einem Knoten. Getrennte Betriebsprozese für jeden Kanal wirken Verklemmungen entgegen.

Sobald der Auftrag für die Erzeugung eines Gruppenkanals eingeht, erzeugt der Dienstgeber einen Prozeß, der nur für diesen Kanal zuständig ist. Sämtliche zur Einrichtung und zum Betrieb notwendige Aktionen werden von diesem Prozeß abgewickelt, nur die Zerstörung des Kanals wird durch eine Auftragsnachricht an den Eingangskanal des Serverprozesses ausgelöst. Der Serverprozeß und die zu den Gruppenkanälen gehörenden Prozesse arbeiten auf getrennten Daten, es sind daher keine Sperren auf den Datenstrukturen notwendig. Beim Zerstören eines Kanals wird als erstes vom Serverprozeß der zugehörige Kanalprozeß gelöscht, so daß der Serverprozeß anschließend ohne Fehlergefahr auf die Daten zugreifen kann. Es muß vom Kanalprozeß nur sichergestellt sein, daß die zum Löschen benötigten Daten stets konsistent sind. Ein eigener Prozeß für jeden Gruppenkanal auf jedem beteiligten Knoten bietet auch Vorteile bei der Übertragung der Nachrichten. Mehrere Kanalobjekte können sich gegenseitig nicht stören, was auch der Übertragungsleistung entgegenkommt.

Ein Großteil des Codes – immerhin etwa 2900 Zeilen – wird durch die Berücksichtigung einiger Sonder- und Fehlerfälle notwendig. Fehler beim Erzeugen können verschiedene Ursachen haben. Die beiden wesentlichen sind die Angabe von falschen Adreßräumen oder fehlende Ressourcen. Die Endpunkte des Gruppenkanals werden durch Adreßräume spezifiziert. Ob diese wirklich existieren, kann erst dann effizient überprüft werden, wenn die Rekursion bis zu dem Knoten vorgedrungen ist, der den Adreßraum enthält. Auf den Kommunikationsbaum bezogen kann es sich sowohl um ein Blatt als auch einen inneren Knoten handeln. Mangelnde Ressourcen können während der kompletten Erzeugung ebenfalls zu Fehlern führen. Es handelt sich dabei immer um eine Variante des Speichermangels, die entweder eine lokale Anforderung oder das Anlegen eines Kernobjektes (Einzel-Kanal, Prozeß) scheitern läßt.

Ein Fehler in einer der Teiloperationen führt grundsätzlich zum Scheitern des gesamten Kanalaufbaus, es wird nicht versucht, einen alternativen Baum zu berechnen, der eine problematische Stelle ausschließt. Unter den vorhandenen Bedingungen ist diese Vorgehensweise auch gerechtfertigt. Es bleibt nach dem Auftreten eines Fehlers noch die Aufgabe zu lösen, die bereits belegten Ressourcen wieder freizugeben und den Auftraggeber zu benachrichtigen.

Es sind dabei zwei Fälle zu unterscheiden. Erstens, wenn der Fehler an einem Blatt auftritt und zweitens, wenn er in einem inneren Knoten auftritt. Im zweiten Fall wäre es unsinnig, den Teilbaum unterhalb des Fehlerknotens noch aufzubauen, stattdessen werden alle lokalen Ressourcen freigegeben und die Fehlerbedingung zum nächsthöheren Knoten zurückgereicht. Hatte dieser nur den einen Kindknoten, so gibt er auch nur seine lokalen Ressourcen frei und propagiert den Fehler weiter in Richtung Wurzel. Hat er außer dem fehlererzeugenden noch weitere Kindknoten, die ja in der Rekursion parallel beauftragt wurden, so müssen diese informiert werden, damit auch sie die Ressourcen freigeben können. Falls die Teilbäume mit der Einrichtung noch nicht fertig sind – was durchaus vorkommen kann – so läuft die rekursive Freigabe der rekursiven Erzeugung hinterher. Es muß daher sichergestellt sein, daß das Zusammentreffen der beiden Rekursionen ohne Probleme abläuft. Wie schon weiter oben beschrieben, sorgt die

Löschoperation im ersten Schritt dafür, daß der zu dem Kanal gehörende Prozeß gelöscht wird. Es ist damit sichergestellt, daß von ihm keine Aktivität mehr ausgeht. Das Löschen des lokalen Ergebniskanals kann zu Fehlern in unteren Stufen der Rekursion führen, wenn dort versucht wird, Nachrichten an die oberen Stufen zu senden. Diese Fehler können jedoch ignoriert werden, da die Prozesse, die die Fehler empfangen, im Rahmen der Aufräumarbeit sowieso gelöscht werden. Die Spezifikation des Gruppenkanalobjektes verbietet es nicht, auf einem Knoten mehrere Sender oder Empfänger zu haben. Es kann daher im gesamten Algorithmus nicht davon ausgegangen werden, daß zu einem Sender oder Empfänger genau ein Knoten gehört.

7 Der Cosy-Kern

Die bisher beschriebenen Algorithmen sind praktisch alle im Parallelrechnerbetriebssystem Cosy entwickelt und getestet worden, es soll hier daher eine genauere Beschreibung des Kerns von Cosy erfolgen. Beim Entwurf von Cosy ist stets auf skalierbare Lösungen Wert gelegt worden, da es auch noch auf Parallelrechnern mit 1000 und mehr Prozessoren effizient lauffähig sein soll. Erfolgreiche Tests sind mit Transputersystemen mit bis zu 1024 Prozessoren durchgeführt worden, größere Rechner standen leider nicht zur Verfügung. Die Erstimplementierung erfolgte auf Transputern, eine Portierung auf die PowerPC Architektur ist bereits erfolgt [RWP96]. Eine weitere Portierung auf die Intel x86-Familie ist momentan in Arbeit.

In diesem Kapitel wird ein Überblick über den Aufbau des Kerns gegeben. In ihm werden auch die Besonderheiten beschrieben, die in den verschiedenen Architekturen zu beachten sind. Begonnen wird mit einer Beschreibung der allgemeinen Struktur und den Unterschieden zu anderen Betriebssystemkernen, es folgt eine Beschreibung der Datenstrukturen und der Umsetzung der lokalen sowie der entfernten Kommunikation.

7.1 Struktur des Kerns

Der Kern ist von Grund auf neu entworfen worden. Er basiert auf keinem anderen System. Auch die Schnittstelle zu Dienstgebern und Anwendungen ist neu entworfen worden, ohne Rücksicht auf Kompatibilität zu existierenden Systemen. Dem Nachteil, auf keine große existierende Programmbasis zurückgreifen zu können, steht der Vorteil gegenüber, nicht auf für den hochparallelen Fall ungünstige Schnittstellen Rücksicht nehmen zu müssen. Der interne Aufbau und die Schnittstelle des Kerns sollen den Kernverbund unterstützen. Zugriff auf Kernobjekte erfolgt weitgehend transparent, wobei vollständige Transparenz nur mit sehr hohem Aufwand zu erreichen ist und daher kein Entwurfsziel war. Auch wenn die Implementierung des Kerns in C erfolgt, kann man den Trend der letzten Jahre hin zu objektorientierten Sprachen nicht ignorieren. Die Schnittstelle sollte daher so gestaltet sein, daß sie sich sowohl in prozeduralen als auch in objektorientierten Sprachen sinnvoll ansprechen läßt.

7.1.1 Kernobjekte

Der Kern von Cosy ist als sogenannter *Microkernel* konzipiert, das heißt, er enthält nur die Basisdienste, die für die Existenz von Prozessen und ihre geregelte Zusammenarbeit notwendig sind. Es ist also auf jeden Fall eine Klasse *Prozeß* notwendig. Als Ablaufumgebung für Prozesse dienen *Adreßräume*. Es wird hier übrigens nicht die Unix-Begriffswelt verwendet, in der

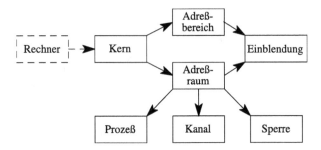

Abb. 7.1: Cosy Kernklassen und ihre Beziehungen.

Prozeß und Adreßraum synonym verwendet werden und in der man zwischen Prozessen und Threads unterscheidet.

Prozesse können entweder über *Kanäle* kommunizieren oder in gemeinsamen Speicherbereichen arbeiten, zur Koordination dienen dann *Sperren*. Speicher kann – aus technischen Gründen – bisher nur zwischen Prozessen auf dem gleichen Knoten genutzt werden. Dies kann sich aber ändern, sobald Cosy auf eine Architektur portiert wird, die entfernten Speicherzugriff unterstützt, beispielsweise Systeme mit SCI [IEEE92]. Der Speicher ist aus Anwendungssicht in Seiten organisiert, wobei aber nicht jede einzelne Seite als Objekt realisiert ist, da dadurch unnötig viele Objekte entstehen würden. Stattdessen existiert die Klasse *Adreßbereich*, die eine Menge von Seiten mit gleichen Eigenschaften repräsentiert. Ein Adreßbereich kann in einem oder mehreren Adreßräumen sichtbar (eingeblendet) sein, eine Einblendung wird durch ein Objekt der Klasse *Einblendung* repräsentiert. Derselbe Adreßbereich kann in verschiedenen Adreßräumen mit unterschiedlichen Attributen sichtbar sein, beispielsweise in einem mit Lese- und Schreibzugriff, in einem anderen jedoch nur mit Lesezugriff.

Sämtliche Kernklassen mit den Beziehungen untereinander sind in Abb. 7.1 in Form eines Bachmann-Diagramms dargestellt. Ein Pfeil zwischen zwei Rechtecken bedeutet jeweils, daß die Objekte der entsprechenden Klassen untereinander in einer 1:n-Beziehung stehen. Es ist also unmittelbar ersichtlich, daß ein Prozeß in genau einem Adreßraum abläuft, umgekehrt in einem Adreßraum aber beliebige viele (auch keiner) Prozesse laufen können.

Startpunkt für das gesamte Objektnetz ist die Klasse Rechner. Diese Klasse existiert nicht real. Sie soll nur das Diagramm vervollständigen. Ein Rechner besteht aus einem oder mehreren Knoten. Auf jedem Knoten läuft genau ein Kern, der durch das Kernobjekt repräsentiert wird. Das Kernobjekt auf jedem Knoten hat eine bekannte Objektidentifikation, so daß man direkt darauf zugreifen kann, ohne erst den Namensdienst zu bemühen[29].

---

[29] Weitere Informationen zu Objektnamen/-identifikatoren folgen später.

```
Error create_address_range(Kobj_id k, Page pge, Kobj_id *ra);
Error delete_address_space(Kobj_id ra);
Error send_syn(Kobj_id chan, Pointer message, Size len);
Error set_attrib(Kobj_id id, Card attrib, Pointer value);
```

Abb. 7.2: Beispiel für einige Kernaufrufe

Mit dem Kernobjekt sind in 1:n-Beziehungen Adreßbereiche und Adreßräume verbunden. Erstere repräsentieren belegten Speicher, letztere logische Behälter, in denen sich weitere Objekte befinden können. Dies sind
Prozesse, Kanäle, Sperren und Einblendungen.

Kernaufrufe beziehen sich (bis auf wenige Ausnahmen) auf Objekte. Der
erste Parameter solcher Aufrufe ist die Kennung des entsprechenden Objektes. Sollte einmal eine objektorientierte Sprache zum Einsatz kommen,
würde einfach die Funktion zur Methode an dem zugehörigen Objekt.
Funktionsrückgabewert ist grundsätzlich eine Fehlernummer oder 0 (kein
Fehler). Die Rückgabe aller anderen Daten erfolgt über Referenzparameter.
Wenn ein neues Objekt erzeugt wird, so geschieht dies als Operation an
dem Objekt, zu dem es in einer 1:n-Beziehung steht. Ausnahme sind die
Einblendungen. Dort sind zwei andere Objekte anzugeben (Adreßraum,
Adreßbereich). So ist sichergestellt, daß die Objektbeziehungen immer korrekt eingehalten werden. Die Syntax einiger Kernaufrufe ist beispielhaft in
Abb. 7.2 dargestellt.

Alle Kernobjekte lassen sich durch einheitliche Objektidentifikatoren ansprechen. Sie sind als C-Strukturen realisiert und bestehen aus drei Zahlen:

1. Einer 16 Bit großen Knotennummer.

2. Einer 16 Bit großen lokalen Nummer.

3. Einer weiteren 32 Bit großen Zahl, die bei Erzeugung zufällig gewählt
   wird.

Die Beschränkung von Knotennummer und lokaler Objektnummer auf 16
Bit ist auf die aktuelle Hardware abgestimmt. Sie ließe sich problemlos ändern, sobald ein Parallelrechner mit mehr als 2^{16} Prozessoren eingesetzt
wird oder auf einem Knoten mehr als 2^{16} Objekte notwendig werden.
Wenn ein neues Objekt erzeugt wird, sucht der Kern eine freie (lokale) Objektnummer und vergibt sie. Zusätzlich wird eine 32 Bit große Zufallszahl
erzeugt und im Objektidentifikator gespeichert. Wenn dem Kern im Zuge
einer Operation ein Objektidentifikator übergeben wird, kann er mit Hilfe
der Zahl überprüfen, ob der Identifikator gültig ist. Ohne diesen Mechanismus wäre die Wahrscheinlichkeit groß, daß Identifikatoren von gelöschten
Objekten für neu erzeugte Objekte gültig wären. So erreicht man einen gewissen Schutz gegen fehlerhafte Programme.

Um in das Objektnetz »einzusteigen« kann man sich mit Hilfe einer Bibliotheksfunktion einen Identifikator für das Kernobjekt auf einem Knoten generieren lassen. Es hat immer die lokale Nummer 0 und statt einer Zufallszahl den Wert 0. Von ihm aus kann man durch das Netz navigieren, in dem
man sich das erste Objekt in einer 1:n-Beziehung oder das nächste Objekt

innerhalb einer 1:n-Beziehung geben läßt. Anwendungen sollten diesen Mechanismus selten benötigen. Er wird aber beispielsweise von der Programmverwaltung benutzt, die so bei Programmterminierung alle Objekte innerhalb eines Adreßraumes finden und löschen kann. Dies ist auch der einzige Grund, warum Kanäle und Sperren mit Adreßräumen in einer n:1-Beziehung stehen. Sie könnten auch an das Kernobjekt angehängt werden, für die Benutzung entstünde kein Unterschied.

Anwendungen und die meisten Dienstgeber können mit Hilfe der Namensverwaltung – die kein Teil des Kerns ist – Objektnamen (Zeichenketten) in Objektidentifikatoren umwandeln und dann auf die Kernobjekte zugreifen. Zur Vermeidung des Henne-Ei-Problems bekommt jedes Programm den Auftragskanal der Namensverwaltung automatisch mitgeteilt. Über den gleichen Mechanismus, direkte Ablage im Adreßraum des zu startenden Programmes, legt die Programmverwaltung auch die Kanäle zu anderen Teilen von parallelen Programmen ab, so daß in diesem Fall die Namensverwaltung nicht mehr bemüht werden muß. Die Struktur des Kerns ermöglicht dies auf einfache und elegante Weise. Die Adreßbereiche des neuen Programmes werden zuerst im Adreßraum der Programmverwaltung erzeugt, dort eingeblendet sowie initialisiert und anschließend in den Adreßraum des neuen Programmes eingeblendet sowie aus dem Adreßraum der Programmverwaltung entfernt. Weitere Informationen zur Programmverwaltung können in [WBE94, OLP95, BGW97] nachgelesen werden.

An den Objekten ließen sich auch Zugriffskontrollinformationen anhängen, die den Aufruf einzelner Funktionen nur für bestimmte Prozesse, Adreßräume oder anderweitig identifizierbare Subjekte zulassen. Auf diese Option ist jedoch aus mehreren Gründen verzichtet worden. Erstens – das ist auch der Hauptgrund – stand nur begrenzt Zeit für die Entwicklung des Kerns zur Verfügung, weswegen bewußt auf diese Funktionalität verzichtet wurde. Zweitens ist auf der zuerst ausgewählten Architektur (Transputer) jegliche Sicherheit wegen des fehlenden Speicherschutzes Illusion und drittens hätten Sicherheitsüberprüfungen zusätzlichen Aufwand erzeugt, der die Kommunikation verlangsamt hätte.

7.1.2 Prozeßimplementierung

Die Realisierung von Prozessen, die nebenläufig auf einem Prozessor ausgeführt werden, ist eine der Hauptaufgaben eines Betriebssystemkerns. Je nach Einsatzgebiet unterscheiden sich die Anforderungen an Anzahl unterstützter Prozesse und an Umschaltzeiten zwischen Prozessen. So spielen Umschaltzeiten in batchorientierten System eine geringe Rolle, da dort die Zeitscheiben sehr lang ausfallen können und die Anzahl der Umschaltungen gering ist. In interaktiven Systemen dagegen sind kürzere Zeitscheiben und Antwortzeiten gefordert. Eine Verzögerung zwischen einem Tastendruck und dem Erscheinen des zugehörigen Buchstabens auf dem Bildschirm von mehr als ca. 10 ms wird schon als störend empfunden. Steuerung von technischen System und Abspielen von Audio- oder Videodaten erfordert nicht nur die Einhaltung von »weichen«, sondern von sogenannten »harten« Zeitschranken. Dies bedeutet, daß die Schranken nicht nur mit einer gewissen Wahrscheinlichkeit eingehalten werden, sondern immer. Die Zielplattform von Cosy sind Parallelrechner, die hauptsächlich zum »Number Crunching« eingesetzt werden. Daher ist keine Echtzeitfähigkeit gefordert. Für eine hochparallele Maschine, in der viel kommuniziert wird, kommt es dagegen auf eine schnelle Kommunikation und damit auf eine schnelle Prozeßumschaltung an.

Die »Standardimplementierung« für Prozesse, wie sie in diversen Lehrbüchern und anderen Veröffentlichungen nachzulesen ist [HWA87, LTO97], sieht einen Stapel für jeden Prozeß vor. Die Funktion Umschalten wechselt dann auf den Stapel des neuen Prozesses. Dabei bleibt jedoch unberücksichtigt, daß heutige Prozessoren mehrere Stapelzeiger vorsehen, jedoch nicht für Prozesse, sondern zur Unterscheidung von Benutzer- und Kernmodus. Teilweise findet man noch einen dritten Stapelzeiger für die Behandlung von Unterbrechungen. Neben der Umschaltung auf einen anderen Stapelzeiger sind auch noch Wechsel zwischen verschiedenen Adreßräumen durchzuführen. Diese fallen nicht nur beim Wechsel zwischen zwei Prozessen an (sofern diese in verschiedenen Adreßräumen liegen), sondern auch beim Kernein- und Kernaustritt. Der Grund dafür ist, daß der Kern sinnvollerweise in einem zumindest teilweise abgeschotteten Bereich liegt, damit Prozessen der Zugriff auf Kerndaten verwehrt bleibt.

Es gilt nun, eine für Cosy sinnvolle Lösung für die Umsetzung von Prozessen und Adreßräumen zu finden, die sowohl mit »gewöhnlichen« Prozessoren als auch mit Transputern[30] effizient arbeitet. Mit einem ungewöhnlichen Ansatz läßt sich eine speicher- und zeiteffiziente Lösung realisieren. Ein Wechsel des Stapels – und bei Bedarf des Adreßraums – findet nur beim Kernein- oder Kernaustritt statt, nicht jedoch in der Prozedur Umschalten. Aus diesem ungewöhnlichen Ansatz ergeben sich einige Vorteile sowie ein Nachteil. Alle Prozesse können sich den gleichen Kernstapel teilen, der Platz dafür muß nur einmalig angefordert werden, nicht für jeden Prozeß. Prozesse begnügen sich daher mit wenig Speicher im Kern. In der Prozedur Umschalten ist kein Assemblercode zum Wechseln des Stapelzeigers notwendig. Dieser Teil kann somit unabhängig von der Zielhardware gehalten werden.

Als Nachteil ergibt sich eine andere Struktur des Kerns. Nach dem Aufruf von Umschalten läuft eben nicht der neue Prozeß, sondern immer noch der alte. Der Wechsel findet erst beim Kernaustritt statt. Daraus folgt, daß bis dahin nur Programmcode ausgeführt werden darf, der sich auf den alten Prozeß bezieht. Ebenso führt ein deblockierter Prozeß nach dem Umschalten keinen Code bis zum Kernaustritt aus. Er »erscheint« praktisch direkt am Kernaustritt. Falls im Rahmen des Deblockierens noch Aktionen auszuführen sind, muß dies vom deblockierenden Prozeß oder von der Unterbrechungshandlung heraus geschehen. Eine detaillierte Beschreibung dazu findet sich in Kapitel 7.3.

---

[30] Zur Erinnerung: Transputer bieten bereits Prozesse auf Hardwarebasis.

Der Leerlaufprozeß (*idle process*) ist in der Transputerimplementierung von Cosy speziell an die Hardwaregegebenheiten angepaßt worden. Er existiert zwar in der Prozeßtabelle, aber nicht für den Prozessor. Das heißt, er hat auch keinen eigenen Stapel. Der Grund liegt in dem schon vorhandenen Prozeßkonzept des Transputers, aus dessen Sicht der Kern auch ein Prozeß ist. Dies erlaubt es, den Prozessor »nichts« tun zu lassen, ohne den auf anderen Prozessoren üblichen Halt-Befehl auszuführen. Alle Transputerprozesse warten an diversen Kommunikationskanälen (oder an einem Timer). Diese Implementierung ist der einfachen Endlosschleife vorzuziehen, da letztere Speicherbandbreite benötigen würde, die eventuell gleichzeitig stattfindenden DMA-Operationen nicht mehr nutzen könnten.

Der Scheduler von Cosy ist einfach und parametrisierbar gestaltet. Prozesse besitzen Prioritäten. Die Anzahl der Prioritäten wird zur Übersetzungszeit des Kerns festlegt. Es laufen immer nur die Prozesse mit der höchsten Priorität, innerhalb derer mit Zeitscheiben einstellbarer Länge gearbeitet wird. Für jeden Prozeß kann zur Laufzeit festgelegt werden, wie sich seine Priorität beim Verbrauch der Zeitscheibe oder beim Deblockieren verhält. Standardmäßig wird sie beim Ablauf der Zeitscheibe um eine Stufe verringert und beim Deblockieren um eine Stufe erhöht. Dies dient zum Bevorzugen interaktiver und kommunizierender Prozesse. Die Änderung der Prioritäten läßt sich begrenzen, indem eine obere und untere Schranke gesetzt wird. Über diesen Mechanismus läßt sich auch eine eingeschränkte Echtzeitfähigkeit realisieren. Sie ist deswegen eingeschränkt, weil für einige Kernaufrufe – insbesondere die Speicherverwaltung – keine oberen Zeitschranken angegeben werden können. Dies war allerdings auch nie Entwicklungsziel.

7.1.3 Speicherverwaltung

Unabhängig von der verwendeten Hardware erfolgt die Verwaltung des Speichers in Seiten[31]. Gruppen von Seiten können als *Adreßbereich* angefordert werden. Falls keine MMU vorhanden ist, müssen die Seiten physikalisch zusammenhängen, ansonsten können sie erst später (im Rahmen der Einblendung) logisch zusammengefügt werden. Cosy sieht nur logischen Speicher vor, keinen virtuellen Speicher. Letzterer wäre auf Parallelrechnern ohne lokale Platten an den Knoten auch nicht sinnvoll. Innerhalb des Kerns wird der Speicher nicht in Seiten, sondern Blöcken variabler Größe verwaltet.

In einem System mit MMU können die Seiten eines Adreßbereiches auch gestreut liegen, in Systemen ohne MMU ist dies nicht möglich. Die Seitenverwaltung unterscheidet sich daher in den entsprechenden Kernversionen. Auf dem PowerPC wird einfach eine einfach verkettete Liste der freien Seiten gehalten. Bei der Transputerversionen wird für jede zusammenhängende Gruppe von freien Seiten ein Verwaltungsblock im Kern angelegt,

---

[31] Beim Transputer, der keine MMU hat, wird eine kleine Seitengröße von 128 Byte festgesetzt, damit der Verschnitt klein gehalten wird.

die Blöcke sind in einer – nach Adressen sortierten – doppelt verketteten Liste abgelegt. Die Freigabe kann so in Zeit O(1) erfolgen, die Belegung erfordert einen Suchvorgang mit Zeitaufwand O(n), wobei n die Anzahl der freien Blöcke ist. Der Speicher für den Kern kommt aus dem gleichen Pool, jedoch wird verhindert, daß Kern- und Anwendungsdatenstrukturen vermischt sind. Die Suche nach Speicher für Anwendungen startet bei hohen Adressen, die für den Kern bei niedrigen Adressen. Somit wird verhindert, daß eine Überschreitung des zugewiesenen Speicherbereiches einer Anwendung direkt eine Kerndatenstruktur zerstört.

Auf der seitenorientierten Speicherverwaltung setzt sowohl für den Kern als auch für die Anwendungen noch eine weitere Schicht auf. In Anwendungen wird dies üblicherweise durch die Bibliothek oder das Laufzeitsystem der verwendeten Sprache erledigt und soll hier nicht weiter betrachtet werden, innerhalb des Kerns existiert dafür eine Sammlung von Funktionen, mit denen sich Blöcke beliebiger Größe anfordern und freigeben lassen. Falls dafür nicht mehr genügend Seiten vorhanden sind, werden diese von der davor beschriebenen Schicht angefordert.

7.2 Datenstrukturen

Das ursprüngliche Ziel bei der Entwicklung des Cosy-Kerns sah vor, alle Datenstrukturen so aufzubauen, daß alle Kernfunktionen mit dem Aufwand O(1) durchführbar sind. An einigen Stellen ließ sich dies leider nicht realisieren. Dort wo es mit vertretbarem Aufwand möglich war, ist es auch umgesetzt worden. Als Entwurfsmethode sind die sogenannten Bachmanndiagramme eingesetzt worden, die aus dem Bereich der Netzwerkdatenbanken stammen. Sie lassen nur 1:n-Beziehungen zu, da nur für diese eine direkte Umsetzung in der Datenbank existiert. Wie man an den drei Objekttypen Adreßraum, Adreßbereich und Einblendung sehen kann, läßt sich damit aber auch eine m:n-Beziehung mit Hilfe eines zusätzlichen Objekttyps (hier: Einblendung) durchführen. In diesem Zusammenhang ist der Hilfstyp auch für die Aufnahme weitere Attribute (Basisadresse im Adreßraum) notwendig.

Die 1:n-Beziehungen lassen sich einfach auf Datenstrukturen abbilden. Eine doppelt verkettete Liste verbindet die n Elemente, während das einzelne Element den Listenanker enthält. Es ist dabei durchaus möglich, daß ein Element Anker für mehrere Listen ist (z. B. Adreßraum) oder in mehreren Listen enthalten ist (Einblendung). Im Quelltext ist die Objektbeziehung daher Teil des Komponentennamens in der Struktur. Die Navigation innerhalb des Objektnetzes ist mit Aufwand O(1) möglich, jedoch nicht das Auffinden eines Objektes mit Hilfe des Objektbezeichners, das ohne Optimierungen nur mit einer Tiefensuche im Objektnetz gefunden werde könnte. Da diese Funktion bei praktisch jedem Kerneintritt benötigt wird, muß eine schnellere Lösung gewählt werden. Möglich wäre beispielsweise ein nach Objektnummer sortierter AVL-Baum (Aufwand O(log n)) oder eine Hashtabelle (Aufwand O(1), falls keine Kollisionen auftreten). Um dem Problem der Kollisionen aus dem Weg zu gehen, ist eine dem Hashing ähnliche Lösung gewählt worden. Die vom Kern frei wählbaren Objektnummern

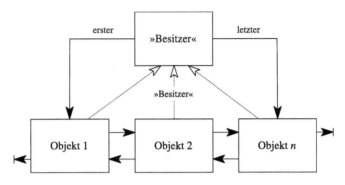

Abb. 7.3: Datenstrukturen für eine 1:n-Beziehung

werden in einen dicht zusammenhängenden Bereich gelegt. Der Kern unterhält nun ein Array mit Zeigern auf Objekte, das direkt mit der Nummer indiziert wird.

Die Gültigkeit einer Objektnummer läßt sich so in wenigen Schritten prüfen. Der Index muß im gültigen Bereich liegen, in der Tabelle darf an der entsprechenden Stelle kein Nullzeiger stehen und das referenzierte Objekt muß die korrekte Seriennummer besitzen. Die allgemeine Objektstruktur enthält neben der Seriennummer noch den Objekttyp und einen Zeiger auf die eigentliche Objektstruktur, beispielsweise einen Prozeßleitblock.

7.3 Kommunikation

Der Cosy-Kern bietet Kommunikation über Kanalobjekte an. Diese dienen sowohl zur Pufferung von Daten als auch als Aufnahmepunkt für wartende Prozesse. Die Kanäle sind als m:n-Kanäle ausgelegt, das heißt, beliebig viele Prozesse können Nachrichten ablegen oder empfangen. Obwohl die Kanäle mit Adreßräumen in einer 1:n-Beziehung stehen, können nicht nur Prozesse innerhalb des Adreßraums Operationen an dem Kanalobjekt ausführen, sondern beliebige Prozesse. Die Anordnung beim Adreßraum dient rein organisatorischen Zwecken. Eine Einschränkung existiert nur bei Empfangsaufrufen. Während Sendeaufrufe auch von einem beliebigen anderen Knoten aus durchgeführt werden können, lassen sich Empfangsaufrufe nur vom lokalen Knoten aus durchführen. Auf Knotenebene betrachtet handelt es sich bei den Kanälen also um Eingangstore.

In der bisherigen Beschreibung der Kernobjekte und den Beziehungen zwischen ihnen sind eher statische Aspekte zur Sprache gekommen. Mit der Kommunikation kommen nun dynamische Aspekte dazu. Sie sind insbesondere deswegen komplex, weil die Kanäle ein breites Spektrum von Operationen unterstützen und diese nicht nur von lokalen, sondern teilweise auch von entfernten Prozessen ausgeführt werden. Sende- und Empfangsoperationen können synchron, asynchron oder versuchend durchgeführt werden. Je nach Semantik kann ein Prozeß an einer (synchron, versuchend) oder mehreren Kommunikationsoperationen (asynchron) gleichzeitig beteiligt sein.

An einem Kanal können immer so viele Prozesse gleichzeitig kommunizieren, wie es die Kapazität zuläßt. Es ist dabei durchaus eine Mischung der verschiedenen Varianten möglich. Da die Kanäle auf einem Knoten und nicht verteilt realisiert sind, können nie Sender oder Empfänger gleichzeitig am Kanal abgelegt sein. Sind ein oder mehrere Prozesse von einer Seite anwesend und kommt ein Prozeß von der anderen Seite zum Kanal, findet unmittelbar der Datenaustausch statt. Die Datenstruktur muß daher so aufgebaut sein, daß sowohl die 1:n-Beziehung für synchrone als auch die m:n-Beziehung für asynchrone Kommunikation zwischen Prozessen und Kanälen unterstützt wird. Idealerweise sollte der Aufwand – vom Kopieren der Nachricht abgesehen – konstant sein und nicht von der Anzahl beteiligter Prozesse oder abgelegter Nachrichten abhängen. Dabei ist besonderes Augenmerk auf die Pufferverwaltung zu legen, da gängige Speicherverwaltungsverfahren meist linearen oder logarithmischen Aufwand verursachen.

Betrachtet man die Sende- und Empfangsfunktionen, so läßt sich erkennen, daß die beiden Seiten beinahe vollkommen symmetrisch sind. Richtungsbestimmend ist nur der Transport der Nachricht. Es liegt daher nahe, dies in der Umsetzung auszunutzen. Zusätzliche Optimierungen ergeben sich durch die schon getroffene Feststellung, daß nicht Sender und Empfänger gleichzeitig am Kanal anwesend sein können. Viele Teile der Datenstruktur sind daher nur einfach notwendig, nicht doppelt für beide Seiten. Während diese Einsparungen für eine skalare Größen im Kanalobjekt relativ unbedeutend ist, macht sich ihr Einfluß beim Pufferplatz bemerkbar.

Der Pufferplatz im Kanal läßt sich auf verschiedene Arten organisieren. Bei der Wahl einer Lösung sind Speicheraufwand, Zeitaufwand und Implementierungsaufwand gegeneinander abzuwägen. Die Anzahl der am Kanal ablegbarer Sende- oder Empfangangeboten kann auf eins begrenzt werden, mit statischer Obergrenze versehen oder potentiell unbegrenzt sein. Statt der Anzahl der Nachrichten läßt sich auch eine Grenze durch den Pufferbedarf, der von den Nachrichten und Verwaltungsinformationen erzeugt wird, definieren. Diese Variante spart in manchen Fällen erheblich Speicherplatz, wie noch gezeigt wird.

Kanäle in Cosy sind mit einem beim Erzeugen angelegten Puffer ausgestattet. Dessen Größe ist bei der Erzeugung des Kanals frei wählbar. Eine nachträgliche Änderung ist nicht möglich. Für diese Variante beziehungsweise gegen die anderen sprechen diverse Gründe. Kanäle mit einer Kapazität von eins sind nur für Spezialfälle nützlich, sie lassen sich mit weniger Aufwand realisieren und sind wegen der fehlenden Pufferverwaltung auch effizienter. Es wäre denkbar, sie in Cosy zusätzlich zu unterstützen. Diese als einzige Variante vorzusehen wäre jedoch zu unflexibel. Ebenso ausgeschlossen wurden die Kanäle mit potentiell unbegrenzter Kapazität. Das Ablegen von Nachrichten, Sendern oder Empfängern würde immer die Speicherverwaltung beauftragen. Selbst wenn diese durch den Einsatz eines anderen Verfahrens von linearem auf logarithmischen Aufwand pro

Operation gedrückt werden könnte, ist es für eine so häufige Operation wie Kommunikation als nicht akzeptabel abgelehnt worden.

Die sinnvollste Lösung scheinen also Kanäle mit bei der Erzeugung angefordertem Pufferplatz zu sein, der innerhalb des Kanals effizienter als mit der globalen Speicherverwaltung verwaltet werden kann. Die erste Version von Cosy benutzte dafür ein sehr einfaches Verfahren. Bei der Kanalerzeugung mußte angegeben werden, welche maximale Zahl von Nachrichten pufferbar sein sollte und was ihre maximale Größe ist. Im Kanal ist dann ein Array dafür angelegt worden, das als Ringpuffer organisiert ist. Die Implementierung dieser Variante ist einfach und effizient, die Schnittstelle für Anwendungen einfach. Der Nachteil liegt in der immensen Verschwendung von Speicherplatz in bestimmten Situationen. In einigen parallelen Anwendungen werden viele kleine und wenige große Nachrichten verschickt. Will man nun dafür Pufferplatz reservieren, müssen wegen der kleinen Nachrichten viele Plätze angefordert werden, die wegen der wenigen großen Nachrichten alle groß sein müssen.

Eine spätere Version von Cosy nutzt eine Lösung mit mehr Dynamik. Zu jedem Kanal gehört ein Ringpuffer, der nur noch als Folge von Bytes betrachtet wird. In ihm liegen abwechselnd, dicht gepackt, die Verwaltungsinformationen und Nachrichten. Der oben beschriebene Fall kommt daher mit erheblich weniger Speicher aus, da kurze Nachrichten nicht einen unnötig großen Puffer belegen. Die gemischte Ablage von Nachrichten und Verwaltungsinformationen führt leider zu einer komplizierteren Angabe des zu reservierenden Pufferplatzes beim Anlegen eines Kanals. Die Anwendung muß nun selbst aus der Größe des Verwaltungsanteils, der Nachrichtenzahl und der Nachrichtengröße die Puffergröße berechnen. Die kompliziertere Schnittstelle ist jedoch durch die gewonnene Flexibilität zu rechtfertigen. Es ist somit eine Lösung gefunden, in der die Speicherverwaltung innerhalb des Kanals mit konstantem Aufwand durchgeführt werden kann, da auch der in variablen Stücken verwaltete Puffer immer noch als FIFO organisiert ist. Der Nachteil gegenüber einem Kanal mit potentiell unbegrenztem Puffer ist nur, daß man sich bei der Erzeugung des Kanals bezüglich der Puffergröße festlegen muß. Dies verhindert aber auch einen Fehler. Ein zu schneller Sender wird daran gehindert, sämtlichen im System verfügbaren Speicher aufzubrauchen. Er kann nur den für den Kanal reservierten Speicher verbrauchen.

7.3.1 Lokale Kommunikation

Nach der Beschreibung der Pufferverwaltung folgt nun die Beschreibung der restlichen Datenstrukturen und Algorithmen für die lokale Kommunikation. Im nächsten Abschnitt schließt sich die Erweiterung für die entfernte Kommunikation an. In der Datenstruktur eines Kanalobjektes finden sich neben den allgemeinen Objektinformationen (die weiter oben beschriebenen Listen und Zeiger) als wesentliche Komponenten der Zustand für die Sende- und Empfangsseite. Beide Seiten können *leer* oder *belegt* sein. Auf der Sendeseite kommt noch der Zustand *Überlauf* dazu. Unabhängig von der Puffergröße ist für jeden Kanal noch eine maximale Nachrichtgröße festgelegt, auch sie ist hier gespeichert. Sie stellt sicher, daß ein empfangender Prozeß genügend Speicherplatz für eine eingehende Nachricht zur Verfügung stellen kann und nicht durch überlange Nachrichten ein Pufferüberlauf erfolgt. Der Rest der Informationen dient nur noch zur Verwaltung des Ringpuffers. Ein Zeiger auf die Pufferdatenstruktur, zwei Indizes in den FIFO, um Anfang und Ende des belegten Bereiches zu markieren und die Listenanker für zwei Listen: Eine mit Sende- oder Empfangsbereitschaften und eine für Sendebereitschaften im Überlaufbereich.

Die Grundstruktur einer Sende- und Empfangsoperation ist immer gleich. Beide sind in zwei Teile gruppiert. Der erste übernimmt den Fall, daß bereits ein Kommunikationspartner am Kanal anwesend ist, der zweite den Fall, daß der Kanal komplett leer ist oder Kommunikationsbereitschaften der eigenen Klasse abgelegt sind. Im zweiten Fall kann eine Operation nicht sofort abgeschlossen werden. Am einfachsten ist er für versuchende Operationen, dann wird dem Aufrufer nur der Mißerfolg mitgeteilt. Sowohl synchrone als auch asynchrone Aufrufe erfordern die Ablage von Informationen im Kanalobjekt, für die auch Speicher benötigt wird. Es stellt sich damit sofort die Frage, wie auf Speichermangel im FIFO reagiert werden soll. Die einfache Lösung, die Operation fehlschlagen zu lassen, würde das Problem nur in die Anwendungen verlagern, sie stand daher nie zur Diskussion.

Bei synchronen Aufrufen läßt sich das Problem elegant umgehen, in dem man keinen Speicher aus dem Kanalpuffer belegt. Eröffnet wird einem diese Möglichkeit dadurch, daß ein Prozeß zu einem Zeitpunkt nur an einer synchronen Operation beteiligt (blockiert) sein kann. Der dazu notwendige Speicher ist pro Prozeß nur in einfacher Ausfertigung notwendig und läßt sich daher jedem Prozeß festzuordnen. Ein geeigneter Ort ist zum Beispiel der Prozeßleitblock. Begünstigend kommt dazu, daß die Nachricht bei synchronen Sendeaufrufen problemlos im Adreßraum des Prozesses verbleiben kann, da er während seiner blockierenden Operation nicht darauf zugreifen kann. Eine Gefahr entsteht nur durch andere Prozesse im selben Adreßraum. Statt der Nachricht muß also nur eine Referenz auf sie abgelegt werden.

Da asynchron sendende Prozesse an mehreren Operationen gleichzeitig beteiligt sein können, entfällt diese Strategie. Es muß daher versucht werden, Speicher im Kanal anzufordern. Gelingt dies, wird die Nachricht[32] zusammen mit den Verwaltungsinformationen im FIFO abgelegt. Alle Verwaltungsblöcke, ob im FIFO oder bei den Prozessen gespeichert, sind über eine einfach verkettete Liste verbunden. Zeiger auf das erste und letzte Element der Liste – im Verwaltungsblock des Kanals gespeichert – erlauben es, die Elemente mit Aufwand O(1) anzuhängen oder zu entfernen.

Wenn eine asynchrone Sendeoperation einen Überlauf verursacht, soll der aufrufende Prozeß blockieren, bis wieder genügend Platz im Kanal vorhanden ist. Damit findet automatisch auch eine Flußkontrolle statt. Ein Prozeß

---

[32] Im Falle der asynchronen Empfangsoperationen natürlich nur eine Referenz auf die Stelle, an der die Nachricht abgelegt werden soll.

kann damit zwar an mehreren asynchronen Empfangsoperationen zu einem Zeitpunkt teilnehmen, aber nur an einer davon wegen Überlauf blokkieren. Der Speicher zur Verwaltung dieses Zustands kann daher wieder aus dem Prozeßleitblock entnommen werden. Die Nachricht verbleibt in diesem Fall im Adreßraum des Senders und wird erst in den Kern kopiert, wenn die Überlaufsituation am Kanal nicht mehr besteht.

Bisher beziehen sich die Betrachtungen auf den Fall, daß der Kommunikationspartner noch nicht am Kanal angekommen ist, nun folgt der andere Fall, der Abschluß der Kommunikation durch den zweiten am Kanal ankommenden Prozeß. Er kann auf einen synchron oder asynchron kommunizierenden Prozeß stoßen, nicht jedoch auf einen versuchenden, da dieser im lokalen Fall nicht gleichzeitig mit dem Partner am Kanal zusammentreffen kann. Je nachdem, welche Variante ein vorher eingetroffener Prozeß aufgerufen hat, sind nun verschiedene Aktionen durchzuführen.

Ein blockierter Prozeß muß deblockiert werden, eine Nachricht muß aus dem Kanalpuffer oder einem Adreßraum kopiert werden oder ein umlenkend sendender Prozeß muß auf sein Umlenkungsziel gesetzt werden[33]. Eine naive Implementierungsvariante sieht nun so aus, daß in jeder Kommunikationsoperation jede Semantikvariante der Kommunikationspartner berücksichtigt wird. Dies führt bei n Sende- und Empfangsvarianten jedoch zu einem in n quadratischen Implementierungsaufwand. Zusätzlich mangelt es auch an der Kapselung von Funktionalität, wenn durch das Hinzufügen einer neuen Sende- oder Empfangsvariante alle Empfangs- beziehungsweise Sendefunktionen geändert werden müssen.

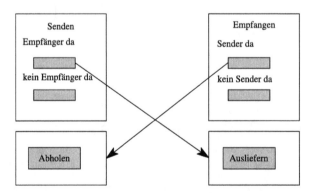

Abb. 7.4: Allgemeine Schablone für Sende- und Empfangsoperation. Für jede Sende- und Empfangssemantik sind die drei grau dargestellten Teile zu implementieren.

---

[33] Umlenkendes Senden und Empfangen ist momentan in Cosy nicht implementiert.

Eine Lösung dieses Problems ergibt sich durch eine objektorientierte Sichtweise. Betrachtet man die am Kanal abgelegten Kommunikationsbereitschaften als Objekte, so kann man ihnen Methoden zuordnen, die für die Beendigung einer Kommunikationsoperation zuständig sind. Im konkreten Fall sind dies zwei Methoden, die erste baut einen Überlauf ab, falls eine Nachricht vom Überlaufbereich des Kanals in den Normalbereich verschoben werden kann. Die zweite schließt eine Operation ab, wenn der Kommunikationspartner eingetroffen ist. Technisch werden die Methoden durch Funktionszeiger innerhalb einer Struktur realisiert.

Die »Abschlußmethode« kopiert die Nachricht, sie bekommt dafür den Zeiger auf die Nachricht und eine Referenz auf den Adreßraum. Dies kann sowohl der Adreßraum einer Anwendung aber auch der Adreßraum des Kerns sein, falls die Nachricht zu/von einem Kanalpuffer kopiert werden soll. Die restlichen Aktionen sind von der Sende- beziehungsweise Empfangssemantik abhängig. Bei blockierenden Operationen findet hier die Deblockierung des wartenden Prozesses statt. Welche Aktionen für die Beseitigung eines Überlaufes ausgeführt werden, hängt von der Art der Kommunikationsoperation ab. Eine synchrone Sendeoperation erfordert nur ein Umhängen von der Überlaufliste in die normale Liste, während bei einer asynchronen Operation die Nachricht vom Adreßraum des Prozesses in den Kern kopiert und anschließend der Prozeß deblockiert wird. Für versuchende Operationen ist die Behandlung des Überlaufs nicht notwendig, da sie nie einen Überlauf erzeugen können.

```
sende(k: reference Kanal, n: reference Nachricht);
 begin
  if (k.Empfangsstatus = Empfänger_da)
     r := dequeue_first(k.Pufferbereich)
     r.Empfängeroperation(k, n)
     <spezifisch für Sendesemantik>
  else { k.Empfangsstatus = kein_Empfänger_da }
     <spezifisch für Sendesemantik>
 end
```

Abb. 7.5: Algorithmus für Sendeoperationen

7.3.2 Entfernte Kommunikation

Historisch gesehen ist die lokale Kommunikation im Cosy Kern vollständig vor der entfernten Kommunikation entstanden, da die ersten Versionen von Cosy den Instanzenverbund eingesetzt haben und der Kern dort nur lokal kommunizieren konnte. Die Erweiterung auf die entfernte Kommunikation war daher ein guter Testfall für die Erweiterbarkeit der vorhandenen Konzepte. Zusammen mit dem Kernverbund ist neben der entfernten Kommunikation auf Kernebene auch noch die Möglichkeit dazugekommen, andere Kernaufrufe auf entfernten Knoten auszuführen. Es ist somit – bis auf einige Sonderfälle – Ortstransparenz geschaffen worden.

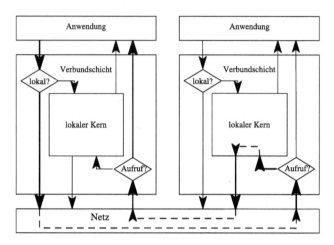

Abb. 7.6: Abläufe beim Aufruf einer entfernten Kernoperation.

Die Verbundschicht ist direkt beim Kerneintritt angesiedelt. Durch die in jedem Kernobjektindentifikator enthaltene Knotennummer läßt sich sofort feststellen, ob ein lokales oder entferntes Kernobjekt gemeint ist. Im Falle einer entfernten Kernoperation muß auch nicht mehr festgestellt werden, zu welchem Knoten die Operation weitergeleitet werden muß, da die Nummer direkt greifbar ist. Dies steht im krassen Gegensatz zu allen Systemen, in denen die Migration von Objekten über Knotengrenzen vorgesehen ist. Sie benötigen immer eine aufwendige Funktion, die aus einer Objektidentifikation die Knotennummer bildet.

Es existieren verschiedene Ansätze, das Problem zu lösen, die jedoch alle relativ hohen Aufwand zur Folge haben. Der Aufwand fällt entweder bei der Ermittlung der Knotennummer oder bei der Migration an. Eine schnelle Umsetzung erreicht man, wenn sämtliche Objekte auf allen Knoten verzeichnet sind und jede Migration per Broadcast an alle Knoten bekannt gegeben wird. Diese Variante benötigt aber viel Speicherplatz auf allen Knoten und skaliert damit schlecht. Zusätzlich erzeugen die Broadcast-Operationen eine hohe Netzlast. Aus ähnlichen Gründen kommt der entgegengesetzte Ansatz, ein Broadcast zum Suchen eines Objektes, auch nicht in Betracht. Vollkommen ohne Broadcast kommt man aus, wenn ein migriertes Objekt einen »Nachsendeantrag« hinterläßt, so daß Zugriffe seiner Spur über die Knoten hinweg folgen können. Der Nachteil hier ist die unter Umständen mehrfache Weiterleitung, bis das Objekt endgültig gefunden ist. Die Antwort auf eine Anfrage und weitere Anfragen können dann zwar den direkten Weg nehmen, trotzdem müssen die Nachsendeinformationen gespeichert bleiben, bis das Objekt gelöscht wird. Um all diesen Problemen aus dem Weg zu gehen, ist im Kern von Cosy auf Objektmigration über Knotengrenzen verzichtet worden.

Da der Kern aus der Objektbezeichnung sofort erkennen kann, ob die Kommunikation an einen lokalen oder entfernten Kanal gerichtet ist, läßt sich direkt die passende Kommunikationsfunktion aufrufen. Der erste Fall ist schon ausführlich beschrieben worden, es folgt die Beschreibung der entfernten Kommunikationsaufrufe. Es wurde dabei versucht, die Semantik gegenüber den lokalen Operationen nicht zu verändern. Mit der entfernten Kommunikation ist noch eine zusätzliche Variante der Sendeoperation eingeführt worden, die des asynchronen Sendens mit Überlaufverhalten »Verwerfen der Nachricht«. Sie soll als erstes Beschrieben werden, da ihre Implementierung am einfachsten ist.

Das Protokoll für asynchrone Operationen ohne Überlaufkontrolle ist denkbar einfach, es besteht nur aus einem Paket vom sendenden zum empfangenden Knoten. Das Paket enthält die Nachricht und einige Kontrollinformationen. Dieses Protokoll ist hauptsächlich als Basis für Implementierung anderer Protokolle im Instanzenbereich gedacht und kommt mit dem minimal notwendigen Protokollaufwand aus. Es verhindert weitgehend die Blockierung des sendenden Prozesses. Der Grund für eventuelle Blockierungen ist die Pufferverwaltung und die Schnittstelle zum Transportsystem. Bevor ein Paket dem Transportsystem übergeben werden kann, muß ein Puffer dafür angefordert werden. Zu diesem Zweck hält das Transportsystem eine feste Anzahl von Puffern. Wenn der Kern einen gefüllten Puffer an das Transportsystem übergibt, wird so früh wie möglich ein freier Puffer an den Kern gegeben. Steht im Moment des asynchronen Sendeaufrufes kein Puffer zur Verfügung, muß der Aufruf bis zur Verfügbarkeit des nächsten Puffers warten. Diese Blockierung kann auch bei jedem anderen Kernaufruf vorkommen, der einen Transportpuffer benötigt.

Es stellt sich hier natürlich die Frage, warum nicht einfach ein neuer Puffer angefordert wird, da sich so die Blockierung vermeiden ließe. Das Problem dabei ist, daß damit der verfügbare Speicher innerhalb kürzester Zeit vollständig verbraucht ist, wenn ein Prozeß in schneller Folge Sendeoperationen aufruft. Die hier gewählte Implementierung vermeidet dies, behindert aber trotzdem nicht die Auslastung des Netzes. Sobald ein Paket vom lokalen Knoten aus ins Netz geschickt werden kann, wird von der Transportschicht sofort wieder ein freier Puffer an den Kern gegeben.

Für entfernte Kernaufrufe und synchrone Kommunikation kommt ein Protokoll mit zwei Protokollschritten zum Einsatz. Ein Auftragspaket enthält alle Parameter, ein Antwortpaket alle Ergebnisse. Falls ein Parameter per Referenz übergeben wird (z. B. die Nachricht bei einer Kommunikationsoperation), ändert sich die Semantik zu *copy-in* beziehungsweise *copy-out*. Die Kerneintrittsschicht hat in Form von Tabellen die Information vorliegen, bei welchen Parametern es sich um Referenzparameter handelt, so daß sie die Daten passend zur entsprechenden Größe und Richtung kopieren kann.

Es handelt sich somit um eine einfache Form des *Remote Procedure Calls*. Er berücksichtigt weder Ausfälle von Client oder Server noch den Verlust von Nachrichten. Der Effizienz kommt dafür eine besondere Bedeutung zu, ihr wird durch eine geschickte Pufferverwaltung Rechnung getragen, die unnötige Aufrufe an die Speicherverwaltung und Kopieroperationen minimiert. Bei entfernten Kernaufrufen wird zwischen »schnellen« und »langsamen« Kernaufrufen unterschieden. Schnelle Aufrufe zeichnen sich dadurch aus, daß sie nie blockieren. Der Paketpuffer wird daher nicht freigegeben und kann direkt zum Zurückschicken der Antwort verwendet werden. Es werden somit jegliche Belege- und Freigabeoperationen vermieden. Diese Vorgehensweise läßt sich allerdings nicht auf potentiell blockierende Kernaufrufe übertragen, da ansonsten eine unbekannte Zahl von Puffern über unbestimmte Zeit dem Transportsystem entzogen würde. Dies würde langfristig zu einer Verklemmung führen, da das Transportsystem keine freien Puffer für neue Aufträge mehr verwenden könnte. Andere entfernte Kernaufrufe und Kommunikationsoperationen wären damit zeitlich von der Beendigung des entfernten Prozeduraufrufs abhängig.

Der Kern gibt daher bei »langsamen« Aufrufen den Puffer für die Zeit des Aufrufes frei. Damit ist sichergestellt, daß das Transportsystem verklemmungsfrei weiterarbeiten kann. Um die Ergebnisse des Aufrufes an den Auftraggeber zurückzusenden ist es nun jedoch notwendig, einen neuen Puffer zu beschaffen. Dies geschieht nach dem gleichen Schema, wie beim Versenden des Auftrages. Liegt ein freier Puffer vor, wird er direkt verwendet. Ansonsten muß gewartet werden, bis wieder ein Puffer frei wird. Es wird daher der Prozeß blockiert, der den Kernaufruf ausführt und der das Ergebnis des entfernten Aufrufes liefert. Es kann so vorkommen, daß eine synchrone (oder sogar asynchrone) Empfangsoperation nicht wegen des Fehlens einer Nachricht blockiert, sondern wegen des Fehlens des Transportpuffers für die Antwort an den Absender. Dies mag auf den ersten Blick sehr merkwürdig erscheinen, ist aber vergleichbar mit Blockierungen in Systemen mit virtuellem Speicher. In ihnen kann auch jeder Prozeß durch den Zugriff auf eine beliebige Speicherstelle blockiert werden, weil die zugehörige Seite gerade ausgelagert ist. Wesentlich für die Blockierung ist, daß ihre Dauer auf jeden Fall begrenzt ist und sie nicht durch andere Ereignisse beliebig ausgedehnt werden kann, ansonsten könnte ein Deadlock auftreten.

Es sind nun zwei Fälle der synchronen Kommunikation abgehandelt. Im ersten tritt keine Blockierung auf, die Antwort wird sofort zurückgesendet. Im zweiten wird die Nachricht aus dem Puffer in den Kanal kopiert und der Puffer freigeben. Der dritte Fall ist am interessantesten, der Fall mit Überlauf. Ein Überlauf bedeutet, daß im Kanal nicht mehr genügend Speicher vorhanden ist, um die Nachricht mit Verwaltungsinformationen zu speichern. Der naheliegende Ausweg, Speicher mit der allgemeinen Speicherverwaltung anzufordern, ist nicht gewählt worden. Dies könnte dazu führen, daß innerhalb kurzer Zeit sämtlicher noch verfügbarer Speicher für Puffer verwendet wird.

Auch das Überlaufverhalten »Fehlschlagen« ist nicht gewählt worden, da es das gesamte Problem der Anwendung aufbürden würde. Stattdessen wird die Nachricht verworfen und für die Verwaltungsinformationen Speicher angefordert. Im lokalen Fall müßte man keinen Speicher anfordern, da sich die notwendigen Informationen im Prozeßleitblock ablegen ließen. Konsequenterweise wird die angeforderte Struktur »Ersatzprozeßleitblock« genannt, da sie als Ersatz für den auf einem anderen Knoten liegenden Prozeßleitblock dient. Gelingt es nicht, Speicher für diese (kleine) Struktur anzufordern, bricht der Aufruf mit einer Fehlermeldung ab. Die dazu notwendigen Daten können mit dem zu diesem Zeitpunkt noch vorhandenen Transportpuffer zurückgeschickt werden.

Was geschieht nun, wenn durch Empfangsoperationen wieder genug Platz im Kanal vorhanden ist, weil eine oder mehrere Nachrichten durch Empfangsoperationen entfernt wurden? Es ist dann auf jeden Fall notwendig, die Nachricht erneut beim Absender anzufordern und neu zu übertragen. Gleichzeitig wird der Speicherplatz für die Nachricht im Kanal reserviert, damit später ankommende Nachrichten dahinter abgelegt werden und die Reihenfolgetreue gehalten wird. Trifft nun der Empfänger am Kanal ein und will die Nachricht abholen, blockiert er auf jeden Fall, bis sie angekommen ist. Ein lokaler Empfänger kann somit im ungünstigsten Fall für die Dauer eines entfernten Prozeduraufrufs blockiert werden. Die Situation ist vergleichbar mit dem entfernten asynchronen Senden, das auch für die Dauer des entfernten Aufrufs blockiert.

Noch interessanter ist die Lösung für den Fall, wenn der Empfänger am Kanal eintrifft und die Nachricht noch nicht beim Sender angefordert worden ist. Die Kommunikation kann nun komplett vom Kanal losgelöst werden. Dazu wird vom Kern eine »Verbindungstruktur« angefordert, an der sich der Empfänger blockiert. Währenddessen wird die Nachricht neu anfordert. Von der nun noch zu beendenden Kommunikation ist im Kanal nichts mehr vermerkt, sie manifestiert sich nur noch beim Absender, durch Pakete im Netz und die auf der Empfängerseite liegende Struktur. Damit das Paket mit der Nachricht ohne im Kanal befindliche Datenstrukturen an den wartenden Prozeß ausgeliefert werden kann, muß es die zugehörige Verbindungstruktur finden. Dieser Vorgang ist auf sehr einfache Weise gelöst worden. Die Adresse der Struktur wird im Anforderungspaket mitgeschickt und vom Absender in das Nachrichtenpaket gepackt, so daß direkt auf die Struktur zugegriffen werden kann. Nachdem die Nachricht ausgeliefert und der Empfänger deblockiert worden ist, löscht der Kern die Verbindungstruktur. Es kann übrigens durchaus vorkommen, daß der Kanal schon gelöscht ist, während nach dieser Methode noch Nachrichten zugestellt werden.

Zusammenfassend läßt sich sagen, daß die Konzepte der lokalen Kommunikation zwar auf die entfernte Kommunikation übertragen lassen, dabei jedoch einige nicht unerhebliche Abweichungen in der Semantik auftreten. Für die Leistung kritisch sind auf jeden Fall die möglichen Blockierungen bei notwendigen Übertragungsschritten im Netzwerk, die praktisch immer potentielle Parallelität zerstören. Dies fällt nur geringfügig ins Gewicht, wenn ein entfernter Betriebssystemdienst aufgerufen wird, da dort sowieso auf die Antwort gewartet werden muß. Betrachtet man jedoch parallele Anwendungen oder andere Fälle, in denen ein Prozeß mehrere Nachrichten hintereinander verschicken muß, kann es leicht zu unnötigen Serialisierungen und damit Leistungsverlust kommen. Dies ist der Grund dafür gewesen, das asynchrone Senden mit Überlaufverhalten »Verwerfen« einzuführen, da so mehrere Nachrichten parallel verschickt werden können. Zwar sind die Sendeaufrufe selbst nacheinander auszuführen, jedoch werden die Nachrichten parallel über die ausgehenden Verbindungen geschickt, im Falle des Transputers bis zu vier Stück. Der Aufruf kann zwar direkt in Anwendungen verwendet werden, dies ist jedoch relativ unkomfortabel, da man dann auf Überlaufsituationen achten muß, um keine Nachrichten zu verlieren. Die Intention hinter seiner Einführung ist jedoch, eine Basis für die Implementierung von Kommunikationsbibliotheken wie PVM oder MPI zu schaffen. Die schon beschriebene Implementierung von MPI setzt darauf auf.

7.4 Entfernte Kernaufrufe

Nachrichten an Kanäle auf anderen Knoten zu senden ist nur ein kleiner Teil der Verbundfunktionalität im Kern von Cosy, auch die meisten anderen Kernaufrufe lassen sich ortstransparent aufrufen. Es ist damit sogar möglich, ein Programm auf einem Knoten zu starten, auf dem bis dahin nur der Kern läuft. Die meisten Kernaufrufe gehören zu den sogenannten »schnellen« Aufrufen, die nie blockieren. Für sie kann der Paketpuffer während des Kernaufrufes festgehalten werden, um ihn direkt für das Antwortpaket zu verwenden. Dies führt dazu, daß im Normalfall für die gesamte Pufferverwaltung weder auf der aufrufenden Seite noch auf der aufgerufenen Seite die allgemeine Kernspeicherverwaltung benötigt wird. Stattdessen nimmt sich der Aufrufer direkt einen Puffer aus der Liste der freien Puffer, füllt ihn, sendet ihn zur aufgerufenen Seite und blockiert bis zum Eintreffen der Antwort. Erhält er die Antwort, gibt er den Puffer an das Transportsystem zurück, wo er in die Liste der freien Puffer gestellt wird und für die nächste Operation zur Verfügung steht. Wie schon erwähnt, wird der Puffer auf der Zielseite während der meisten Kernaufrufe überhaupt nicht freigegeben.

Durch diese Optimierungen lassen sich entfernte Kernaufrufe extrem effizient durchführen, der Aufwand gegenüber einem lokalen Aufruf entspricht auf einem Transputer ungefähr der Zeit, die für 100 Fließkommaoperationen notwendig ist. Es lassen sich daher extrem schlanke Systeme realisieren, da auf einem Knoten nur der Kern laufen muß und Programme von anderen Knoten aus gestartet werden können. Wie das aussehen kann und welche Kernaufrufe dafür benötigt werden, soll an einem Beispiel dargelegt werden.

Um ein Programm auszuführen sind einige Bedingungen zu erfüllen. Es muß Speicher für Programmcode, Daten und Stapel vorhanden sein. Der Speicher für den Programmcode muß gefüllt werden. Anschließend muß noch ein Prozeß erzeugt werden, der den Programmcode ausführen kann. Welche Kernobjekte sind nun dafür notwendig und wie können sie erzeugt werden? Als Container für alle weiteren Objekte dient ein *Adreßraum*, in ihn können *Adreßbereiche* mit Hilfe von *Einblendungen* sichtbar gemacht werden. Neu erzeugte Adreßbereiche sind immer mit Nullbytes initialisiert, ein Zustand, der zwar für Datenbereiche und den Stapel sinnvoll ist, jedoch für den Bereich mit Programmcode geändert werden muß. Der Zugriff auf lokale Adreßbereiche ist einfach möglich. Sie können in den eigenen Adreßraum eingeblendet und dann gelesen oder geschrieben werden. Mit entfernten Bereichen ist dies nicht möglich, da die Hardware keinen entfernten Speicherzugriff unterstützt. Zum Schließen dieser Lücke sind in Cosy zwei Kernaufrufe eingeführt worden, `read_from_mem()` und `write_to_mem()`.

Sie erlauben es, Kopieroperationen zwischen dem eigenen Adreßraum und einem anderen Adreßraum auszuführen, wobei letzterer auch auf einem anderen Knoten liegen kann. Sie sind auch im lokalen Fall nützlich, da sie einen einfachen und schnellen Zugriff erlauben, ohne extra einen anderen Adreßbereich einblenden zu müssen.

Als letzter Schritt, nach der Einrichtung der gesamten Infrastruktur, läßt sich mit dem Kernaufruf `create_process()` auch der Prozeß erzeugen, der den geladenen Programmcode ausführt. Als Parameter sind der Adreß-raum, der initiale Programmzeiger und der initiale Stapelzeiger zu überge-ben. Ein so gestartetes Programm hat allerdings keine Möglichkeit, mit an-deren Programmen zu interagieren, da es nicht einmal den Auftragskanal der Namensverwaltung kennt. Sinnvollerweise legt man dazu Bereiche fest, in die ein Programmstarter entsprechende Informationen legt, zum Beispiel auf den Stapel.

Das Konzept der entfernten Kernaufrufe erlaubt Erweiterungen, ohne an der grundsätzlichen Struktur etwas zu ändern. Momentan besteht die Ein-schränkung, daß Speicherbereiche nur in Adreßräume auf dem gleichen Knoten eingeblendet werden können. Diese Einschränkung ist durch die Hardware vorgegeben (kein gemeinsamer Speicher über Knotengrenzen hinweg). Auf Systemen, die mit dem *Scalable Coherent Interface* (SCI) ausge-rüstet sind, könnte man diese Einschränkung fallen lassen.

Zugriffe der CPU auf entfernten Speicher werden in SCI-Systemen durch die Hardware in Nachrichten umgewandelt, die im entfernten Speicher Le-se- oder Schreiboperationen bewirken. Es handelt sich um die Hardware-realisierung der oben beschriebenen entfernten Zugriffe in Cosy, allerdings mit kleineren Paketen (bis zu 512 Byte) und mit deutlich größerer Ge-schwindigkeit und reduzierter Latenz. Eine optionale Eigenschaft von SCI erlaubt sogar noch lokale Kopien entfernter Speicherinhalte, so daß sie bei wiederholtem Zugriff nicht nochmals über das Netz kopiert werden müs-sen.

In einem System mit SCI könnte man daher eine Einschränkung beim Er-zeugen der Verbindungsblöcke zwischen Adreßbereich und Adreßraum aufheben, die nur Verbindungen zwischen Objekten auf dem gleichen Kno-ten erlaubt. Mit SCI könnte der Verbindungsblock auch einen entfernten Adreßbereich in einen lokal vorhandenen Adreßraum einblenden. Für An-wendungen ist damit transparenter Zugriff auf entfernten Speicher mög-lich, ohne daß die spezielle Kopieroperation des Kerns bemüht werden muß. Durch die Einsparung des Kernaufrufes kann praktisch jede Soft-warelatenz vermieden werden, so daß nur noch die Hardwareletenz mit 3-5 µs (im Falle von aktuellen SCI-Implementierungen) anfällt. Selbst gegen-über den schon kurzen Zeiten eines Mikrokernels wie Cosy ist dies immer noch wesentlich effizienter.

7.5 Pufferverwaltung und Verklemmungen

Beim Entwurf des Cosy Kerns wurde sehr viel Wert darauf gelegt, alle Dienste nachweisbar verklemmungsfrei zu entwerfen. In diesem Abschnitt wird darauf eingegangen, welche Maßnahmen man dazu ergreifen mußte und an welchen Stellen trotzdem noch Verklemmungen möglich sind. Die Analyse kann nicht das gesamte System in einem Schritt abdecken, dazu ist es in seiner Gesamtheit zu komplex. Stattdessen werden die verschiedenen Schichten für sich betrachtet und Schnittstellen zu den anderen Schichten definiert. An diesen Schnittstellen müssen Bedingungen eingehalten werden, damit es nicht zu schichtübergreifenden Verklemmungen kommen kann.

In Kapitel 3.3 ist bereits die Verklemmungsfreiheit der Netzwerkschicht Von Cosy gezeigt worden. Es allerdings noch zu zeigen, daß die für Schnittstelle geforderten Bedingungen eingehalten werden. An der Schnittstelle sind vier Ereignistypen definiert. Es können jeweils volle oder leere Transportpuffer von oder zum Kern übergeben werden. Die Übergabe der Puffer vom Kern an die Netzwerkschicht kann man sich als Programmierung der Hardware vorstellen, die Übergabe in Gegenrichtung als Auslösen von Interrupts durch die Hardware. Dies beruht auf der Annahme, daß in heutigen Parallelrechnern der Pakettransport durch das Netz komplett in Hardware realisiert ist und nicht durch Software unterstützt werden muß. Für das Funktionieren der Netzwerkschicht (und damit des gesamten Transportsystems) ist es notwendig, daß dort genügend Puffer vorhanden sind. Initial ist dies auf jedem Knoten gegeben, es muß aber für die gesamte Systemlaufzeit aufrecht erhalten werden. Der Pufferkreislauf ist korrekt, wenn für jeden Puffer, der vom Transportsystem an den Kern übergeben wird ein freier Puffer an das Transportsystem zurückgegeben wird.

Die beschriebenen Protokolle erfüllen die Forderung offensichtlich nicht, da bei »schnellen« Kernaufrufen der eingehende Puffer für die Antwort benutzt wird, also kein leerer, sondern ein voller Puffer zurückgegeben wird. Tritt dieser Fall in schneller Folge auf, verwendet das Transportsystem alle seine leeren Puffer, füllt sie mit eingehenden Paketen, gibt diese an den Kern und erhält dafür gefüllte Puffer zurück. Kann er diese nicht mit gleicher Geschwindigkeit an andere Knoten verschicken, gehen ihm irgendwann sämtliche Puffer aus, so daß er keine Pakete von anderen Knoten mehr aufnehmen kann. Dieser Rückstau könnte zu verteilten Verklemmungen führen, die Situation muß daher umgegangen werden.

Der Kern muß daher dafür sorgen, daß bei dieser Art der Pufferverwendung immer noch genügend freie Puffer im Transportsystem vorhanden sind. Dies geschieht durch die Überwachung der Schlangenlänge der zum Transport aufgestauten Pakete. Überschreitet die Schlangenlänge einen Grenzwert, leidet das Transportsystem an Puffermangel. In diesem Fall wird ein leerer Puffer per Kernspeicherverwaltung angefordert und an das Transportsystem gegeben. Genaugenommen wird nicht nur die Länge der Schlange ausgewertet, sondern auch die Anzahl der Puffer, die über diesen Mechanismus an das Transportsystem gegeben worden sind. Die Differenz zwischen diesen beiden Werten bildet das Kriterium für die Anforderung eines zusätzlichen Puffers. Die Anforderung und Übergabe geschieht zwar erst nach dem Kernaufruf, da dieser jedoch nicht blockieren kann, entsteht keine Abhängigkeit, die zu einer Verklemmung führen könnte.

Da das Transportsystem die Zusatzpuffer nur zur Abwehr von Verklemmungen benötigt, sollten sie wieder freigegeben werden, sobald die Gefahr nicht mehr besteht. Der Kern überprüft dies immer, wenn das Transportsystem einen leeren Puffer an den Kern gibt. Als Testkriterium wird wieder die Differenz zwischen den in der Schlange stehenden vollen Puffern und den an das Transportsystem gegebenen Puffern gebildet. Die Grenze ist allerdings etwas verschoben, so daß etwas Spielraum bis zur Freigabe vorhanden ist. Es werden daher unter Umständen einige Puffer zu viel an das Transportsystem gegeben, dafür spart man aber Belege- und Freigabeoperationen.

Ein zentrales Problem bleibt jedoch noch bestehen. Die Anforderung eines freien Puffers kann fehlschlagen, wenn nicht mehr genügend Speicher vorhanden ist. Der Speicherplatz für die Puffer kommt aus dem globalen Speicherpool, so daß dies entweder durch großen Pufferverbrauch oder durch anderweitigen Speicherverbrauch, zum Beispiel durch Anwendungen, vorkommen kann. Zwei Reaktionsmöglichkeiten sind in dieser Situation denkbar:

1. Man kann hoffen, daß auch ohne den zusätzlichen Puffer keine Verklemmung auftritt und das System ohne den zusätzlichen Puffer laufen lassen. Wenn die Verklemmung dann jedoch auftritt, kann sie nicht erkannt werden, da zwischen den verklemmten Knoten überhaupt keine Kommunikation mehr möglich ist

2. Sobald der Speichermangel bei der Anforderung erkannt wird, löst der Kern eine Fehlermeldung aus und stellt seine Arbeit komplett ein. Die Folgen sind ähnlich wie bei der Verklemmung, das System arbeitet nicht mehr, jedoch kann der Fehler noch gemeldet werden.

In Cosy wurde die zweite Variante gewählt. Es kann dadurch vorkommen, daß das System unnötigerweise wegen einer *möglichen* Verklemmung seine Arbeit einstellt. Diese Lösung, die mit einer Fehlermeldung verbunden ist, scheint jedoch besser als die zweite Alternative, die dazu führen kann, daß das System ohne jede Fehlermeldung einfach blockiert.

Es ist ein etwas unbefriedigendes Ergebnis, eine Situation zu kennen, die dem Kern nur noch die Möglichkeit einer Panikmeldung läßt. Es stellt sich nun die Frage, wie oft diese Situation in der Praxis auftaucht und wie man darauf reagieren kann. Der Puffermangel kann nur dann auftreten, wenn über eine längere Zeit Auftragspakete schneller eintreffen, als die Antwortpakete zurückgeschickt werden können. Dies läßt sich durch eine Flußkontrolle auf der Seite der Auftraggeber verhindern. Sie müssen daran gehindert werden, zu viele Aufträge abzuschicken. Der Kredit pro Auftraggeber muß allerdings immer mindestens die Größe eins haben, da ansonsten nicht einmal eine Anfrage zur Erhöhung des Kredits geschickt werden kann. Mit der momentan gewählten Puffergröße von 4500 Byte, 1024

Knoten (Transputercluster an der Universität Paderborn) und 4 MB Hauptspeicher pro Knoten ist dies nicht praktikabel, es würde mehr Speicher für
die Puffer benötigt, als Hauptspeicher vorhanden ist. Auch ohne die Flußkontrolle ist eine Verklemmung eine Folge von Speichermangel. Dieser
kann für die Puffer unwahrscheinlicher gemacht werden, wenn man dafür
Speicher reserviert. Mit einer endlichen Speichermenge läßt sich die Verklemmung zwar nicht ausschließen, jedoch erheblich unwahrscheinlicher
machen.

Die Anforderung zusätzlicher Puffer ist nur dann notwendig, wenn die
Antwortpakete nicht schnell genug verschickt werden können, also Aufträge mit einer höheren Rate eintreffen als Antworten verschickt werden können. Für den Geschwindigkeitsunterschied von ein- und ausgehenden Paketen gibt es zwei bestimmende Faktoren. Erstens die Länge der Pakete
und zweitens die Situation im Netz. Es sind immer Situationen konstruierbar, in der in einer Richtung mehr Bandbreite als in der anderen Richtung
vorhanden ist, Asymmetrien können daher auftreten. Der andere Punkt –
das Verhältnis der Länge von Anfrage und Antwortpaket – hängt von den
entfernten Kernoperationen ab, die aufgerufen werden. Neben einigen
Kontrollinformationen sind für die Aufrufe und Kommunikation die Parameter zu übertragen. Sie setzen sich aus einigen skalaren Parametern (z. B.
angesprochenes Kernobjekt) und eventuell variabel großen Bereichen (z. B.
Nachricht) zusammen. Letztere werden immer als Referenzparameter übergeben und für entfernte Operationen kopiert. Praktisch alle der variabel
langen Parameter sind jedoch Eingabeparameter, sie müssen daher nur
beim Aufruf kopiert werden, nicht in der Antwort. Die einzige Ausnahme
ist der Kernaufruf zum Lesen von entferntem Speicher, bei dem der gelese-
ne Inhalt zurückkopiert werden muß. Wie oft dieser Aufruf bei einem Knoten gleichzeitig aktiv sein kann ist leicht festzustellen. Jeder Prozeß im gesamten Rechner kann nur je einen dieser Aufrufe zu einem Zeitpunkt ausführen, da dies eine blockierende Funktion ist. Es können daher im
schlimmsten Fall nur so viele Aufrufe wie Prozesse eingehen, was leider
immer noch eine sehr große Zahl ist. Das Beispiel ist allerdings auch konstruiert, in der Praxis wird man mit weniger rechnen können. Die Wahrscheinlichkeit dürfte daher bei normaler Systembenutzung relativ niedrig
sein. In der Praxis wurde dieser Fehler nie beobachtet.

Es ist unbefriedigend, die Verklemmungsfreiheit nicht für alle Situationen
garantieren zu können. Mit diesem Mangel steht Cosy jedoch nicht allein
da, es existieren in vielen anderen Betriebssystemen ebenfalls Probleme in
dieser Hinsicht, Beispiele sind in [AST87] aufgeführt. Neben Verklemmungen ist dort auch Speichermangel ein Problem. Dies ist zwar in vielen Unix-
Systemen durch die Existenz des virtuellen Speichers etwas herausgescho-
ben worden, aber immer noch vorhanden. Verbraucht ein Anwendungs-
prozeß sämtlichen Speicher, schlägt daraufhin unter Umständen die nächste Speicheranforderung eines Systemprozesses fehl. Viele Systemprozesse
fangen diesen Fehler entweder überhaupt nicht ab oder terminieren mit einer Fehlermeldung. Übrig bleibt ein System, dessen Kern zwar noch läuft,
das aber trotzdem nicht benutzbar ist. Die Ansätze, die Verklemmung auszuschließen, beruhen praktisch alle auf einer vorherigen und sehr konser-
vativen Reservierung von Betriebsmitteln. Eine Erkennung ist im verteilten

Fall aufwendig und schwierig, vor allem, wenn das zur Erkennung notwendige Medium – das Netz – selbst an der Verklemmung beteiligt ist.

7.6 Bewertung

Momentan existieren Cosy-Portierungen auf zwei Plattformen, Transputern und PowerPC. Die beiden Plattformen unterscheiden sich grundlegend. Während der Transputer schon Spezialhardware zum Aufbau von Parallelrechnern enthält (vier unabhängige Links), ist der PowerPC als Universalprozessor ausgelegt. Im Gegensatz zum Transputer besitzt er eine MMU, so daß mit der Portierung Speicherschutz eingeführt werden konnte. Die Rechenleistung des PowerPC ist durch größere Registerzahl, höhere Taktfrequenz, breiteren Datenbus etc. zwar deutlich besser als die des Transputers, heute aber auch nicht mehr Stand der Technik[34]. Dies sollte immer beachtet werden, wenn die angegebenen Leistungsdaten im Kontext aktueller Rechner gesehen werden.

Um den Aufwand eines Kerneintrittes genauer zu untersuchen, ist in den Kern ein leerer Kernaufruf eingebaut worden. Einziger Parameter ist die Kernobjektkennung, so wird auch der Aufwand für die Objektidentifizierung mitgemessen, und es ist auch der Aufruf entfernter Kerne möglich. Auf dem Transputer benötigt dieser Aufruf lokal 28 µs, von denen ein großer Teil durch den sehr stark hardwareabhängigen Wechsel in den Systemmodus verbraucht wird. Dieser ist in [BTS94] detailliert beschrieben. Auf dem PowerPC (80 MHz) benötigt der gleiche Aufruf 4,6 µs. Vergleicht man diese Werte mit den Zeiten, die ein leerer Kernaufuf unter Unix benötigt, so spiegeln sich praktisch nur noch die unterschiedlichen Prozessorgeschwindigkeiten wieder. Unter Solaris auf einer Ultra-Sparc (150 MHz) mißt man 3,7 µs, unter Linux auf einem Pentium II (300 MHz) 1,04 µs. Da es unter Unix keinen leeren Kernaufruf gibt, wurde zur Messung getpid() verwendet. Dieser kommt einem leeren Aufruf recht nahe, da er nur eine Zahl aus dem Prozeßleitblock zurückgeben muß.

Interessanter als leere Aufrufe sind natürlich Aufrufe, die nützliche Arbeit verrichten. Die lokale Kommunikation benötigt bei einer Nachrichtenlänge von 0 Byte, was dann praktisch nur noch einer Synchronisation entspricht, auf dem Transputer 120 µs und auf dem PowerPC 19 µs. Da die Werte für eine Operation wegen der begrenzten Auflösung der Uhr nicht meßbar sind, wurden in einer Schleife 1000 Operationen ausgeführt. Die Zeiten sind daher als Mittelwerte zu sehen. Zusätzlich sind sie dadurch beim PowerPC vermutlich etwas optimistisch, da der gesamte für die Durchführung der Messung notwendige Programmcode in den Cache passen dürfte. Beim Versenden längerer Nachrichten verändert sich die Zeit linear, wobei der Anstieg pro Byte praktisch nur von der Hauptspeicherbandbreite abhängt und daher beim PowerPC wieder besser als beim Transputer ist. In Abb. 7.7 sind die Zeiten für diverse Kernaufrufe von Cosy auf Transputern dargestellt, zum Vergleich auch die Zeit für 100 Gleitkommamultiplikationen mit doppelter Genauigkeit. Interessant ist, daß

---

[34] Dies betrifft die verwendet Version mit 80 MHz Taktfrequenz, neuere Modelle des PowerPC sind auch durchaus heute konkurrenzfähig.

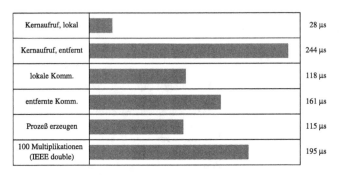

Kernaufruf, lokal	28 μs
Kernaufruf, entfernt	244 μs
lokale Komm.	118 μs
entfernte Komm.	161 μs
Prozeß erzeugen	115 μs
100 Multiplikationen (IEEE double)	195 μs

Abb. 7.7: Zeitaufwand für einige Kernaufrufe.

auch die Erzeugung eines Prozesses nicht aufwendiger als andere Aufrufe ist. Der Grund ist darin zu suchen, daß Prozesse in Cosy von den Adreß-räumen entkoppelt sind und nicht – wie in Unix – der vollständige Adreß-raum oder zumindest die Seitentabellen kopiert werden müssen. Im Gegen-satz zu anderen Systemen können Anwendungen daher durchaus dyna-misch weitere Prozesse erzeugen, ohne dadurch Effizienzeinbußen hinneh-men zu müssen. Die Entscheidung, neue Prozesse zu erzeugen, kann somit eher von der Programmstruktur und weniger von Leistungsaspekten ab-hängig gemacht werden.

Interessant ist der Aufwand für entfernte Kernaufrufe, wozu auch die ent-fernte Kommunikation gehört. Der Zeitaufwand für einen leeren entfernten Kernaufruf beträgt 244 μs, vergleicht man dies mit dem lokalen Aufruf, er-gibt sich ein zusätzlicher Aufwand von 216 μs.

Es mag verwundern, daß die Kommunikationsfunktionen im Vergleich zu anderen Kernfunktionen so schnell sind. Der Grund liegt in der anderen Messung. Während die meisten Kernaufrufe einem RPC entsprechen und auf die Antwort gewartet wurde, ist bei den Kommunikationsaufrufen die Zeit zwischen Aufrufen der Sendefunktion und Rückkehr der (synchronen) Empfangsoperation gemessen worden. Es handelt sich hier also um die *Latency*. Diese liegt bei 161 μs. Dieser Wert ist gemessen an der Prozessorge-schwindigkeit als sehr gut einzustufen. Die Zeit für eine Kommunikations-operation ist kürzer als die für 100 Fließkommamultiplikationen. Diese be-trägt 195 μs. Das gute Verhältnis zwischen Kommunikationsleistung und Rechenleistung erlaubt somit auch feingranulare parallele Programmie-rung.

Die Zeiten zur Prozeßerzeugung waren vor Einführung einer Optimierung deutlich schlechter, in [BBH96] sind noch die alten Zeiten dokumentiert. Die Ursache für die ursprünglich schlechten Zeiten war eine ungünstige Kombination von verwendetem Algorithmus und Messung. Beim Erzeu-gen eines Kernobjektes muß eine neue freie Objektkennung gesucht wer-den. Ursprünglich wurde dazu von Null an nach einem freien Eintrag ge-sucht. Erzeugt man nun eine große Anzahl von Objekten, wie es für eine Messung notwendig ist, entsteht insgesamt ein quadratischer Aufwand, da für jede Operation die gesamte Tabelle durchsucht wird. Um dies zu verhindern, merkt sich der Kern die erste freie Position in der Tabelle, so daß in den meisten Fällen der lineare Suchaufwand durch eine O(1) Operation ersetzt werden kann. Die Zeit zur Prozeßerzeugung konnte so (für den Fall der Messung) von 400 μs auf 115 μs reduziert werden.

Bei der Cosy-Variante auf dem PowerPC ergeben sich keine besseren Zeiten für entfernte Operationen als bei der Transputer-Variante. Dies ist einleuchtend, wenn man die Kommunikationshardware des Xplorer betrachtet, der für die Portierung genutzten Maschine. Jedem PowerPC-Prozessor ist ein Transputer zur Seite gestellt, der für die Kommunikation verantwortlich ist. Das bedeutet, daß die eigentliche Kommunikationshardware nicht besser geworden ist, zusätzlich aber für jede Kommunikation eine Koordination zwischen den beiden Prozessoren notwendig ist, die auch Zeit benötigt. So ergeben sich in der Summe sogar etwas schlechtere Zeiten als bei der Transputer-Variante, die aber durch die Hardware bedingt sind. Wenn man die volle Leistungsfähigkeit von Cosy auf der PowerPC-Architektur hätte zeigen wollen, so wäre eine Portierung auf eine Maschine mit besserer Kommunikationshardware notwendig gewesen, beispielsweise die neueren Maschinen von Parsytec mit dem HS Link als Interprozessorverbindung. Leider stand keine Dokumentation der Hardware zur Verfügung, so daß keine Portierung möglich war.

8 Zusammenfassung und Ausblick

Die leistungsstärksten Parallelrechner basieren auch heute immer noch auf verteiltem Speicher, so daß für die Zusammenarbeit zwischen den Knoten Kommunikation mit Hilfe von Nachrichtenaustausch notwendig ist [DMSE99]. Es ist somit zu erwarten, daß die hier dargestellten Ergebnisse auch in der Zukunft weiter verwendet werden können. Kommunikation ist nie Selbstzweck, sie dient den Anwendungen und anderen Systemkomponenten. Je effizienter sie arbeitet und je weniger Ressourcen sie für sich beansprucht, desto mehr stehen den Anwendungen zur Verfügung.

Eine Effiziente Nutzung der in einem Parallelrechner vorhandenen Kommunikationsschicht für Anwendungen benötigt allerdings auch eine effizient nutzbare Schnittstelle. Ihrer Bedeutung entsprechend wurde ihr ein eigenen Kapitel Rechnung gewidmet. Auf der Basis von existierenden Schnittstellen ist eine Klassifikation von Adressierungsmechanismen und Nachrichteneigenschaften vorgenommen worden. Sie geht deutlich über den Umfang andere bekannter Klassifizierungen wie in [HWA87] hinaus.

Zur Schnittstellendefinition gehören auch Aussagen über die Reihenfolgetreuegarantien, die für die Auslieferung von Nachrichten gemacht werden können. Es ließ sich zeigen, daß hier fundamentale Grenzen existieren, die sich bis auf die Relativitätstheorie zurückführen lassen. Jeder Versuch einer vollkommen deterministischen Nachrichtenauslieferung muß daher an Grenzen stoßen und teilweise eine Reihenfolge willkürlich festlegen.

Nach einem Exkurs über die technischen Grundlagen folgt eine Beschreibung der Netzwerkschicht in Cosy. An dieser Stelle tauchten zwei zentrale Punkte auf, die später öfter wiederkehren: *Parallelität* von Vorgängen innerhalb der Kommunikationsschicht und *Verklemmungen*. An vielen Stellen ist potentielle Parallelität vorhanden, die jedoch durch ungeschickte Algorithmenauswahl schnell zerstört werden kann. Beispiele zeigen, daß dies leider in vielen Systemen der Fall ist.

Parallele Aktivitäten zusammen mit Synchronisationspunkten und Konkurrenz um gemeinsam genutzte Ressourcen lassen leicht Verklemmungen entstehen. Zu diesem Thema existiert eine Vielzahl von Veröffentlichungen, diese beziehen sich jedoch beinahe alle auf Verklemmungen durch Konkurrenz um gemeinsam genutzte Betriebsmittel. Die hier vorgenommene Untersuchung von durch Kommunikation ausgelöste Verklemmungen brachte daher neue Erkenntnisse. Sie zeigt auch, daß weit verbreitete Schnittstellen wie MPI sehr wenige Informationen liefern, die bei einer Verklemmungsanalyse helfen können.

Unter der Beachtung der beiden zentralen Punkte sind verschiedene existierende und neue Protokolle zur Kommunikation untersucht worden. Dies geschah teilweise durch Implementierung und Vermessung, teilweise durch Simulation. Es zeigte sich dabei, daß zwischen den üblicherweise verwendeten Protokollen und den besten untersuchten Protokollen teilweise drastische Leistungsunterschiede bestehen (bis Faktor acht).

Gegen die besseren Protokolle sprechen ein höherer Implementierungsaufwand und ein höherer Bedarf an Pufferspeicher. Der Speicheraufwand steigt quadratisch mit der Knotenzahl, was der Skalierbarkeit enge Grenzen setzt. Die verbindungsübergreifende dynamische Pufferverwaltung, die in dieser Arbeit vorgestellt worden ist, löst dieses Problem. Sie ist in einer auf Cosy aufsetzenden Implementierung des MPI-Standards umgesetzt worden. Die Vorteile dieser Strategie konnten durch Vergleich mit einer bereits existierenden Implementierung gezeigt werden.

Neben der Kommunikation zwischen je einem Sender und Empfänger ist auch die Gruppenkommunikation untersucht worden. Während viele andere Parallelrechnerbetriebssysteme nur eine feste Netztopologie unterstützen, ist in Cosy ein Verfahren umgesetzt worden, daß auf beliebigen Topologien effiziente und ressourcenschonende Gruppenkommunikation anbietet. Es ist daher dazu prädestiniert, auch in Netzen mit nicht regelmäßiger Topologie eingesetzt zu werden.

Der Gruppenkommunikationsdienst in Cosy bildet einen Eckpfeiler der Programmverwaltung, die mit seiner Hilfe den Programmcode auf die Prozessoren verteilt. Der Start paralleler Programme konnte so im Vergleich zu Parix deutlich beschleunigt werden. Der Algorithmus zur Einrichtung eines Gruppenkanals zeigt sehr plastisch, wie weit der Weg von einem Algorithmus zum Programm sein kann. Aus nur 13 Zeilen Pseudocode sind ca. 2900 Zeilen C entstanden. Ein Großteil davon ist zur Behandlung von Sonder- und Fehlerfällen notwendig. Der Aufwand dafür wird beim Algorithmenentwurf leicht übersehen.

Die Kommunikationsschicht in Cosy ist eng mit dem Systemkern verwoben. Ihm ist daher ein eigenes Kapitel gewidmet. Bei seinem Entwurf waren mögliche Parallelität und Verklemmungen immer zentrale Kriterien. Während für die zwei alternativen Netzwerkschichten von Cosy ein Nachweis der Verklemmungsfreiheit geführt werden konnte, gelang dies beim Kern nicht vollständig. Die Kombination aus hoher Kommunikationslast und Speichermangel kann zu einer Situation führen, in der der Kern nicht mehr korrekt arbeiten kann. Dies trifft jedoch auch auf viele andere Systeme zu und ließe sich nur durch massive Einschränkungen der Parallelität vermeiden.

Es hat sich gezeigt, daß die vorgestellten Protokolle nicht nur in Parallelrechnern nützlich sind. Auch in den in letzter Zeit immer beliebter werdenden Clustern aus Arbeitsplatzrechnern lassen sie sich einsetzen. So wird das verbindungsorientierte Protokoll mit dynamischer Pufferverwaltung inzwischen dazu eingesetzt, TCP/IP Datenverkehr über SCI-Netzwerke abzuwickeln. Der damit arbeitende Linux-Netzwerktreiber steht kurz vor der Fertigstellung und wird demnächst als Produkt von Scali und Dolphin vertrieben. Neue Hochgeschwindigkeitsnetze lassen die Grenze zwischen Parallelrechnern und Clustern aus Arbeitsplatzrechnern immer weiter verschwimmen, so daß weitere Einsatzmöglichkeiten für die Erkenntnisse aus dieser Arbeit zu erwarten sind.

9 Literatur

[AGP93] A. Geist et al.: »PVM 3.0 User's Guide and Reference Manual« *Oak Ridge National Laboratory, Oak Ridge, February 1993.*

[AKE86] A. K. Elmagarmid: »A Survey of Distributed Deadlock Detection Algorithms« *S. 37 - 45, SIGMOD Record, Vol. 15, No. 3, September 1986.*

[AMS93] V. Abrossimov, M. Rozier, M. Shapiro: »Generic Virtual Memory Management for Operating Systems Kernels« *Proceedings of the 12th ACM Symposium on Operating Systems Principles, 1993.*

[ARU98] A. Rubini: »Linux Device Drivers« *O'Reilly & Associates, Sebastobol, 1998.*

[AST87] Andrew S. Tanenbaum: »Operating Systems: Design and Implementation« *Prentice Hall, Englewood Cliffs, 1987.*

[AST89] A. S. Tanenbaum: »Computer Networks, Second Edition« *Prentice Hall, Englewood Cliffs, 1989.*

[AST95] A. S. Tanenbaum: »Distributed Operating Systems« *Prentice Hall, Englewood Cliffs, 1995.*

[BBD97] M. Beck u. a.: »Linux-Kernel-Programmierung, Algorithmen und Strukturen der Version 2.0« *Addison-Wesley-Longmann, Bonn, 1997.*

[BBH96] Roger Butenuth, Wolfgang Burke, Hans-Ulrich Heiß: »Cosy – An Operating System for Highly Parallel Computers« *S. 81 - 91, ACM Operating Systems Review, Vol. 30, No. 2, April 1996.*

[BGW97] R. Butenuth, W. Burke, C. de Rose, S. Gilles, R.Weber: »Experiences in building Cosy - an Operating System for Highly Parallel Computers« *ParCo'97, Advances in Parallel Computing, Elsevier Science Publishers, Bonn, 15.-19. September 1997.*

[BHL98] R. Butenuth, H.-U. Heiß: »Leistungsvergleich SCI-gekoppelter PC's« *Tagungsband zum 1. Workshop Cluster-Computing, Wolfgang Rehm (Ed.), 6.-7.11.1997, Chemnitz, Germany.*

[BHS95] Roger Butenuth, Hans-Ulrich Heiß: »Skalierbare Gruppenkommunikation in Netzen mit beliebiger Topologie« *S. 140 - 149, Tagungsbant EMVA (Entwicklung und Management verteilter Anwendungssysteme), Dortmund, Oktober 1995.*

[BHS97] Roger Butenuth, Hans-Ulrich Heiß: »Small, Scalable, and Efficient Microkernels for Highly Parallel Computers are possible: Cosy as an example« *International Conference on Advances in Parallel and Distributed Computing, Shanghai, China, March 19-21, 1997.*

[BHS98] R. Butenuth, H.-U. Heiß: »Shared Memory Programming on PC-based SCI Clusters« *SCI Europe, held as a Conference Stream of EMMSEC '98 European Multimedia, Microprocessor Systems and Electronic Commerce Conference and Exposition Bordeaux, France, 28-30 Sept. 1998.*

[BST79]   I. N. Bronstein, K. A. Semendjajew: »Taschenbuch der Mathematik« *G. Teubner, Leipzig, 24. Auflage, 1979.*

[BTS94]   R. Butenuth: »The COSY-Kernel as an Example for Efficient Kernel Call Mechanisms on Transputers« *S. 89 - 101, Proceedings of the 6th Transputer/occam International Conference, Tokyo, June 1994.*

[BSB90]   L. Bic, A. C. Shaw: »Betriebssysteme, eine moderne Einführung« *Hanser Studienbücher, Hanser, München, 1990.*

[CBMT96] B. Charron-Bost, F. Mattern, G. Tel: »Synchronous, asynchronous, and causally ordered communication« *S. 173 - 191, Distributed Computing, Vol. 9, Januar 1996.*

[CBS94]   C. B. Stunkel et al.: »The SP1 High-Performance Switch« *S. 150 - 156, IEEE, 1994.*

[CBS95]   C. B. Stunkel et al.: »The SP2 High Performance Switch« *IBM Systems Journal, S. 185 - 204, Vol 34, No. 2, 1995.*

[CBU94]   Chris Brown: »Programmieren verteilter Unix-Anwendungen« *Prentice Hall, München, 1994.*

[CGH93]   C. G. Herter: »Realisierung eines verklemmungsfreien, selbstvermittelnden Netzwerks mit DeBruijn Topologie« *S. 9 - 13, PARS (GI) Mitteilungen, Nummer 12/93, Juli 1993.*

[CHC78]   C. A. R. Hoare: »Communicating Sequential Processes« *S. 666 - 677, Communications of the ACM, Vol. 21, No. 8, 1978.*

[CLS85]   C. L. Seitz: »The Cosmic Cube« *Communications of the ACM, 28(1), Seite 22-33, 1985.*

[CLT92]   C. Leierson u. a.: »The Network Architecture of the Connection Machine CM-5« *Proceedings of the Symposium on Parallel Algorithms and Architectures, 1992.*

[CMH83]   K. M. Chandy, J. Misra, L. M. Haas: »Distributed Deadlock Detection« *S. 144 - 156, ACM Transactions on Computer Systems, Vol. 1, No. 2, May 1983.*

[CSU93]   D. R. Cheriton, D. Skeen: »Understanding the Limitations of Causally and Totally Ordered Communication« *S. 44 - 57, Fourteenth ACM Symposium on Operating Systems Principles, Vol. 27, Nummmer 5, Asheville, NC, Dezember 1993.*

[CTD96]   Cray: »CRAY T3D System Architecture Overview Manual« *http://www.cray.com/PUBLIC/product-info/ mpp/T3D_Architecture_Over/T3D.overview.html, 1996.*

[DJB95]   Donald J. Becker u.a.: »Beowulf: A Parallel Workstation for Scientific Computation« *24th International Conference on Parallel Processing, Band I, S. 11-14, Oconomowoc, August 1995.*

[DMS99]   J. Dongarra, H. Meuer, E. Strohmaier: »The 13th TOP500« *Supercomputer '99 Conference, Mannheim, Juni 1999.*

[ECGS92] T. Eicken, D. Culler, S. Goldstein, K. Schauser: »Active messages: A mechanism for integrated communication and computation« *Proc. Nineteenth Int. Symp. on Computer Architecture, ACM Press, New York, 1992.*

[ESC98] E. Schenk: »Untersuchung von Kommunikationsprotokollen zur Parallelprogrammierung« *Diplomarbeit an der Universität Paderborn, Februar 1998.*

[FTA92] G. Florin, C. Toinard: »A new way to design causally and totally ordered multicast protocols« *S. 77 - 83, ACM Operating Systems Review, Vol. 26, Nummer 4, October 1992.*

[FML98] Friedemann Mattern: »Logical Time« *P. Dasgupta, J. Urban (Eds.): Encyclopedia of Distributed Computing, Kluwer, 1998.*

[GJC79] Micheal R. Garey, David S. Johnson: »Computers and Intractability, A Guide to the Theory of NP-Completeness« *W. H. Freeman and Company, Books in the mathematicals sciences, 1979.*

[GLM95] W. Gropp, E. Lusk: »MPICH ADI Implementation Reference Manual« *Technical Report, Argonne National Laboratory, 1995.*

[GLS94] W. Gropp, E. Lusk, A. Skjellum: »Using MPI: Portable Parallel Programming with the Message-Passing Interface« *MIT Press, Cambridge, Massachusetts, 1994.*

[HCC92] R. W. Hockney, E. A. Carmona: »Comparison of communications on the Intel iPSC/860 and Touchstone Delta« *S. 1067 - 1072, Parallel Computing, Vol. 18, 1992.*

[HOBH99] L. P. Huse, K. Omang, H. Ry, A. T. Haugsdal, E. Rustad: »ScaMPI – Design and Implementation« *http://www.dolphinics.com*

[HP90] J. L. Hennessy, D. A. Patterson: »Computer Architecture. A Quantivative Apporach« *Morgan Kaufmann, San Mateo, California, 1990.*

[HSH95] A. G. Hoekstra, P. M. A. Sloot, L. O. Hertzberger: »Comparing the Parix and PVM Parallel Programming Environments« *ASCI 1995 Conference Proceedings.*

[HST90] Huang, S. T: »A distributed deadlock detection algorithm for CSP-like communication« *ACM Trans. on Programming Language and Systems, Vol. 12, No. 1, Jan. pp. 102-122, 1990.*

[HTF83] H. Tirri: »Freedom From Deadlock of Locked Transactions in a Distributed Database« *S. 267 - 276, ACM, 1983.*

[HWA87] H. Wettstein: »Architektur von Betriebssystemen« *3. Auflage, Hanser, 1987.*

[IEEE92] »IEEE Standard for Scalable Coherent Interface (SCI)« *IEEE Standard 1596-1992, IEEE, 1992.*

[IKWS92] J. Inouye, R. Konuru, J. Walpole, B. Sears: »The Effects of virtually Addressed Caches on Virtual Memory Design and Performance« *S. 14 - 29, ACM Operating System Review, Vol. 26, No. 4, 1992*

[INT89] Inmos: »The Transputer Databook« *INMOS Limited, 1989.*

[INT90] Inmos: »Transputer Instruction Set - A compiler writer's guide« *Prentice Hall, 1990.*

[INT92] Inmos: »The T9000 Transputer Hardware Reference Manual« *SGS-Thomson, 1993.*

[ITL91a] Intel: »iPSC/2 and iPSC/860 Release 3.3 Software Product Release Nodes« *Intel Scientific Computers, Juni 1991.*

[ITL91b] Intel: »iPSC/2 and iPSC86 Programmer's Reference Manual« *Intel Corporation, April 1991.*

[JMM96] J.M. R. Martin: »The Design and Construction of Deadlock-Free Concurrent Systems« *PhD Thesis, University of Buckingham, UK, 1996.*

[JST88] J. Seizovic: »The Reactive Kernel« *Technischer Bericht, Caltech, CS-TR-88-10, Oktober 1988.*

[KBA94] K. Birman: »A Response to Cheriton and Skeen's Chriticism of Causal and Totally Ordered Communication« *S. 11 - 21, ACM Operating Systems Review, Vol. 28, Num. 1, Januar 1994.*

[KCA95] V. Karamcheti, A. Chien: »A Comparison of Architectural Support for Messaging on the TMC CM-5 and the Cray T3D« *International Symposium on Computer Architecture, IEEE Computer Society, 1995.*

[KKI96] H. König, H. Krumm: »Implementierung von Kommunikationsprotokollen« *S. 316 - 325, Informatik Spektrum, Band 19, Heft 6, Springer, Dezember 1996.*

[KLMV93] B. Kröger, R. Lüling, B. Monien, O. Vornberger: »An Improved Algorithm to Detect Communication Deadlocks in Distributed Systems« *Technical Report TR-R1-93-123, Universität GH Paderborn, 1993.*

[KSC89] S. Konstantinidou, L. Snyder »Chaos Router: Architecture and Performance« *Proc. of the 18th International Symposium on Computer Architecture, IEEE, 1989.*

[KZC86] A. Kolawa, B. Zimmerman: »CrOS III Manual« *Technischer Bericht, Caltech C3P-253, 1986.*

[LAP93] Langhammer: »The Scalable Parallel Operating System Parix« *Annual ACM Symposium on Parallel Algorithms and Architectures, 1993.*

[LLT78] L. Lamport: »Time, Clocks, and the Ordering of Events in a Distributed System« *Communications of the ACM, Number 7, Vol. 21, Juli 1978.*

[LSC92] L. Snyder »Chaos Router: Finally, A Practical Adaptive Router« *Proc. Parallel Architectures and Their Efficient Use, Paderborn, Springer, November 1992.*

[LTO97] L. Torvalds »Linux: a Portable Operating System« *Master of Science Thesis, University of Helsinki, Department of Computer Science, 1997.*

[MJF72] M. J. Flynn: »Some Computer Oranizations and their Effectiveness« *IEEE TOC21, S. 948-960, 1972.*

[MJF95] Michael J. Flynn: »Computer Architecture: Pipelined and Parallel Processor Design« *Jones and Bartlett Publishers, Sudbury, Massachusetts, 1995.*

[MPI94] Message Passing Interface Forum: »MPI: A Message-Passing Interface Standard« *The Message Passing Interface Forum, University of Tennessee, Knoxville, Tennessee, May 1994.*

[MPI98] Ewing Lusk u.a.:»MPI-2: Extensions to the Message-Passing Interface« *The Message Passing Interface Forum, University of Tennessee, Knoxville, Tennessee, May 1998.*

[MRO91] M. Rozier et al.: »Overview of the CHORUS Distributed Operating Systems« *Technical Report CS/TR-90-25.1, Chorus systèmes, France, 1991.*

[MWI95] M. Wagner: »Interpretation paralleler Programme in Cosy« *Studienarbeit an der Universität Karlsruhe, 1995.*

[NNA86] N. Natarajan: »A distributed scheme for detecting communication deadlocks« *IEEE Transactions on Software Engineering, 12(4):531-537, April 1986.*

[OCC84] Inmos: »OCCAM Programming Manual« *Prentice-Hall International, 1984.*

[OLP95] O. Lingg: »Plazierung paralleler Programme in Cosy« *Studienarbeit an der Universität Karlsruhe, 1995.*

[OMA94] O. A. McBryan: »An Overview of Message Passing Environments« *Parallel Computing, 1994, Vol. 20, Seite 417 - 444.*

[PH94] D. A. Patterson, J. L. Hennessy: »Computer Organization and Design: The Hardware/Software Interface« *Morgan Kaufmann, San Francisco, California, 1994.*

[PPT94] P. Pierce: »The NX Message Passing Interface« *S. 463 - 480, Parallel Computing, Vol. 20, 1994.*

[PRT94] P. Pierce, G. Regnier: »The Paragon Implementation of the NX Message Passing Interface« *S. 184 - 190, IEEE, 1994.*

[PWTH92] M. Philippsen, T. Warschko, W.F. Tichy und C. Herter: »Projekt Triton: Beiträge zur Verbesserung der Programmierbarkeit hochparalleler Rechensysteme« *S. 1 - 13, Informatik-Forschung und Entwicklung, Vol. 7, Nummer. 1, Januar 1992.*

[PSS93] P. Sanders: »Suchalgorithmen auf SIMD-Rechnern – Weitere Ergebnisse zu Polyautomaten« *Diplomarbeit, Universität Karlsruhe, August 1993.*

[PSO96] P. Sanders: »On the efficiency of nearest neighbor load balancing for random loads« *Parcella 96, VII. International Workshop on Parallel Proccessing by Cellular Automata and Arrays, S. 120-127, Akademie Verlag, Berlin, 1996.*

[RBK92] R. Butenuth: »Entwurf und Implementierung eines Betriebssystems für einen Kleinrechner« *Diplomarbeit an der Universität Karlsruhe, 1992.*

[RBS96] R. Butenuth: »Simulative and Experimental Analysis of Communication Protocols for high Performance Computers« *High Performance Computing »96 (HPC), New Orleans, April 1996.*

[RFR86a] R. F. Rashid: »Threads of a New System« *Unix Review, vol. 4, S. 37-49, Aug. 1986.*

[RFR86b] R. F. Rashid: »From RIG to Accent to Mach: The Evolution of a Network Operating System« *Fall Joint Computer Conf., AFIPS, S. 1128-1137, 1986.*

[RHR99] R. H. Reussner: »SKaLib: SKaMPI as a library« *Technischer Bericht 07/99, Universität Karlsruhe, Juni 1999.*

[RKI96] R. Kautzleben: »Implementierung von MPI unter Cosy« *Studienarbeit am Institut für Betriebs- und Dialogsysteme, Universität Karlsruhe, 1996.*

[RRZ98] Raúl Rojas: »Die Rechenmaschinen von Konrad Zuse« *Springer Verlag, Berlin, 1998.*

[RSX95] R. Srinivasan: »XDR: External Data Representation Standard« *RFC 1832, 9.8.1995.*

[RWP96] R. Weber: »Portierung des Cosy-Betriebssystemkerns auf PowerPC« *Diplomarbeit an der Universität Karlsruhe, Institut für Betriebs- und Dialogsysteme, 1996.*

[SGE93] S. Gilles: »Entwurf und Realisierung eines Nachrichtentransportsystems unter Cosy« *Studienarbeit an der Universität Karlsruhe, 1993.*

[SGG95] S. Gilles: »Gruppenkommunikation für Parallelrechner« *Diplomarbeit am Institut für Betriebs- und Dialogsysteme, Universität Karlsruhe, 1995.*

[SHFG95] M. Snir, P. Hochschild, D. D. Frue, K. J. Gildea: »The Communication Software and Parallel Environment of the IBM SP2« *S. 205 - 221, IBM Systems Journal, Vol 34, No. 2, 1995.*

[SLS96] S. L. Scott: »Synchronization and Communication in the T3E Multiprocessor« *S. 26 - 36, Operating Systems Review, Vol. 30, Number 5, Cambridge, Massachusetts, 1.-5. Oktober 1996.*

[SMD92] R. Schwarz, F. Mattern: »Detecting Causal Relationships in Distributed computations: In Search of the Holy Grail« *Technical Report SFB 124-15/92, Kaiserslautern, 1992.*

[SMX87] Sun Microsystems: »XDR: External Data Representation Standard« *RFC 1014, 1.6.1987, Sun Microsystems Inc..*

[SMR87] Sun Microsystems Inc.: »RFC1014, XDR: External Data Representation Standard« *Network Working Group, June 1987.*

[SMR88] Sun Microsystems Inc.: »RFC1057 RPC: Remote Procedure Call Protocol specification: Version 2« *Sun Microsystems Inc., Juni 1988.*

[SSR85] R Sexl, H. K. Schmidt: »Raum-Zeit-Relativität« *Vieweg & Sohn, Braunschweig/Wiesbaden, 1985.*

[SUA95] Charles L. Seitz u.a.: »Myrinet: A Gigabit per Second Local Area Network« *IEEE-Micro,Vol.15, No.1, S. 29-36, Februar 1995.*

[TBH98] H. Taskin, R. Butenuth, H.-U. Heiß: »SCI for TCP/IP with Linux« *SCI Europe, held as a Conference Stream of EMMSEC '98 European Multimedia, Microprocessor Systems and Electronic Commerce Conference and Exposition Bordeaux, France, 28-30 Sept. 1998.*

[THS95]] Thomas Schäck: »Anbindung von Cosy an Unix-Wirtsrechner« *Diplomarbeit an der Universität Karlsruhe, 1995.*

[TMC94] L. W. Tucker, Alan Mainwaring: »CMMD: Active Messages on the CM-5« *S. 481 - 496, Parallel Computing, Vol. 20, 1994.*

[TMH97] Timothy G. Mattson, Greg Henry: »The ASCI Red Supercomputer« *Intel Supercomputer Users Group Thirteenth Annual Conference, June 11 - 13, 1997, Albuquerque, NM.*

[TSDO95] T. Shanley, D. Anderson: »PCI System Architecture« *Addison-Wesley, Massachusetts, 1995.*

[TVNG94] I. Tving: »Multiprocessor interconnection using SCI« *Master Thesis, DTH ID-E 579, Technical University of Denmark, August 1994.*

[VBT94] Vasanth Bala, et al.: »The IBM External User Interface For Scalable Parallel Systems« *S. 445 - 462, Parallel Computing, Vol. 20, 1994.*

[WBE94] Wolfgang Burke: »Eine Systemkomponente zur verteilten Konfiguration paralleler Programme« *Tagungsband TAT '94 (Kurzvorträge), Aachen, September 1994.*

[WOT93] W. Oed: »The Cray Research Massively Parallel Processor System CRAY T3D« *Technical Report, Cray Research, November 1993.*

www.ingramcontent.com/pod-product-compliance
Lightning Source LLC
La Vergne TN
LVHW022319060326
832902LV00020B/3559

www.ingramcontent.com/pod-product-compliance
Lightning Source LLC
Chambersburg PA
CBHW071211050326
40689CB00011B/2301